영화로 숨을 쉬다

이 책은 충청북도, 충북문화재단의 후원으로 문화예술육성지원사업의 일환으로 지원받아 발간되었습니다.

지은이 **윤정용**(Yoon Jeongyong)

대학 안팎에서 영어, 문학, 영화, 책읽기, 글쓰기, 인문학 등을 강의하며 여러 매체에 다양한 주제로 글을 쓰고 있다. 지은 책으로 『영화로 문학 읽기 문학으로 세상 보기』, 『Talk to movie, 영화에게 말을 걸다』, 『매혹적인 영화인문학』, 『무한독서』, 『조금 삐딱한 책읽기』, 『미래는 꿈꾸는 대로 온다』, 『낯선 시간 길들이기』, 『권력과 욕망의 영미드라마』 등이 있다.
E-mail: greatray@hanmail.net

영화로 숨을 쉬다

© 윤정용, 2022

1판 1쇄 인쇄_2022년 11월 20일
1판 1쇄 발행_2022년 11월 30일

지은이_윤정용
펴낸이_양정섭

펴낸곳_예서
　　　등록_제2019-000020호

제작·공급_경진출판
　　　이메일_mykyungjin@daum.net
　　　블로그_https://mykyungjin.tistory.com/
　　　사업장주소_서울특별시 금천구 시흥대로57길 17(시흥동) 영광빌딩 203호
　　　전화_010-3171-7282　팩스_02-806-7282

값 21,000원
ISBN 979-11-91938-42-5 03680

윤정용 영화평론집

영화로 숨을 쉬다

윤정용 지음

예서

일러두기

1. 잡지와 신문은 ≪ ≫, 영화와 노래는 〈 〉, 단행본은 『 』, 단편소설·시·논문 등은 「 」로 표기한다.

2. 외국어는 국립국어원 외래어 표기법을 따르되, 일부 우리말로 굳어진 것은 관용을 따른다.

초등학교에 들어가기 전부터 중학교 졸업할 때까지 여름방학이나 겨울방학이면 방학 내내 한문 공책과 씨름을 해야만 했기 때문에 남들처럼 방학에 대한 추억이 많지 않다. 사실 방학이 그렇게 기다려지지도 않았다. 방학이 시작되면 아버지는 한문 공책 몇 권을 미리 준비해 놓으셨다. 아버지로부터 천자문, 동몽선습, 소학, 명심보감 등을 배웠다. 정확히 말하면 배운 게 아니라 한문 공책 맨 위 칸에 아버지가 쓰신 글자를 그대로 따라 그렸다. 제법 한자를 읽을 줄 알았을 때부터는 억지로 베껴 썼다. 거의 배운 게 없다고 생각했는데 그나마 얼마간은 기억에 남았는지 한문만큼은 다른 과목보다도 성적이 잘 나왔다. 그 때문에 어렸을 때 별명이 '훈장 아들'이었다. 하지만 지금은 그때 배웠던 것 가운데 남아 있는 게 거의 없다. 생각해보니 한문뿐만 아니라 한글과 영어 알파벳도 아버지로부터 배웠다.

그런데 그 한문 때문에 많은 것을 포기해야만 했다. 그 나이 때 아이들이 다 그렇듯이 그때는 하고 싶은 게 너무나 많았고 그냥 놀고 싶었다. 그 가운데 가장 해보고 싶은 것은 오락실에서 오락을 맘껏 해 보는 것과 만화방에서 만화책을 읽는 것이었다. 하지만 오락실과 만화방은 학교에서도 집에서도 금기시했다. 집에서도 TV 만화영화만큼은 볼 수가 없었다. 지금 생각하면 말도 안 되는 이야기이지만 그때는 〈미래소년 코난〉을 남들처럼 TV로 보지 못해 스스로 불우하다고 생각했다.

대신 아주 어렸을 때부터 영화를 본 것 같다. 극장에 가서 영화를 볼 수 있는 상황이 아니라서 대부분 명화극장, 토요명화, 주말의 명화 등의 프로그램을 통해 TV로 영화를 보았다. 지금 생각해보면 그때 TV에서 방영한 영화들은 프로그램 제목 그대로 '명화'였다. 그때는 제목을 모르는 채 그 영화들을 보았지만 나중에 찾아봤더니 〈제3의 사나이〉, 〈삼손과 데릴라〉, 〈벤허〉, 〈쿠오바디스〉 등의 명화였다. 나중에 영화를 본격적으로 보기 시작하면서 그때 본 영화들이 얼마나 대단한 영화들이었는지 알고 새삼 놀랐다.

그 당시 본 영화 가운데 가장 기억에 남는 영화는 〈아마데우스〉다. 솔직히 말하면 영화를 보고 감상문을 쓰는 게 당시 음악 숙제였기 때문에 억지로 이 영화를 보았다. 당시 외국 영화는 지금처럼 자막이 나오는 게 아니라 대부분 한국어 더빙으로 방영되었다. 이 영화도 마찬가지였다. 피터 셰퍼의 희곡 작품을 원작으로 밀로시 포르만 감독이 연출한 이 영화는 한 마디로 '천재를 시기한 평범한 궁정음악가의 질투에서 시작된 광기에 찬 파멸의 서곡'이라 할 수 있다. 주지하듯 영화 속에서 천재는 모차르트고 그를 시기하는 평범한 궁정음악가는 살리에리다. 무엇보다 모차르트 역할을 한 배우 톰 헐스의 목소리를 더빙한 성우 배한성의 경박한 웃음소리는 이 영화의 트레이드 마크였다. 보고 나면, 아니 듣고 나면 그 목소리를 절대로 잊을 수가 없다.

다른 대부분의 '명화'들이 그렇지만 나중에 다시 보면서 이 영화가 얼마나 훌륭한지를 알았다. 이 영화는 서사, 연출, 연기 등 모든 면에서 훌륭하지만 가장 훌륭한 것은 역시 음악이다. 개인적인 생각에 이 영화의 훌륭함은 다른 모든 것을 차치하고 음악 하나만으로도 충분하다. 단언컨대, 이 영화는 〈불멸의 연인〉과 더불어 최고의 음악영화다. 어쩌면 〈아마데우스〉가 더 뛰어난지도 모른다. 이 영화의 음악은 기존의 모차르트 음악을 쓴 게 아니라 이 영화를 위해 '아카데미 오브 세인트 마틴 인 더 필즈'의 지휘자이자 음악감독인 네빌 마리너가 모차르트의 음악을 새롭게 편곡했다. 그는 모차르트 스페셜리스트로 유명하다. 얼마 전 이 영화를 다시 보았는데 모든 게 놀라웠지만 모차르트의 음악이 가장 놀라웠다. 괜히 명작이 아니다.

최근 몇 년 동안 영화, 책읽기, 글쓰기 등과 관련해 여러 권의 책을 냈다. 그 책들 대부분 예전에 쓴 글을 긁어모은 것이거나 아니면 연재했던 글들을 묶은 것이라서 체계나 구성이 일관되지 않다. 그런데 이 책은 쓰기 전에 이미 책의 제목, 구성, 목차 등을 정했다. 혹시나 해서 말하지만 그렇다고 이 책의 완성도가 높다는 것은 절대 아니다. 일단 책의 제목 '영화로 숨을 쉬다'는 짐 자무시의 영화 〈패터슨〉의 대사 '시로 숨을 쉬다'에서 가져왔다. 그리고 책의 목차는 1972년부터 2021년까지 50년 동안 해당 연도에 개봉한 '명화'로 정했다. 소제목은 각 영화에서 나름대로 가장 인상적인 대사에서 따왔다.

그런데 처음 생각했던 목차와 최종 목차가 완전히 똑같지는 않다. 대부분은 일치했지만 그중에는 새롭게 추가된 영화도 있고 아쉽게 빠진 영화도 있다. 발견했다는 기쁨보다도 뺄 수밖에 없는 아쉬움이 더 컸다. 예컨대 〈박하사탕〉의 경우가 그랬다. 개인적으로 2000년을 대표하는 영화는 〈박하사탕〉이다. 실제로 이 영화를 2000년 1월 1일에 극장에서 보았다. 그런데 이 영화는 1999년에 제작되어서 2000년의 영화에 넣을 수 없었다. 그렇다고 1999년의 영화에도 넣을 수가 없었다. 왜냐하면 1999년의 영화 자리는 〈매트릭스〉가 이미 차지했기 때문이다. 〈박하사탕〉과 비슷한 사례는 너무나 많아 일일이 열거할 수 없을 정도다. 다른 이유 때문에 빠진 영화도 있다. 예컨대 〈멀홀랜드 드라이브〉의 경우에는 짧게 쓸 수가 없어서 어쩔 수 없이 뺐다. 그래서 혹시 기회가 된다면 이 책에서 아쉽게 빠진 영화들로 또 다른 책을 묶고 싶다.

사실 이 책의 원고는 올해 초에 썼다. 솔직히 말하면 두 달 동안 썼다. 얼마 전 원고를 다시 정리하면서 저자라고 표기해도 되는지 고민을 많이 했다. 각 영화의 기본정보를 정리하는 데 있어 나무위키, 구글, 네이버, 다음, 위키피디아 등을 너무나 많이 참조했기 때문이다. 또한 일일이 열거할 수 없을 정도로 많은 책들을 참고했다. 강유정의『시네마토피아』, 안숭범의『환멸의 밤과 인간의 새벽』, 강성률의『상처의 응시』등에서 큰 도움을 받았다. 원래는 출처를 표기해야 하는데 그 범위와 정도를 넘어섰기에 이내 포기하고 말았다. 그래서 저자가 아니라 편저자로 표기해야 한다는 생각까지 들었다. 하지만 뻔뻔하게 '저자'로 밀고 나가기로 했다. 만일 인용된 구절이 잘못 쓰였다면 그것은 전적으로 필자의 책임이다.

　그런데 아무리 뻔뻔해도 로저 에버트의 영화비평집『위대한 영화』도 언급하지 않을 수 없을 것 같다.『영화로 숨을 쉬다』는 『위대한 영화』에 너무나 많은 빚을 지고 있다. 사실 작년 여름 네 권에 달하는 방대한 그의 책을 읽으며 이 책을 구상했다. 그렇기 때문에 아마도 그의 영화비평집을 읽지 않았더라면 이 책은 결코 세상 밖으로 나올 수 없었을 것이다. 후생과 후학으로 이렇게나마 감사 인사를 올리고 싶다.

　끝으로 부족하고도 부족한 책을 세상 밖으로 내보낼 생각을 하니 또다시 두려움과 불안감이 앞선다. 하지만 이 책을 쓰는

데 용기와 힘을 준 모든 이에게 전하고 싶은 감사함과 고마움으로 그 두려움과 불안감을 이겨내려 한다. 많은 꾸짖음과 격려를 부탁드린다.

2022년 늦가을
윤 정 용

차 례

Sequence #09 2012~2016

Sequence #10 2017~2021

Sequence #01 1972~1976

〈대부〉

: "절대 거절 못할 제안을 하지"

영화를 일반적으로 '감독의 예술'이라고 하지만 '연기의 예술'이라는 것 또한 부정할 수 없다. 영화 연기는 더 이상 감독의 생각과 정서만을 전달하는 도구가 아니라 그 자체가 또 하나의 '영화 언어'다. 영화 연기는 영화를 구성하는 촬영, 편집, 사운드처럼 중요한 영상 구성 요소다. 영화는 연기를 통해 등장인물의 생각과 느낌을 전달한다. 영화에서 등장인물의 성격이 묘사되고 전달되는 데에는 수많은 영화 기법이 작용한다. 하지만 영화 연기에서 가장 필요한 것은 미켈란젤로 안토니오니 감독이 말한 '표현력'이다. 그에 따르면 영화배우는 표정 연기만으로도 관객의 흥미를 불러일으킬 수 있어야 한다.

연기 스타일은 시대, 장르, 분위기, 국가, 그리고 감독이 무엇을 강조하는가에 따라 근본적으로 달라지는데, 이것은 연기 스타일을 분류하는 주된 수단이 된다. 범박하게 배우들의 연기

스타일을 크게 세 가지로 분류할 수 있다. 첫째, 철저한 준비, 연습과 훈련을 통해 역할에 완벽하게 몰입하는 연기 스타일이다. 둘째, 배우가 갖고 있는 이미지를 역할 속에 그대로 끌어오는 연기 스타일이다. 셋째, 훈련과 이미지가 아니라 순간적인 직관에 의존한 연기 스타일이다.

첫 번째 연기 스타일을 보통 '메소드 연기'라고 부른다. 메소드 연기는 원래 배우를 훈련시키고 리허설을 시키던 시스템에서 파생되었다. 메소드 연기를 단어 그대로 해석하면 '방법 연기'다. 메소드 연기는 천차만별인 배우의 특성을 일반화할 수 있는 '방법 연기'가 존재한다고 상정한다. 메소드 연기에서는 특히 앙상블 연기를 강조한다. 메소드 연기의 핵심은 '배우가 연기하는 매 순간 극 중 인물의 삶을 살아야 한다'는 주장으로 수렴된다. 따라서 메소드 연기를 하는 배우는 매번 배역에 철저하게 몰입해야 한다.

주지하듯 메소드 연기의 기초는 『배우수업』(1936)의 저자인 콘스탄틴 스타니슬랍스키에 의해 정초되었다. 스타니슬랍스키는 외면적인 것에 강조를 두는 전통적인 연기를 거부했다. 그는 연기에서 진실은 오로지 극 중 인물의 내면적 정신세계를 탐구함으로써만 성취될 수 있다고 믿었다. 이러한 정신세계는 반드시 배우 자신의 개인적 감정과 융합되어야만 한다. 영화 속 등장인물의 감정과 유사한 감정을 찾아내기 위해 배우가 자신의 과거 경험 속으로 깊이 빠져들어야 한다.

메소드 연기하면 미국의 전설적인 영화배우 말론 브란도가 가장 먼저 떠오른다. 그는 미국영화사에서 스타니슬랍스키 시스템과 메소드 연기 도입의 선구자로 연기론의 판도를 바꾼 대단히 중요한 인물이다. 브란도는 〈워터프론트〉(엘리아 카잔, 1954)에서는 노조위원장의 부정을 폭로하는 부두 노동자 테리, 〈욕망이라는 이름의 전차〉(엘리아 카잔, 1951)에서는 폭력적 야수성을 물씬 풍기며 블랑시를 육체적으로 정신적으로 무너뜨리는 스탠리, 〈파리에서의 마지막 탱고〉(베르나르도 베르톨루치, 1972)에서는 공허와 권태에 찌든 채 섹스에만 탐닉하는 폴, 〈지옥의 묵시록〉(프란시스 포드 코폴라, 1979)에서는 한때 가장 뛰어난 군인으로 숭상되었지만 변절자가 되어 버린 커츠 대령, 〈대부〉(프란시스 포드 코폴라, 1972)에서는 마피아의 대부 돈 코를레오네를 연기한다. 〈닥터 모로의 DNA〉(존 프랑켄하이머, 1996)와 같은 조금 실망스러운 경우도 있지만 브란도의 필모그래피는 화려하다 못해 찬란할 정도다. 그의 연기상 수상 경력은 이루 헤아릴 수 없을 정도다. 많은 배우들이 브란도의 연기 스타일을 흉내 내려 했지만 그의 연기의 독특함을 따라하는 데 대부분 실패했다.

개인적인 생각에 브란도의 빛나는 연기 가운데 압권은 〈대부〉에서의 돈 비토 코를레오네다. 대부분의 고전이 그렇듯이 영화에서도 고전이라고 불리는 몇몇 작품은 누구나 보았을 것 같은데 실제로는 그렇지 않은 경우가 종종 있다. 〈대부〉도 그

가운데 하나일 것이다. 마피아 세계에서의 배신과 사랑을 그려내고 있는 이 영화는 마리오 푸조가 쓴 동명의 소설을 바탕으로 만들어졌고, 브란도 외에 알 파치노, 제임스 칸, 로버트 듀발, 다이앤 키튼 등 당대의 유명 배우가 출연했다. 이 영화는 전 세계적으로 평론가들의 극찬을 받으며 작품성을 인정받았고 흥행에도 성공했다.

영화 〈대부〉는 그 유명한 결혼식 장면으로 시작된다. 코를레오네의 호화 저택에서는 그의 막내딸 코니와 카를로의 초호화판 결혼식이 벌어지고 있다. 코롤레오네는 시칠리아에서 미국으로 이민을 와 모진 고생 끝에 미국 암흑가의 보스로 군림하고 있다. 그는 마피아의 두목답게 재력과 조직력을 동원해 자신을 찾아오는 사람들의 갖가지 고민을 해결해준다. 그렇기 때문에 사람들은 그를 비토라는 이름 대신 '대부(Godfather)'라고 부른다.

코를레오네는 아홉 살 때 고향 시칠리아에서 가족 모두가 살해당하는 끔찍한 불행을 겪었다. 그는 미국으로 도피하여 밑바닥 범죄 세계를 경험하면서 확고한 기반을 다지게 된다. 세월이 흐른 후 부모의 복수를 위해 시실리로 돌아온 그는 조직적 범죄를 통해 비약적인 성공을 거두게 된다. 그러던 코를레오네의 라이벌인 타타리아 패밀리의 마약 밀매인 소롯소가 코를레오네를 죽이면 천하가 자기 손아귀에 들어온다고 생각해 그를 저격해 중상을 입힌다. 코를레오네의 막내아들 마이클은 대학 출신의 인텔리다. 그는 아버지의 저격 사건을 계기로 조직에 개입하여 레스토랑에서 소롯소를 사살하고 시칠리아로 피신한다. 그는 그곳에서 시골 아가씨와 결혼하지만 적들의 집요한 추적으로 아내를 잃는다.

코를레오네의 장남 소니는 제부 카를로가 여동생 코니를 학대하자 그를 혼내준다. 이에 앙심을 품은 카를로는 소니를 배반한다. 결국 소니는 암살당하고 코를레오네의 가문은 붕괴 직전에 직면한다. 마이클은 코를레오네 가문을 구하기 위해 귀국하고 대학 시절 애인인 케이와 재혼한다. 손자와 뜰에서 놀던 아버지가 심장발작으로 급사하자 마이클은 조직의 보스 자리를 이어받는다. 마이클은 코를레오네 집안의 양자이자 오른팔 역할을 하는 변호사 톰을 참모로 조직을 단결시켜 적을 격퇴해 나간다.

영화 〈대부〉는 러닝 타임이 무려 175분에 달하기 때문에 처음부터 끝까지 끊지 않고 보는 게 쉽지 않다. 하지만 이 영화는 다른 모든 것을 떠나 배우들의 훌륭한 연기를 보는 것 하나만으로도 그 긴 시간이 결코 아깝지 않다. 전술했듯이 파치노, 칸, 듀발 등의 연기도 훌륭하지만 역시 코를레오네로 분한 브란도의 연기가 압권이다. 그는 말투와 표정뿐만 아니라 걸음걸이까지도 코를레오네를 완벽하게 연기하고 있다. 시간적 격차가 조금씩 있다고 하더라도 〈대부〉의 코를레오네, 〈욕망이라는 이름의 전차〉의 스탠리, 〈파리에서의 마지막 탱고〉의 폴, 〈지옥의 묵시록〉의 커츠 대령을 같은 배우가 연기했다는 것이 믿기지 않을 정도다. 브란도는 철저한 준비, 그리고 연습과 훈련을 통해 등장인물과 완전히 일체화되었다. 다시 말하지만 그는 진정한 메소드 연기의 장인이다.

앞서 메소드 연기 외에 언급한 이미지 연기와 직관에 의존한 연기를 잠깐 살펴보자. 이미지 연기의 대표적인 예로 〈로미오와 줄리엣〉(프랑코 제피렐리, 1968)의 레너드 화이팅과 올리비아 허시, 그리고 〈베니스의 죽음〉(루키노 비스콘티, 1971)의 비요른 안데르센을 들 수 있다. 영화 속에서 그들은 각각 로미오와 줄리엣, 타치오를 연기하지만 역설적으로 그들은 결코 연기를 하지 않는다. 감독은 그들에게 연기를 주문하지 않고 그냥 카메라 앞에 서 있으라고 주문을 했다고 한다. 즉 그들이 곧 영화 속 인물이다. 그렇기 때문에 그들이 연기를 두고 '잘 한다 혹은 못 한다' 평가를 내릴 수 없다. 제피렐리와 비스콘티 모두 탐미주의 영화 미학을 추구하는 것으로 유명하다. 그들은 배우들의 계산된 연기보다도 배우가 갖고 있는 이미지에 천착한다. 화이팅, 허시, 안데르센은 영화의 이미지를 표상한다. 〈건축학개론〉(이용주, 2012)에서 서연을 연기한 수지와 한가인도 이와 비슷할 것이다.

반면 직관에 따른 연기는 〈달콤한 인생〉(김지운, 2005)에서 선우로 분한 이병헌의 연기를 들 수 있다. 레스토랑에서 디저트를 먹는 장면, 좁은 복도를 따라 걷다가 위에서 천장에서 떨어진 물을 손으로 털어내는 장면에서의 이병헌의 연기는 결코 연습이나 훈련으로 얻어질 수 있는 게 아니다. 직관에서 나온 결과물이다.

하나 마나 한 말 같지만 연기에는 정답이 없다. 연기력을 물질적으로 '양화'할 수 없다. 좋은 연기는 기술적으로 완벽한 연기가 아니라 관객들이 공감할 수 있는 연기이다. 때에 따라 그 연기가 메소드 연기일 수도 있고, 이미지 연기일 수도 있고, 직관에 따른 연기일 수도 있다. 그렇기 때문에 연기는 쉬운 것 같지만 어렵다.

〈스팅〉

: "친구는 속이는 게 아냐"

영화를 보는 내내 계속해서 다른 영화를 생각하게 하는 영화들이 종종 있다. 개인적으로 〈스팅〉(조지 로이 힐, 1973)이 그런 영화다. 〈스팅〉은 1936년 미국 시카고를 배경으로 치밀한 계획으로 갱단 두목을 속이는 사기꾼들의 이야기다. 누군가의 말처럼 이 영화는 '조금 덜 나쁜 놈들이 조금 더 나쁜 놈들을 상대로 사기를 치는 이야기'다. 영화 속에서 조금 덜 나쁜 놈들은 사기꾼들인 후커와 곤돌프고, 조금 더 나쁜 놈들은 금융업자 로니건과 비리 형사 스나이더다. 결론적으로 말해 후커는 곤돌프의 도움으로 친구 루터의 살인을 사주한 로니건에게 복수도 하고 그의 돈도 빼앗는다. 자신을 협박하고 쫓던 형사 스나이더로부터도 벗어난다. 마지막 장면의 반전은 이 영화의 백미다. 그리고 영화의 메인 테마로 사용된 스콧 조플린의 래그타임 피아노곡 「엔터테이너」는 이 영화를 즐기는 또 다른 재미다.

아주 오랫동안 너무나 자주 영화 〈스팅〉과 〈내일을 향해 쏴라〉(조지 로이 힐, 1969)를 혼동했다. 아마도 두 영화가 감독이 같고 주연 배우들도 같기 때문인 것 같다. 하지만 두 영화는 완전히 다르다. 〈스팅〉의 영화적 배경이 1930년대의 시카고인 반면, 〈내일을 향해 쏴라〉는 1890년대 미국 서부다. 그럼에도 불구하고 두 영화는 자주 겹치고 혼동을 일으킨다.

〈내일을 향해 쏴라〉의 부치 캐시디와 선댄스 키드는 실존 인물이다. 부치와 키드는 갱단을 이끌고 은행만 전문적으로 터는 은행 강도다. 하지만 그들은 사람들을 해치는 것을 최대한으로 피하는 '양심적인' 강도다. 부치는 머리도 좋고 인심도 좋지만 총 솜씨는 별로다. 반면 키드는 부치와 정반대로 말주변은 없지만 총 솜씨만큼은 당해낼 사람이 없을 정도로 뛰어나다. 그들은 미래에 대한 희망도 없이 돈이 생기면 써버리고 없으면 은행을 터는 신세지만 세상을 매우 낙천적이고 낭만적으로 바라본다. 어느 날 부치의 부하들이 그에게 반기를 드는데 부치는 특유의 말주변과 임기응변으로 잘 넘어간다. 하지만 몇 차례 열차를 턴 것이 화근이 되어 부치와 키드는 수배자 명단에 올라 어쩔 수 없이 볼리비아로 가게 된다. 키드의 애인 에타도 그들과 동행한다.

부치와 키드는 볼리비아에서 일확천금의 꿈을 꾼다. 하지만 볼리비아는 그들이 생각했던 것보다 훨씬 더 가난하다. 무엇보다도 언어가 통하지 않아 그들은 에타로부터 스페인어를 배운다. 그들은 볼리비아에서도 은행털이를 계속한다. 쫓고 쫓긴 끝에 그들은 경찰의 신고를 받고 출동한 군대와 대치한다. 그들은 수백 명의 군인들이 밖에서 자신들을 에워싸고 있다는 사실을 모른 채 특유의 낙천적 혹은 낭만적 태도로 "이번엔 호주로 가자"고 다짐하여 권총을 치켜들고 밖으로 뛰쳐나온다. 하지만 그들을 맞이하는 것은 군 지휘관의 명령 소리와 함께 비 오듯 퍼붓는 총탄 세례다.

〈스팅〉에서 후커와 곤돌프는 로니건에게 복수도 하고 스나이더의 추적으로부터 벗어나고 사기라는 방법을 통해서였지만 돈도 딴다. 한 마디로 '해피 엔딩'이다. 하지만 〈내일을 향해 쏴라〉에서 부치와 키드는 되는 일이 아무것도 없다. 계속 누군가에게 쫓기고, 돈도 잃고, 몸도 마음도 다친다. 마지막 장면에서는 다른 사람들은 모두 알고 있지만 그들만 모른 채 총탄 세례를 받는다. 한 마디로 '새드 엔딩'이다.

이처럼 영화의 내용 면으로 보았을 때 〈스팅〉과 〈내일을 향해 쏴라〉는 전혀 다르다. 그럼에도 불구하고 두 영화를 혼동하는 이유는 아마도 영화 전체에 흐르는 낙천적이고 낭만적인 정서 때문일 것이다. 특히 〈스팅〉의 「엔터테이너」만큼이나 유명한 B. J. 토머스의 음악 「내 머리 위에 빗방울은 계속 떨어지고」와 영화 속 자전거 타는 장면은 〈내일을 향해 쏴라〉를 〈스팅〉만큼 낭만적 분위기를 고조시켜 결과적으로 두 영화를 혼동하게 만든다.

〈스팅〉은 사기꾼들의 이야기고 〈내일을 향해 쏴라〉는 열차 강도의 이야기다. 즉 두 영화는 서부 영화에서처럼 정의와 선이 불의와 악을 응징하는 그런 이야기가 아니라, 조금 덜 나쁜 악당과 조금 더 나쁜 악당이 싸우는 그런 영화다. 소재와 내용으로 보자면 '어둡고 무거운' 영화다. 하지만 결코 어둡거나 무겁지 않다. 오히려 밝고 가볍다. 게다가 따뜻하기까지 하다. 〈스팅〉은 더욱 그렇다.

전술했듯이 〈스팅〉을 보다 보면 〈내일을 향해 쏴라〉 말고도 여러 영화가 떠오른다. 먼저 〈오션스 일레븐〉(스티븐 소더버그, 2001)이다. 뉴저지 감옥에서 하릴없이 세월을 보내던 대니 오션에게도 마침내 좋은 시절이 왔다. 한방에 뜰 기회를 노리던 그에게 가석방으로 하루의 자유 시간이 주어졌다. 주도면밀하면서도 쿨한 대니가 이 기회를 놓칠 리 없다. 그는 권투 시합이 열리는 밤, 세 개의 카지노를 동시에 턴다는 어쩌면 무모해 보이는 계획으로 열 명의 '전문가들'을 모은다. 불가능해 보이는 그의 계획은 성공을 거둔다. 그는 카지노를 털어 돈도 벌고 옛 애인도 되찾는다. 대니와 그의 친구들은 돈을 나눈 뒤, 각자 어두운 과거를 청산하고 조용히 올바르게 살려고 한다.

하지만 세상은 그들을 가만히 두지 않는다. 아니 그들은 결코 조용하고 올바르게 살아갈 수가 없다. 결국 가지고 있던 돈도 바닥나고 그들에게 돈을 빼앗긴 베네딕트의 위협과 협박 때문에 그들은 다시 뭉친다. 이번에도 그들의 계획은 성공한다. 심지어 그 다음 계획에서는 자신들이 사기를 쳤던 베네딕트까지 팀의 일원으로 합류시킨다. 대니를 포함해 총 열한 명이었던 그들은 열두 명, 그리고 열세 명까지 늘어난다. 그리고 그들의 계획은 언제나 성공을 거둔다.

〈스팅〉은 최동훈 감독의 두 편의 범죄 영화 〈범죄의 재구성〉(2004)과 〈도둑들〉(2012)을 떠올리게 한다. 각각의 영화에서 최창혁과 마카오박은 '인생의 큰 한 방'을 계획하고 계획을 실행하기 위해 각 분야 '최고의 전문가들'을 영입한다. 설계자인 최창혁과 마카오박은 그들에게 장밋빛 미래를 보장한다. 그들이 말하는 장밋빛 미래는 당연히 '일확천금'이다. 그런데 최창혁과 마카오박은 일확천금 외에 또 다른 계획을 세우고 있다. 그들은 계획의 설계자이기 때문에, 게다가 자신들이 영입한 전문가들보다 더 뛰어난 전문가들이기 때문에 두 가지 계획 모두 성공한다. 엄밀히 말하면 그들의 계획은 최창혁과 마카오박의 입장에서 보았을 때만 성공적이다. 왜냐하면 그들이 영입한 전문가들은 장밋빛 미래를 누리지 못하기 때문이다. 누군가는 죽고, 또 누군가는 감옥에 간다.

어쩌면 최창혁과 마카오박은 차음부터 일확천금이라는 첫 번째 계획보다 두 번째 계획, 즉 '복수'를 노렸는지 모른다. 첫 번째 계획은 두 번째 계획의 위장이자 덤이었다. 최창혁은 자신의 형을 죽음으로 이끈 김 선생에게, 마카오박은 자신을 배신한 뽀빠이와 자신의 아버지를 죽인 웨이홍에게 복수한다. 복수를 성공적으로 마친 뒤 최창혁은 사기의 파트너인 서인경을 얻고, 마카오박은 옛 연인 팹시와 화해한다. 〈스팅〉에서도 후커와 곤돌프가 손을 잡게 된 계기는 표면적으로 로니건의 돈이었지만 실제적으로 루터에 대한 복수였다.

처음부터 의도한 것은 아닌데 〈스팅〉에서 시작한 이야기가 〈내일을 향해 쏴라〉을 거쳐 〈오션스 일레븐〉에 이르렀다. 거기에서 다시 〈범죄의 재구성〉과 〈도둑들〉로 향했다. 〈스팅〉, 〈오션스 일레븐〉, 〈범죄의 재구성〉, 〈도둑들〉 등 범죄자들이 모여 무언가를 강탈하는 영화를 '케이퍼 무비'라고 부른다. 케이퍼 무비는 범죄자들이 무언가를 훔치기로 모의하고 이를 실행하는 과정을 복잡한 플롯으로 갱스터, 범죄 영화의 하위 장르다. 다른 말로는 '하이스트 무비'라고도 한다. 참고로 '하이스트'는 '강도' 또는 '강탈'이라는 뜻이다.

케이퍼 무비의 핵심은 '낭만성'에 있다. 케이퍼 무비는 처음에는 '필름 누아르'의 영향을 받아 어둡고 비극적이었다. 프랑스어로 '검은 영화'라는 뜻의 필름 누아르는 일반적으로 1940년대 후반과 1950년대 초반 할리우드 스튜디오에서 제작한 영화로, 어둡고 잔인하며 폭력적인 범죄와 타락의 도시 세계를 그린 영화를 지칭한다. 필름 누아르 영화는 야비하고 신경증적인 인물이 주요 캐릭터로 등장하며 황량한 세트와 무거운 그림자 그리고 빛과 어둠의 선명한 대조를 강조한다. 하지만 차츰 코믹한 요소가 가미되고 범죄자들이 반전에 반전을 거쳐 강탈에 성공하는 결말로 변화되어 왔다. 즉 낭만성과 함께 '반전'은 케이퍼무비의 또 다른 핵심이자 본령이다. 바로 그 낭만과 반전의 시작은 〈스팅〉이다.

위 영화들을 일별하며 문득 '친구'라는 단어가 떠올랐다. 에피쿠로스는 "평생의 행복을 보장하는 것들 가운데 가장 중요한 것은 친구들의 존재"라고 말한 바 있다. 서양철학사에서 에피쿠로스만큼 오해를 많이 받은 철학자도 없을 것 같다. 에피쿠로스라는 이름은 '쾌락'과 거의 동의어로 쓰인다. 오늘날 쾌락은 물질적 혹은 육체적 쾌락이라는 형용사와 결합될 정도로 대체로 부정적인 맥락에서 쓰이지만, 사실 그가 말한 쾌락은 감각적 쾌락보다 도덕적 쾌락에 가깝다. 쾌락을 도덕적 관점에서 보기 때문에 그의 쾌락주의는 '윤리적 쾌락주의'로 규정될 수 있다. 그에 대한 오해를 바로잡자면 위 문장에서 그가 말하는 친구는 그냥 친구가 아니라 '좋은' 친구다. 그렇다면 영화 속 친구들은 서로에게 좋은 친구들이었을까, 문득 궁금해진다.

〈아라비안 나이트〉

: "신은 우리가 서로 돕는 것을 기대하고 계실거야"

　내 인생 '최초의 19금 소설'은 천재적인 동양학자로 불리던 리처드 프랜시스 버턴이 편역하고 삼성출판사에서 출간한 『아라비안 나이트』다. 이 글을 쓰기 위해 도서관 검색사이트로 그때 읽은 『아라비안 나이트』의 서지정보를 찾아보니 아마도 1975년 또는 1979년에 출간된 판본 가운데 하나였을 것 같다. 세로 판형이었고 500페이지 가까울 정도로 두꺼웠다. 그럼에도 불구하고 그 어린 나이에 손에 땀을 쥐고 정신없이 읽었다. 훨씬 전에 동화책으로 『아라비안 나이트』를 읽기는 했지만 거의 원본에 가까운 『아라비안 나이트』를 읽은 것은 그때가 처음이었다. 읽는 내내 충격이었고 읽고 난 후에도 내용이 머릿속을 떠다녔다. 그러다가 얼마 전 『아라비안 나이트』를 다시 읽었다. 정확히 말하면 또 다른 『아라비안 나이트』를 읽었다. 서지 정보를 정확히 밝히면 작자 미상, 그림 르네 불, 번역 윤후남, 출판사

현대지성이다. 그런데 이 책은 두께도 훨씬 더 얇고 내용도 밋밋하다. 읽는 내내 어렸을 때 손에 땀을 쥐고 읽었던 바로 그 책이었나, 하는 의구심이 들었다.

의구심과 호기심으로 영화 〈아라비안 나이트〉(피에르 파올로 파졸리니, 1974)를 찾아보기에 이르렀다. 주지하듯 파졸리니의 유작은 그 유명한 〈살로, 소돔의 120일〉(1975)이다. 파졸리니는 사드 후작의 원작을 바탕으로 〈살로, 소돔의 120일〉을 연출했다. 영화는 원작 소설과 내용, 의미, 창작 목적도 다르다. 즉 작품의 배경은 프랑스 귀족 사회가 아니라 이탈리아 파시스트 잔당들이 세운 살로 공화국이다. 영화의 주제는 원작의 '쾌락 찬가'가 아닌 '파시즘 비판'으로 수렴된다.

1940년대 말 제2차 세계대전에서 패전이 짙어진 상황에서 파시스트 관료 4명은 점령군 독일군들에게 돈을 주고 어린 소년 소녀들을 데려와 선별한 후, 마르차보토 근처에 소재한 비밀 별장에서 자신들의 사병들과 함께 위험한 쾌락을 추구한다. 하지만 쾌락은 반복되고 길어지는 감각을 무디게 할 뿐 채워지지 않는다. 쾌락의 탐색은 질병으로 은유된다. 질병이 은유가 된다는 것은 질병에 익숙해졌다는 것을 의미한다. 낯선 것은 사회적 은유가 될 수 없다. 사회적 은유란 자동화된 반응과 관습적 연상작용의 결과이기 때문이다.

사회적 강자들이 사회적 약자들을 가둬놓고 쾌락용 도구로 사용한다는 영화의 줄거리는 원작과 큰 차이가 없으나, 창작자의 의도는 완전히 다르다. 즉 원작 소설이 내면에 숨겨진 가학적 쾌락 본능을 숨기지 않고 극한까지 추구하는 게 목적이었다면, 영화는 당시 '68혁명'의 후폭풍 이후 반동의 흐름에 대한 경계와 그 실상을 극도로 비관적으로 묘사하는 것을 그 목적으로 하고 있다. 누군가는 이 영화를 두고 "부패한 종교와 권력이 결탁하면 어떻게 인간을 파괴하는지를 적나라하게 묘사한 영화"라고 말한다. 이 영화의 개봉으로 바티칸 교황청은 크게 분노했다. 궁극적으로 파졸리니는 이 영화를 통해 파시즘의 폭력성을 비판한다. 가난한 자들이 가장 못 견디는 게 가난이라면 부자들이 가장 못 견뎌 하는 것은 바로 권태다. 부자들은 그 권태에서 벗어나기 위해 가난한 자들을 도구로 쾌락에 탐닉한다. 사회적 강자들이 사회적 약자들을 가둬놓고 그들을 쾌락용 도구로 사용한다는 점에서는 〈오징어 게임〉(황동혁, 2021)도 〈살로, 소돔의 120일〉과 크게 다르지 않아 보인다.

파졸리니는 〈살로, 소돔의 120일〉의 촬영을 끝내고 얼마 안 있어 영화에 출연했던 피노 펠로시와 함께 바닷가를 산책하던 중 의문의 변사체로 발견된다. 그런데 그 살해범이 그 영화에 출연했던 배우로 알려지면서 더 큰 충격을 주었다. 펠로시는 파솔리니가 자신을 유혹했기 때문에 그를 죽였다고 주장했고 법원은 펠로시의 단독 살해로 결론지었으나 정치적 타살이라는 견해가 우세하다. 파졸리니의 죽음을 소재로 〈누가 파졸리니를 죽였는가?〉(마르코 툴리오 지오다나, 1995)라는 다큐멘터리도 만들어졌다.

〈살로, 소돔의 120일〉은 파졸리니의 삶과 영화에 어둡고, 진지하고, 비극적인 이미지를 드리운다. 하지만 그는 죽기 전에 그런 이미지와는 조금 멀어 보이는 일련의 코미디 영화들을 발표한다. 이 시기에 발표된 〈아라비안 나이트〉, 〈데카메론〉(1971), 〈캔터베리 이야기〉(1972) 등은 '남녀 간의 자유로운 사랑과 성적인 쾌락의 즐거움', '살아있는 존재의 즐거움', '삶의 기쁨'을 표현한다고 해서 '생명 3부작'이라고 불린다. 파졸리니는 〈아라비안 나이트〉로 칸 영화제 심사위원 대상을 수상했다. 파졸리니의 영화 세계를 이야기할 때는 〈살로, 소돔의 120일〉이 훨씬 더 많이 언급되지만, 〈아라비안 나이트〉를 비롯한 그의 '생명 3부작'은 그의 영화 세계의 또 다른 측면을 잘 예거한다.

〈아라비안 나이트〉는 원래 아랍어로 기록된 설화집인 『아라비안 나이트』에서 발췌한 열 개의 이야기를 토대로 경이로운 시각적 효과와 감각이 특장인 영화다. 내용 면에서 간단히 말하자면 이 영화는 한 소년이 자신이 사랑하는 노예 소녀가 납치되자 그녀를 찾아 떠나는 일종의 로드 무비다. 그는 이 나라 저 나라로 여행하면서 그곳에서 만난 사람들로부터 에로틱한 이야기들을 듣는다. 그는 그 이야기들에 끌리기도 하지만 연인을 잊을 수 없어 다시 찾아 나선다.

주지하듯 『아라비안 나이트』는 사형을 피하기 위해 세헤라자데가 매일 밤 왕에게 들려주는 여러 가지 에피소드 모음집이지만 파졸리니는 〈아라비안 나이트〉에서 하나의 에피소드 안에 여러 개의 이야기를 겹쳐놓고 있다. 그래서 이 영화에는 『아라비안 나이트』하면 떠오르는 '알라딘과 요술램프', '알리바바와 40인의 도둑', '지니 요정', '신밧드의 모험' 등의 이야기가 나오지 않는다. 대신 도무지 알 수 없는 낯선 이야기들이 맥락 없이 이어진다. 영화의 분위기는 신화적이고, 이국적이고, 신비스럽고 에로틱하다. 등장인물들이 시간 여행을 하기도 하고, 공간 이동을 하기도 하며, 심지어는 하늘을 날기도 한다. 파졸리니는 영화적 효과를 극대화하기 위해 네팔, 예멘, 이란 등 이국적인 장소를 배경으로 이 영화를 촬영했다. 그는 인공적인 세트보다는 있는 그대로의 자연환경을 선호했다.

파졸리니는 몇 명의 배우를 제외하고는 대부분의 배역을 비전문적인 현지인을 활용했기 때문에 누군가의 말처럼 〈아라비안 나이트〉는 마치 '인류학적인 다큐멘터리'처럼 보이기까지 한다. 이 영화는 건강한 웃음이 가득한 가장 쾌활하고 즐거운 성의 향연과 이야기의 순수한 즐거움을 느낄 수 있다. 당시 그는 '에로스의 기쁨'을 어떻게 표현할 수 있는지에 천착했다. 그는 〈데카메론〉, 〈캔터베리 이야기〉, 〈아라비안 나이트〉라는 '생의 3부작'을 통해 남부 유럽, 북부 유럽, 동양, 즉 전 세계의 에로스를 다루며 자기 나름대로 인류학적인 접근을 시도한다.

하지만 '생의 3부작'에서 엿보이는 섹슈얼리티의 신화적인 잠재성, 하층 계급에 대한 파졸리니의 애정은 이 영화를 끝으로 다소 비관적인 태도로 바뀐다. 즉 〈살로, 소돔의 120일〉에 이르러서 파졸리니는 인간 자체에 대해 비관적인 태도를 견지한다. 표면적으로는 정치, 경제, 사회, 문화, 종교 등의 권력층의 행태를 비판하지만 이면으로는 하층 계급의 속물근성, 위선, 허위의식을 비판한다. 그런 점에서 보자면 파졸리니의 영화는 한 마디로 '인류학의 보고서', 즉 인문학이라고 말할 수 있다. 주지하듯 인문학은 삶의 흔적에 대한 공부다. 두고두고 써도 닳지 않는 삶의 결정체가 바로 인문학이다. 뒤집어 말하면 인문학에는 삶의 흔적이 녹아 있다.

〈살로, 소돔의 120일〉은 보기 전 마음을 다잡고 봐야 하는 영화다. 사실 이 글을 쓰면서 〈살로, 소돔의 120일〉은 되도록 언급하지 않으려 했다. 하지만 어쩔 수 없이 이 영화에 대한 설명으로 글을 맺는다. 반대로 생각하면 〈살로, 소돔의 120일〉은 그 정도로 파졸리니 영화를 이야기할 때 빼놓을 수 없는 중요한 이정표다. 이 영화에 대해서는 대체로 '고어 영화의 끝판왕'과 같은 맥락의 해석이 주를 이룬다. 파졸리니 영화에 대해 재조명이 이루어지면서 조금 더 정치하고 논리적인 해석이 이루어지기도 했다. 즉 영화 속 4명의 관료, 창녀와 뚜쟁이, 소년과 소녀들은 현실에서는 각각 '권력층', 권력층에 기생하는 '지식인 계층', 권력층과 지식인 계층으로부터 '핍박받는 국민들'로 해석된다.

사실 〈살로, 소돔의 120일〉을 보기 전과 처음 볼 때는 그와 같은 해석에 크게 의문이 들지 않았다. 그런데 이 글을 쓰기 위해 다시 보면서 문득 '왜 소년과 소녀들은 오랏줄에 묶인 채 관료들과 그 하수인들이 지껄이는 말들에 순종하며 무기력해지는가?', '권력자들의 강요에 의해 먹기 싫은 똥을 억지로 퍼먹고, 마침내 무기력한 한 마리의 순종적인 짐승이 되어 권력자들의 쾌락을 위한 도구로 소비되어 사망에 이르는가?' 등의 의문이 들었다. 정치적으로 우파는 '권력에 대한 두려움'과 '지배에 대한 복종'을 동력으로 삼는다. 그러면서 '저항의 불필요성'을 내면화시키고 서로를 미워하게 만든다. 절대 권력의 폭압에 대응하는 것을 원천적으로 차단하려 한다. 파졸리니는 〈살로, 소돔의 120일〉을 통해 정치적 우파를 비판하고 '저항의 필요성'을 역설한다. 그런 이유로 이 영화는 마땅히 정치적 좌파 파졸리니의 우파 정치학 비판으로 읽혀야 한다.

★ ★ ★ ★ ★ **1 9 7 5** ★ ★ ★ ★ ★

〈거울〉

: "우리는 늘 불신하고 서두르죠"

　대학교 다닐 때 교양과목으로 '영화의 이해와 감상'이라는 과목을 수강한 적이 있다. 수업을 제대로 듣지 않아 다른 과목이 그랬던 것처럼 성적은 그저 그랬다. 이 과목 외에 교과목명이 정확한지 모르겠지만 '음악의 이해와 감상', '현대시의 이해와 감상', '현대소설의 이해와 감상' 등의 과목을 수강했는데 역시나 성적은 별로였다. 기억해 보니 '영화의 이해와 감상' 수업 시간에 〈전함 포템킨〉(세르게이 에이젠슈타인, 1925), 〈시민 케인〉(오슨 웰스, 1941), 〈이지 라이더〉(데니스 호퍼, 1969), 〈시계태엽 오렌지〉(스탠리 큐브릭, 1971), 〈아름다운 청년 전태일〉(박광수, 1995) 등의 영화를 보았던 것 같다. 시험 문제는 주어진 질문들에 대해 서술하는 유형이라서 나름 잘 썼다고 생각했는데 성적이 별로였던 것을 보면, 제대로 이해를 하지 못하고 쓴 것 같다. 아니면 그와 상관없이 출석이 안 좋아 성적이 별로였을 수도 있다.

각설하고 '영화의 이해와 감상'뿐만 아니라 '음악의 이해와 감상', '현대시의 이해와 감상', '현대소설의 이해와 감상' 교과목 명에는 공통으로 '이해와 감상'이 들어간다. 당시에는 예술에서 '이해와 감상'은 당연하다고 생각했다. 교과목명이 '감상과 이해'가 아니라 '이해와 감상'이라는 것에 대해 아무런 문제의식을 못 느꼈다. 아주 오랫동안 기정사실로 받아들였다. 그런데 언젠가부터, 아마도 누군가를 가르치기 시작하면서부터 과연 '모든 영화를 과연 이해할 수 있을까?', '이해할 수 없으면 감상할 수도 없을까?'라는 의문이 들었다.

그 의문은 안드레이 타르코프스키 영화에서 출발한다. 우리나라에서 사람들이 흔히 말하는 '예술영화'에 대해 본격적으로 관심을 갖기 시작한 것은 전국 각지에서 시네마테크가 생겨나기 시작한 1990년대 중반이다. 예술영화의 붐으로 시네마테크가 생긴 것인지, 시네마테크가 예술영화의 붐을 추동한 것인지 정확하게 단언하기 어렵다. 물론 그전에도 프랑스문화원이나 독일문화원 등을 통해 유럽의 영화를 보기도 했지만 예술영화를 본격적으로 보기 시작한 시기는 1990년대 중반이다. 개인적으로도 그때 예술영화라는 것을 처음 접했다. 타르코프스키, 테오 앙겔로풀로스, 아바스 키아로스타미, 크쥐시토프 키에슬롭스키, 에밀 쿠스타리차, 잉마르 베리만 등의 영화를 이해 없이 감상했다. 창피하지만 솔직히 말하면 지적 허영심에 가득 차 알지도 못하는 영화를 보았고, 그 영화를 보았다고 떠들고 다녔다. 사실 주변에 영화를 조금 안다고 하는 많은 사람들이 그랬다.

시쳇말로 그 당시 사람들에게 가장 '먹히던' 예술 영화가 바로 타르코프스키의 〈향수〉(1982)와 〈희생〉(1986)이었다. 지금은 영화에 조금 관심 있는 사람이라면 한 번쯤은 이 영화들에 대해 들어봤을 테고, 그렇지 않다면 유튜브를 통해서 많이 언급되는 영화 장면과 그에 대한 해설 영상을 볼 수 있다. 하지만 그 당시에는 이 영화들을 본 사람이 별로 없었을 뿐만 아니라 이 영화들에 대한 해설도 거의 전무했다. 타르코프스키의 『봉인된 시간』(1985)이 국내에 1991년에 번역되기는 했지만 극소수의 사람만이 그 책의 존재를 알았을 뿐이다. 사정이 그랬기 때문에 〈향수〉와 〈희생〉에 대한 근거 없는 정체불명의 이야기들이 떠돌아다녔고 사람들은 정체 없는 그 이야기들을 입으로 퍼 날랐다.

개인적으로 〈향수〉와 〈희생〉은 어렵고 힘들게 보았다. 집 근처 비디오 대여점에서 테이프를 대여해 집에서 아주 작은 텔레비전 화면으로 보았다. 장면 전환이 너무 없어서 TV에 문제가 있는 것 아닌가, 아니면 비디오테이프에 문제가 있는 것 아닌가, 하는 걱정을 하면서 보았다. 거의 대부분의 장면을 롱테이크로 찍은 영화들을 그 작은 화면으로 보았기 때문에 어쩌면 감상은 차치하고 이해조차 요령부득이었는지 모른다. 그보다는 이 영화를 보았다는 뿌듯함이 이해와 감상의 자리를 대신했다. 참고로 나중에 어느 책을 통해 〈희생〉에 대해 약간이나마 이해할 수 있게 되었다. 그 책에 따르면 이 영화는 바흐의 「마태 수난곡」

을 배경으로 인물을 보여주며 느린 카메라로 그 인물의 고뇌를 추적한다. 세상의 종말을 자신의 '희생'으로 막겠다는, 지극히 종교적인 이 영화에서는 그 유명한 롱 테이크로 '시적 카메라'라고 명명 받은 리듬을 형성하면서 상황을 천천히 지켜보도록 유도한다.

시간이 흐른 뒤 타르코프스키의 영화들을 다시 보게 되었다. 그 당시 몸담고 있던 시네마테크에서 마련한 '타르코프스키 회고전'을 통해서 〈이반의 어린 시절〉(1962), 〈안드레이 루블료프〉(1966), 〈솔라리스〉(1972), 〈향수〉, 〈희생〉 등을 차례로 보았다. 〈향수〉와 〈희생〉은 예전에 보았던 영화를 다시 보는 것이지만 나머지 영화는 처음 보았다. 영화를 보기 전 소문으로 떠돌던 『봉인된 시간』을 읽으며 그의 영화에 대한 예습도 마쳤다. 하지만 예습을 충분히 했다고 시험을 반드시 잘 보는 것은 아니듯이 『봉인된 시간』을 읽었다고 타르코프스키의 영화를 완벽히 이해할 수 있는 것은 아니었다.

타르코프스키는 첫 장편 영화 〈이반의 어린 시절〉로 베니스 영화제에서 황금사자상을 수상하면서 소련 정부로부터 영화 제작 지원을 받는다. 하지만 그 다음 작품인 〈안드레이 루블료프〉는 반역사적이고 반민족적이라는 이유로 한동안 공개되지 못한다. 그럼에도 불구하고 그는 이 영화로 칸 영화제에서 심사위원 특별상을 받는다. 그는 스타니슬라프 렘의 소설을 영화화한 〈솔라리스〉로 칸 영화제에서 또다시 심사위원 특별상을 받는다.

하지만 국제적으로 그의 위상은 점점 올라가지만 소련 내에서 영화를 만들 수 있는 환경은 점점 안 좋아진다. 그 때문에 말년에 그는 소련에서 더 이상 영화 작업을 할 수 없는 지경에 이르게된다. 그래서 〈향수〉는 이탈리아에서 만들어졌고 〈희생〉은 스웨덴에서 촬영되었다.

타르코프스키의 영화를 거의 다 보았다고 생각했는데 찾아보니 〈거울〉(1975)이 빠졌다. 사실 〈잠입자〉(1979)도 아직 보지 못했다. 설레는 마음으로 〈거울〉을 보았다. 각설하자면 이 영화는 수많은 사람들이 이해하기 어렵다고 불만을 터뜨리는 〈멀홀랜드 드라이브〉(데이비드 린치, 2000)보다도 훨씬 더 어렵다. 일단 영화의 줄거리를 간단하게 정리하는 게 쉽지 않다. 이 영화는 특정한 스토리 없이 단편적인 에피소드와 이미지가 무질서하게 배열되어 있다.

〈거울〉은 타르코프스키가 자신의 유년 시절을 회상하며 만든 자전적인 영화로 알려졌다. 영화는 주인공의 어린 시절에 대한 기억과 꿈, 상상 등으로 이루어졌다. 꿈과 현실, 현재와 과거가 뒤섞여 있다. 등장인물에 대한 설명이 자세하게 이루어지지 않는다. 심지어 같은 배우가 특별한 영화적 설명이나 장치 없이 과거의 인물과 현재의 인물을 모두 연기한다. 이 영화는 복잡한 데칼코마니 구조를 이루고 있는데, 바로 그 때문에 소련 내에서 격렬한 비판을 받고, 제한된 범위 내에서만 공개될 수밖에 없었다. 해외 판매도 여러 해 동안 금지되다가 1978년에 그가 참석한 가운데 파리에서 처음 상영되었다. 이때 그는 "비타협적인 영화 감독은 어디에서 영화를 제작하든 간에 문제에 부딪히게 마련이다"라고 선언했다.

유튜브에서 〈거울〉에 대해 잘 정리된 리뷰와 해석을 쉽게 찾아볼 수 있다. 정성일을 비롯해 수많은 영화평론가들이 입이 마르도록 칭찬하는 '기적의 장면'에 대한 설명 또한 볼 수 있다. 영화평론가들은 이 영화의 주제를 '어머니에 대한 위로', '아버지에 대한 찬미', '자신에 대한 성찰' 등으로 요약한다. 그런데 개인적으로 〈거울〉에 대해 잘 정리된 리뷰와 해석을 백 번 읽고 들으며이 영화의 주제를 이해하려고 노력하기보다는 이해되지 않는다고 하더라도 이 영화를 한 번 보는 게 더 낫다고 생각한다. 왜냐하면 영화는 이해가 전부가 아니기 때문이다. 일찍이 타르코프스키는 다음과 같이 말한 바 있다. "사람들은 영화 속에서 수학적 논리를 기대한다. 하지만 수학적 논리도 인간이란 도대체 무엇이며 삶의 의미가 어디에 있는지를 설명해 주지는 못한다."

질 들뢰즈는 영화를 사유를 통한 매체로 간주했다. 〈거울〉은 인물 구성, 그리고 현재와 과거의 회상, 꿈 장면들의 관계를 거울-이미지, 회상-이미지, 꿈-이미지라는 개념을 통해 고찰하는 게 가능하다. 그에 따르면, 회상 및 꿈이라는 잠재태와 현재라는 현실태와의 구별이 모호해지는 동시에, 전자가 후자의 특징을 드러내고 또 후자가 전자의 위치에 서게 되면서, 잠재태와 현실태, 과거와 현재, 지각과 기억이 서로 반영하고 흡수하는 결정체

-이미지를 찾을 수 있다. 결정체-이미지는 그 안에서 시간을 직접적으로 드러내는 시간-이미지 영화의 대표적 특징이다.

주인공의 '의식의 흐름'에 따른 시간의 자의적 재배열과 비논리적 이미지로 가득 찬 〈거울〉에서는 시간이 현시된다. 즉 단순한 회상에 머무르지 않고 시간성 그 자체를 형상화하는 시간의 현시는 타르코프스키 영화 미학의 핵심이다. 영화에서 이미지는 왜곡이 생길 수밖에 없다. 어쩌면 처음부터 이미지의 왜곡을 노리고 있는지도 모른다. 따라서 영화를 붙잡거나 소유할 수 없다. 영화를 붙잡거나 소유한다는 것은 곧 영화를 이해하는 것이다. 삶이든 영화든 모호하고 이해할 수 없다고 해서 감상할 수 없는 것은 아니고 집중하지 말아야 하는 것도 아니다. 이해는 분명 감상하는 데 도움을 주지만 이해하지 못한다고 해서 감상할 수 없는 것은 결코 아니다. 이해와 감상은 인과관계나 선후관계가 아니라 상관관계다. 때로는 관련이 없을 수도 있다.

〈택시 드라이버〉

: "모든 짐승들은 밤에 활동한다"

로버트 드 니로와 알 파치노가 출연한 〈아이리시맨〉(마틴 스코세이지, 2019)은 찰스 브랜드의 논픽션 원작을 바탕으로 한 영화다. 이 영화는 미국의 마피아 조직인 버팔리노 패밀리 소속 조직원이면서 전미트럭운송조합의 간부이기도 했던 프랭크 시런의 증언을 토대로 현재까지 미제 사건으로 남은 지미 호파의 실종 사건을 다루고 있다. 이 영화는 드 니로와 파치노가 함께 출연하고 스코세이지가 연출한다는 것 때문에 개봉 전부터 화제를 모았다. 제92회 아카데미 시상식에 이 영화는 작품상 후보에 오르고 스코세이지는 감독상 후보에까지 오른다. 하지만 작품상과 감독상은 〈기생충〉(2019)과 봉준호 감독에게 돌아간다. 감독상 후보의 면면을 보면 지금 생각해도 봉준호 감독은 대단하다. 그는 스코세이지, 〈원스 어폰 어 타임 인 할리우드〉(2019)의 쿠엔틴 타란티노, 〈1917〉(2019)의 샘 멘데스 등 영화적 거장들과 경쟁해 감독상을 수상했다.

개인적인 생각에 스코세이지의 영화는 두 개의 키워드, 즉 '마피아'와 '드 니로'로 압축된다. 스코세이지는 〈비열한 거리〉(1973), 〈좋은 친구들〉(1990), 〈카지노〉(1995), 〈갱스 오브 뉴욕〉(2002), 〈디파티드〉(2006) 등의 영화에서 마피아 또는 갱의 세계를 그리고 있다. 그리고 〈비열한 거리〉, 〈좋은 친구들〉, 〈카지노〉, 〈아이리시 맨〉에는 공통적으로 드 니로가 출연한다. 드 니로가 스코세이지 감독의 페르소나라는 단어는 이제는 식상하다 못해 고루하다. 그래도 마땅히 대신할 단어가 없어 이 단어를 그대로 쓰자면 드 니로야말로 스코세이지 감독의 진정한 페르소나, 즉 얼굴이라고 할 수 있다.

스코세이지가 연출하고 드 니로가 출연한 대부분의 영화들이 좋았지만 가장 기억에 남는 영화는 〈택시 드라이버〉다. 얼마 전 TV에서 방영되는 이 영화를 또 보았다. 이 영화는 스코세이지와 드 니로가 두 번째로 함께한 작품이다. 이 영화는 베트남전쟁 종전 직후의 미국을 배경으로, 불면증에 시달리며 뉴욕 맨해튼의 뒷골목에서 택시 운전을 하는 퇴역 군인 트래비스 비클의 방황과 혼란을 그리고 있다. 이 영화는 제29회 칸 영화제 황금종려상을 수상하고 제49회 아카데미 시상식에서는 작품상, 남우주연상, 여우조연상, 음악상 후보에 오른다. 수상 여부와 관계없이 이 영화는 작품성을 인정받았을 뿐만 아니라 상업적으로도 큰 성공을 거두며 스코세이지에게 '위대한 감독의 출현'

이라는 명예를 안긴다.

베트남전 참전 용사이자 해병대를 명예 제대한 트래비스 비클은 가족과 멀어지고 친구도 없이 뉴욕시 맨해튼에 혼자 산다. 그는 심한 불면증 때문에 밤을 견디기 위해 택시 운전을 한다. 그는 일주일 내내 밤새도록 택시를 운전하다가 싸구려 포르노 극장에 들러 시간을 보낸다. 다른 택시 기사들과 어울리기도 하지만 흥미를 느끼지 못한다. 대신 그는 뉴욕 밤거리의 추악함에 환멸을 느낀다.

트래비스는 거리에서 우연히 만난 베시에게 호감을 느끼고 그녀와 데이트를 한다. 그는 그녀에게 레코드를 선물하고 데이트 장소로 포르노 영화관에 데려간다. 하지만 베시는 화를 내며 극장에서 뛰쳐나간다. 그에게 받은 레코드도 돌려주고 그의 사과도 받지 않는다. 트래비스는 베시에게 차이고 뒷골목의 범죄와 매춘을 보면서 점점 혼란스러워하고, 분노가 쌓이고, 공격성이 싹튼다. 트래비스는 그녀가 자원봉사자로 일하는 팰턴타인 상원의원 선거운동 사무실에 침입해 난동을 부린다.

트래비스의 분노와 환멸은 편집증과 폭력성, 자경단으로서의 환상으로 이어진다. 그는 친구로부터 소개받은 암거래상으로부터 권총을 구입한 뒤 체력 단련을 하고 사격 연습을 시작한다. 동시에 팰런타인 상원의원을 암살할 계획도 세운다. 트래비스는 우연히 편의점을 터는 강도를 총으로 쏴서 쓰러뜨리는데, 도움을 받은 가게 주인이 자신이 책임질 테니 총을 놓고 가라고 한 덕에 별일 없이 넘어간다. 그는 TV 드라마를 보다가 여자가 다른 남자에게 청혼을 받아 사귀던 남자를 차는 내용이 나오자 자기 이야기로 생각해 TV를 부수며 괴로워한다.

트래비스는 밤거리에서 어린 매춘부 아이리스를 몇 차례 마주친다. 처음에 도움을 요청한 그녀를 돕지 못했다는 자책감으로 그녀를 포주 매슈로부터 구하려 하지만 이번에는 그녀가 망설인다. 그는 모히칸 머리를 하고 팰런타인 상원의원을 암살하려 하지만 총을 꺼내기도 전 경비원들에게 쫓겨 달아난다. 대신 그는 매슈 일당과 총격을 벌이고 아이리스 앞에서 자살을 시도하지만 실패로 끝난다.

총격전에서 부상을 당한 트래비스는 병원으로 이송된다. 그는 뜻하지 않게 갱과 맞서 어린 소녀를 매음굴에서 구출한 영웅이 되었다. 아이리스는 부모에게 돌아갔고, 그는 아이리스의 부모가 보낸 감사 편지를 받는다. 시간이 흘러 다시 택시 운전을 시작한 트래비스의 차에 베시가 손님으로 탄다. 베시는 뭔가 말을 하려 하지만 트래비스는 시선을 마주치지 않으려 한다. 집으로 들어가는 베시의 모습을 백미러로 보며 트래비스는 차를 달리고, 혼란스러운 뉴욕의 밤거리를 비추며 영화는 막을 내린다.

혹자는 〈택스 드라이버〉의 대부분의 내용이 트래비스의 망상이라고 논평한다. 영화에서 트래비스는 베시에게 차인 후 전화를 걸어 사과도 하고 꽃도 보내지만 거절당하고 만다. 그런데 트래비스와 베시가 연인 관계가 아니라면 그가 그녀에게 전화를 건 적도 없고 꽃을 보낸 적도 없다. 그리고 그가 총격전을 벌이고, 영웅으로 칭송받고, 그녀로부터 다시 관심을 받는 일도 없다. 이 모든 것은 그의 망상에 불과하다. 마치 〈조커〉(토드 필립스, 2019)에서 아서 플렉이 소피가 자기 연인이라고 생각한 게 전적으로 그의 망상이었던 것처럼 말이다. 그렇다면 그가 벌인 총격전은 〈아메리칸 사이코〉(메리 헤론, 2000)에서 패트릭이 벌인 연쇄 살인과 비슷한 맥락에서 생각해 볼 수 있다. 반면 각본가 폴 슈레이더는 트래비스와 베시의 관계는 그의 망상이 아니라 실제 관계라고 주장한다. 그는 트래비스를 베트남 전쟁 이후 강박증을 가지고 있는 고독하고 외로운 현대인의 전형으로 규정한다.

얼마 전 TV로 〈택시 드라이버〉를 다시 보기 전까지는 트래비스를 맨해튼의 뒷골목에서 벌어지는 악을 소탕하는 인물이라고 생각했다. 마치 〈비상구는 없다〉(김영빈, 1993)의 동오처럼 말이다. 영화 속에서 사람들은 방역원 동오를 무색무취한 사람, 혹은 존재감이 전혀 없는 사람으로 간주한다. 하지만 실제로 그는 정의와 질서의 수호라는 명분을 내세우며 사람들을 냉혹하게 살해하는 테러리스트이다. 그는 게이, 변태성욕자, 오렌지족 등을 없앤다.

반면 트래비스와 동오는 전혀 다른 사람이다. 그는 베트남 전쟁의 후유증으로 불면증에 시달리고 있다. 물론 그도 '사회의 모든 악을 쓸어 버려야겠다'라는 생각을 어느 정도 가지고 있다. 하지만 그에게 더 큰 문제는 불면증이다. 그는 밤에 시간을 보내기 위해 택시드라이버라는 직업을 선택한 것이다. 아마도 "모든 짐승들은 밤에 활동한다. 언젠가 저런 쓰레기들을 씻어낼 진짜 비가 내릴 것이다"라는 그의 대사 때문에 동오와 동일화된 것 같다. 하지만 트래비스는 동오와 다르다. 그는 자신을 "온갖 쓰레기들과 싸우는 사나이"라고 규정하지만 동오처럼 실행하지 못한다.

〈택시 드라이버〉와 〈비상구는 없다〉를 보며 문득 '악'과 '사적 복수'에 대해 생각해 본다. TV드라마 〈모범 택시〉(2021)에서 무지개운수 택시기사 김도기는 동료들과 함께 정의가 실종된 사회에서 억울한 피해자를 대신해 복수를 대행한다. 그는 트래비스가 말하는 "온갖 쓰레기들"을 일소한다. 하지만 그는 사적 복수를 대행하면서도 과연 그게 옳은 일인지 끊임없이 스스로에게 질문한다. 반면 드라마에서 악의 축으로 통하는 대모와 구비서 일당은 무자비한 악행을 저지르면서도 죄책감을 전혀 느끼지 않는다. 오히려 뻔뻔하게 자신의 죄를 다른 사람에게 뒤집어씌운다. 사적 복수를 통해서라도 악을 소탕하고 정의를 수호하는 게 옳은 일인지, 아니면 대의와 명분이 있다고 하더라도 사적 복수는 결코 허용해서는 안 되는 건지 머릿속이 복잡하기만 하다. '정의'와 '공정'을 떠올리니 머릿속이 더욱 복잡해진다. 하지만 이것 한 가지만큼은 확실하고 분명하다. 영화가 사회에 대해 발언하는 것은 좋다. 하지만 사회적 모순을 그저 이용하는 것은 위험하다. 특히 범죄를 오락 영화로 만들 때 범죄를 세상 탓으로 돌려서는 안 된다. 이는 영화의 윤리성과 직결될 정도로 중요하다.

Sequence #02 1977~1981

★ ★ ★ ★ ★ *1977* ★ ★ ★ ★ ★

〈토요일 밤의 열기〉

: "스스로 옳다고 믿는 일을 하는 것이 삶을 살아가는 유일한 방법이다"

역사적으로 미국의 전성기는 크게 두 차례다. 첫 번째는 제1차 세계대전 이후의 1920년대다. F. S. 피츠제럴드의 『위대한 개츠비』(1925)가 잘 예거하듯 이 시대는 '광란의 20년대(Roaring Twenties)'라고 불릴 정도로 경제적으로 풍요로운 시기였다. 하지만 동시에 도덕적으로 타락하고 부패한 시기이기도 했다. 결국 1920년대의 환락은 1930년대의 경제공황으로 10년 정도 불태우다 막을 내린다.

두 번째 전성기는 이보다 조금 길다. 미국은 1930년대의 경제공황이라는 긴 터널을 뚫고 제2차 세계대전 이후 1964년 베트남 전쟁에 참전할 때까지 경제적인 번영을 누린다. 대대수의 미국인들은 이때를 '좋았던 옛날'로 기억하고 있다. 미국의 중산층 하면 떠오르는 몇 가지 이미지가 있다. 교외의 넓은 집, 잘 다듬어진 잔디밭, 따뜻한 식사, 아빠와 아들의 캐치볼, 바비큐 파티

등이다. 우리에게 '잘사는 미국'이라는 이미지가 각인된 것도 대체로 두 번째 전성기에서 기인한다.

'잘사는 미국'의 시기 미국인들은 일상이 단조롭긴 하지만 직장 일이 그렇게 바쁘거나 힘들지 않았다. 지금만큼 경쟁이 치열하지 않았고 무엇보다 직장에서 잘릴 염려를 하지 않았다. 사람들은 자신들의 미래를 낙관했기에 일찌감치 결혼하여 자녀를 여러 명 낳았다. 주지하듯 그때 태어난 사람들을 가리켜 '베이비 부머'라고 부른다. 그때는 대학에 꼭 진학할 필요도 없었다. 왜냐하면 누구나 잘 살던 시대였기 때문이다. 특히 중류층 백인 남성에게는 더없이 좋은 시절이었다.

하지만 1970년대, 조금 더 정확하게는 1970년대 중후반을 기점으로 미국 사회는 크게 바뀐다. 1970년대 초까지 지속된 풍요와 낙관의 분위기는 더 이상 지속되지 않는다. 사람들은 전보다 더 바빠졌지만 삶은 예전보다 나아지지 않는다. 무엇보다 미국과 미국인에 대한 자부심에 금이 가기 시작했다. 1970년대 초반 독일과 일본의 자동차가 자동차의 본고장 미국에 상륙했고 1970년대 중반에는 전후 최초로 무역 적자를 기록했다. 반면 미국에서 만든 물건은 투박하고 툭하면 고장 나는 물건이라는 인식이 퍼졌다. 석유파동까지 겹치면서 제2차 세계대전 이후 지속되었던 미국 경제의 호시절은 서서히 저물기 시작했다.

1970년대 후반 들어 미국 중류층 사이에서 맞벌이가 일반화된다. 가정과 직장 일을 병행하는 것이 무척 힘들기는 하지만,

다수의 기혼여성은 자녀가 어린 나이임에도 직장에 나가 일하는 생활을 선택했다. 직장 일은 절대적인 양에서나 강도 면에서나 과거와 비교할 수 없을 정도로 많아지고 세졌다. 과거보다 경쟁이 치열해졌다. 생산직 근로자들은 언제 자신의 일자리가 사라질지 몰라 불안하며, 중류층 사무직 근로자들도 언제 직장을 옮겨야 할지 모르기 때문에 자신의 시장가치를 항시 의식하며 긴장을 늦추어서는 안 되게 되었다. 교육비와 의료비가 크게 상승한 반면 남성 근로자의 실질 임금은 하락하였다. 맞벌이가 늘면서 중류층의 가구 소득은 증가하였지만 빚 또한 늘었다. 사람들 사이에 소득 격차는 커지고 미래를 낙관하는 분위기는 사라졌다. 노년은 다가오지만 크게 저축해 놓은 것은 없고, 자기 책임으로 전환된 연금 투자 적립금도 많지 않아서 미래가 불안하다. 결혼을 늦추고, 아이를 적게 낳고, 장시간 근로에 힘들어하고, 실업을 걱정하는 분위기가 지배하게 되었다. 이러한 삶의 방식은 현재 우리 한국 사회의 그것과 크게 다르지 않다.

〈토요일 밤의 열기〉(존 바담, 1977)라는 '전설적인' 영화가 있다. 이 영화 하면 생각나는 것은 역시 춤과 음악이다. 영화 속에서 주인공 토니로 분한 존 트라볼타는 너무나도 멋진 춤을 선보이고 비지스의 음악은 이 영화를 한층 낭만적이고 흥겹게 만든다. 그때는 몰랐다가 한참의 시간이 흐른 뒤 트라볼타가 추는 춤이 디스코라는 사실 또한 알게 되었다. 토니는 춤에 광적으로 집착한다. 그런데 왜 그가 그렇게 춤에 집착할까, 라는 생각은 해보지 않았다. 그냥 당연히 춤이 좋아서 추는 것이라고만 생각했다.

토니는 뉴욕 브루클린의 이탈리아인 구역에 사는 청년이다. 아버지가 몇 달째 실직 중이어서 토니는 마을 페인트 가게에서 일하면서 생활비를 보탠다. 그의 유일한 낙은 주말 저녁 디스코텍에 가서 춤을 추는 것이다. 춤을 잘 추는 토니는 그곳에서 언제나 영웅 대접을 받는다. 그는 한편으로는 자신과 처지가 비슷한 친구들과 디스코텍에서 어울리며 춤을 추고, 또 다른 한편으로는 스페인계 마을 청년들과 늘 싸움을 벌인다. 한 친구가 스페인계 마을 청년들에게 몰매를 맞아 병원에 입원하자 토니와 나머지 친구들은 그들에게 복수할 기회를 노린다. 그에게 춤은 복수를 비롯해 모든 문제를 잊게 한다. 토니는 디스코텍에 갔다가 춤을 잘 추는 스테파니를 알게 된다. 둘은 서로에게 호감을 느끼지만 토니가 예전에 스테파니가 돈 많은 남자와 동거했다는 사실을 알게 되면서 둘은 말다툼을 한다. 하지만 토니와 스테파니는 화해하고 디스코 경연대회에 출전해 일등을 하면서 둘은 화해한다.

이야기로 보면 〈토요일 밤의 열기〉에서 주인공 토니가 디스코를 통해 사랑도 얻고 진정으로 어른이 되는 '성장 영화'라고 할 수 있다. 마치 〈빌리 엘리어트〉(스티븐 달드리, 2000)에서 빌리가 발레를 통해 진정한 어른으로 성장하는 것처럼 말이다. 그런데 〈빌리 엘리어트〉가 단순히 발레 영화가 아니듯이 〈토요일 밤의 열기〉 또한 단순한 디스코 영화가 아니다.

여담으로 많은 사람들은 〈빌리 엘리어트〉에서 가장 인상적인 장면으로 마지막 장면을 꼽는다. 물론 빌리의 '백조의 호수' 공연을 보고 눈물을 흘리는 빌리의 아버지와 형의 모습은 너무나 감동적이다. 하지만 개인적으로 이 영화에서 더 인상적인 장면은 파업 중이던 빌리의 아버지와 형이 빌리를 위해 파업을 중단하고 탄광으로 들어가는 장면이다. 〈빌리 엘리어트〉는 1980년대 영국 대처 정권 시절 '경영합리화'라는 명분으로 시행되었던 대처리즘의 몇몇 정책을 잘 예거한다.

전술했듯이 〈토요일 밤의 열기〉에서 토니의 아버지는 몇 달째 실직 상태에 있고 토니는 생계를 위해 페인트 가게에서 일한다. 지금의 미국이라면 실직과 임시직으로 일을 하는 게 특별한 일이 아니지만 1970년대 미국이라면 조금 낯선 풍경일 수 있다. 그것도 시골도 아닌 뉴욕과 같은 대도시에서 말이다. 토니와 그의 친구들은 낮에는 임시직을 전전하고 밤이나 주말에는 춤을 추거나 동네 패거리들과 싸움을 벌인다. 토니와 그의 아버지 사이에서 캐치볼을 하는 아들과 아버지의 모습을 상상하기 어렵다. 토니의 가족에는 어머니가 등장하지 않는다. 할머니만 등장할 뿐이다. 1970년대 후반, 어찌 보면 그보다 앞서 미국의 가족은 이미 흔들리기 시작했는지도 모른다.

1970년대 후반과 1980년대 초반에 걸친 극심한 인플레이션과 불황, 해마다 늘어가는 무역적자와 재정적자는 미국 사회를 완전히 바꿔놓는다. 정권은 민주당에서 공화당으로 넘어가고 기업 경영 방식은 더 크게 바뀐다. 1980년대 미국의 산업계에는 구조조정이라는 광풍이 불어닥친다. 즉 북부 지역의 공장을 폐쇄하고 남부 혹은 외국으로 생산 기반을 이전하였으며, 기업은 핵심 역량을 제외한 부문을 외주로 돌렸다. 중간관리자를 대거 없애고 조직을 간소화하였으며 해고와 고용을 쉽게 만들었다. 기업 간 생사를 둘러싼 경쟁이 격화되면서 일부 사업 부문을 매각하거나 회사가 통째로 경쟁업체에 흡수되는 사례가 흔해졌다. 1980년대 이래 미국의 기업 문화는 상시적으로 구조조정을 하는 시스템으로 전환하였다. 즉 이익이 나는 회사라도 이익과 효율을 더 높일 수 있다면 직원을 해고하거나 사업을 매각하는 것을 주저하지 않게 되었다. 이 과정에서 최고경영자의 보수는 엄청나게 높아졌으나, 일반 근로자의 직업 안정성은 크게 약화되었다.

〈다이하드〉(존 맥티어난, 1988)라는 또 다른 전설적인 영화가 있다. 이 영화에서 뉴욕 경찰 존 맥클레인은 크리스마스를 보내기 위해 아내와 자식이 있는 LA를 방문한다. 아내의 직장이 있는 나카토미 빌딩에 찾아갔을 때 크리스마스 파티가 한창이다. 그때 일군의 테러리스트가 침입한다. 그런데 그의 아내가 일하는 회사의 대표는 일본인이고, 회사를 침입한 테러리스트는 독일인이다. 영화 〈다이하드〉를 테러리스트를 소탕하는 경찰의 이야기로만 생각하지만 사실 이 영화 또한 많은 것을 생각하게 한다. 누군가는 이 영화가 미국인의 일본과 독일에 대한 공포를 투영한다고 말한다. 조금 과한 해석일 수도 있지만 이 또한 틀리지 않다.

누군가에게는 '인생 영화'라고 할 수 있는 〈토요일 밤의 열기〉라는 영화를 폄훼한 게 아닌가, 하는 걱정도 든다. 물론 이 영화는 너무나 재미있고, 즐겁고, 유쾌하다. 그럼에도 불구하고 이 영화에는 〈다이하드〉에서 직접적으로 표면화되는 '불안'의 그림자가 언뜻언뜻 내비친다.

〈사망유희〉

: "마음을 비우고 물과 같이 어떤 형체도 갖지 마라"

어렸을 때에는 누구나 자신이 생각하는 영웅이 한 명쯤은 있게 마련이다. 그 영웅이 이순신 장군이나 나폴레옹처럼 역사적인 위인일 수도 있고, 슈퍼맨이나 스파이더맨처럼 만화 주인공일 수도 있다. 그런데 드물게도 배우 자체가 영웅인 경우도 있다. 바로 이소룡처럼 말이다. 1970년대와 1980년대 우리나라 많은 청소년들에게 영웅은 단연 이소룡이었다. 그의 영어 이름은 브루스 리, 중국어로 읽으면 리샤오룽이다. 그런데 찾아보니 이소룡이 그의 본명이 아니고 본명은 이진번이라고 한다. 외래어 표기법이 어떠하였든 간에 그는 우리에게 브루스 리도, 리샤오룽도, 이진번도 아닌 언제나 이소룡이다. 마치 성룡이 재키 찬이나 청룽보다는 성룡인 것처럼 말이다.

이소룡은 미국 샌프란시스코에서 태어나 홍콩에서 성장했다. 그는 절권도의 창시자로 20세기를 통틀어 가장 큰 영향력을 가졌던 무술가이자 무술 배우이다. 혹자는 그를 철학자라고 부르기도 한다. 그는 기존의 액션 영화의 패러다임을 바꾼 액션 영화의 아이콘으로 평가받는다. 그는 영화 속에서 노자가 말하는 '도'를 수행한다. 노자는 "지금 이 순간 집중하고, 큰 목적을 좇는답시고 작은 것들을 소홀히 해서는 안 된다"고 말한다. '도'는 만물에 깃들어 있기 때문이다. 겉보기에 하찮은 것일지라도 저마다의 의미와 결과를 지니고 있다. 그는 영화배우 브랜든 리와 섀넌 리의 아버지이기도 하다. 그가 홍콩과 할리우드에서 제작한 영화는 기존 홍콩 무술 영화를 새로운 수준으로 끌어올렸다는 평가를 받았다. 그 덕분에 그는 지금도 홍콩 액션 스타 계보의 원조로 평가받는다. 그가 제작한 영화는 이후 홍콩 무술 영화뿐만 아니라 세계 무술 영화에도 큰 영향을 끼쳤다.

이소룡은 〈당산대형〉(1971), 〈정무문〉(1972), 〈맹룡과강〉(1972), 〈용쟁호투〉(1973), 〈사망유희〉(1978) 등과 같은 걸작 무술 영화를 남겼다. 각각의 영화는 나름대로 의미가 있다. 〈당산대형〉은 이소룡이 주인공으로 등장하는 최초의 영화이고, 〈정무문〉은 밀려드는 인파로 인해 경찰이 극장상영을 미뤄달라고 할 정도로 폭발적인 인기를 끈 당대의 흥행영화였다. 〈맹룡과강〉에서 이소룡은 척 노리스와 불멸의 '다찌마와리'를 선보인다. 〈용쟁호투〉는 이소룡이라는 배우를 전 세계적으로 이름을 알렸고 〈사망유희〉는 그의 유작이었다. 이 영화들에는 성룡, 홍금보, 원표 등 이후 홍콩 액션 영화에 한 획을 그은 대배우들이 조연이나 엑스트라로 등장한다. 그리고 이 영화들은 정말 말도 안 될 정도의 적은 제작비로 막대한 수익을 올렸다.

이소룡에 대해서는 수많은 전설과 뒷이야기가 넘쳐난다. 누군가는 그의 죽음에 의문을 제기하기도 하고 또 누군가는 그의 무술 실력에 대해 의문을 품기도 한다. 어찌 되었든 간에 그는 1970년대와 1980년대 우리나라 청소년들의 절대적인 영웅이었다. 이소룡은 우리나라에서만 영웅이 아니었다. 잘 알려진 것처럼 주성치는 이소룡을 너무나 좋아했다. 그를 좋아하는 정도가 아니라 동경했다. 이소룡은 그의 삶 전부였다. 그래서 영화 속에서 이소룡의 트레이드마크라 할 수 있는 노란 트레이닝복을 자주 입었다. 사실 주성치는 이소룡을 좋아한다는 이유 하나만으로 홍콩에서 영화배우가 되었고, 진국곤이 단지 이소룡과 비슷하게 생겼다는 이유 하나만으로 자신의 영화에 출연시켰다. 물론 그가 맡은 배역은 이소룡이다.

영화 〈말죽거리 잔혹사〉(유하, 2004)는 이소룡이 당시 우리나라 청소년들에게 왜 영웅이 될 수밖에 없는지를 잘 보여준다. 이 영화의 소개에 따르면, "우리는 이소룡을 좋아한다는 이유만으로도 금방 친구가 될 수 있었다. 그땐 그가 세상에서 가장 강하고 멋진 사나이였다. 그때 꿈이 하나 있었다면 바로 이소룡처럼 되고 싶다는 거였다." 주인공 현수는 강남 땅값이 엄청나게 오를 것이라 예견한 어머니의 뜻에 따라 1978년 강남의 정문고등학교로 전학을 온다. 공교롭게도 1978년은 〈사망유희〉가 개봉된 바로 그 해다. 그곳에서는 온갖 폭력이 난무한다. 교사가 학생들 때리는 것은 다반사다. 동급생 간에도 엄격하게 위계가 있고, 그 위계가 무너지면 당연히 폭력이 뒤따른다.

현수는 농구를 잘하고 이소룡을 좋아한다는 이유로 '학교 짱'인 우식과 단짝 친구가 된다. 은주 때문에 둘의 관계가 소원해지기도 하지만 현수는 선도부장 종훈이 우식을 비열한 방법으로 무너뜨리자 그에 대한 복수를 다짐한다. 그는 이소룡의 절권도를 연마하며 기회를 엿보다가 쌍절곤을 들고 학교 옥상에서 학교의 절대자인 종훈과 대결을 벌인다. 하지만 그 대결은 이소룡의 영화에서처럼 멋진 격투가 아니라 속된 말로 온갖 반칙이 난무하는 '개싸움'에 가깝다. 현수는 종훈과의 싸움, 아니 종훈 패거리와의 싸움에서 그들을 무찌르고 그를 제지하려는 교사들에게 그 유명한 대사를 남기며 학교를 유유히 나선다. 마치 이소룡처럼 말이다. 그런데 그가 나서는 학교 건물에는 공교롭게도 '조국 근대화의 역군이 되자', '유신 교육의 심화'라는 문구가 유유히 걸려 있다.

현수와 그의 아버지는 다쳐서 병원에 입원해 있는 종훈을 찾아가 그와 그의 부모에게 사과하고 현수는 학교를 그만둔다. 그는 우연히 버스 안에서 은주를 다시 만나 잠깐 이야기를 나누고 또 오랜만에 학교 다닐 때 다니던 친구를 극장 앞에서 만난다. 친구는 성룡의 영화를 칭찬하고 현수는 이소룡의 영화를 칭찬한다. 둘은 주변 사람들의 시선도 아랑곳하지 않고 각각 성룡과 이소룡의 동작을 흉내 낸다.

〈말죽거리 잔혹사〉의 원제는 '절권도의 정신'이다. 그 정도로 이 영화에서 이소룡은 중요한 키워드이자 상징이다. 아버지가 태권도 관장임에도 불구하고 현수는 이소룡의 책을 탐독하고 절권도를 수련할 정도로 이소룡에 빠져 있고 그를 영웅으로 숭상하고 있다. 현수는 당시 이소룡에 빠져 있는 '남고생'의 대표 단수에 가깝다. 그렇기 때문에 유하 감독은 어느 자리에서 이 영화를 두고 '이소룡 세대에 대한 헌사'라고 말했다.

그런데 다른 한편으로 〈말죽거리 잔혹사〉는 유신에 대한 추억이기도 하다. 전술했듯이 당시 고등학교는 예비 병영이다. 교사는 가르치는 사람이기도 하지만 동시에 훈련 교관이기도 하다. 담임은 전체 성적이 좋지 않아 시말서를 쓴 것에 대해 얼차려를 시키며 분풀이를 한다. 교련 교사는 아예 군복을 입은 채 학생들에게 폭력을 가한다. 다른 교사들도 정도의 차이가 있을 뿐 마찬가지다. 종훈은 선도부장이라는 지위를 이용해 동급생을 괴롭히고 폭력을 저지른다. 하지만 그 누구도 그에게 저항하지 못한다. 심지어 학교에서도 그의 부모의 영향력 때문에 그의 폭력에 눈을 감는다. 그냥 조용히 조국 근대화의 역군이자 '유신 교육을 심화하는 일원이 되어야 한다.

유신정권은 이순신 장군을 영웅 이순신을 넘어 성웅 이순신으로 만들었다. 오늘날 불멸의 이순신이 왕, 즉 국가와 권력과 거리를 두고 고뇌하는 영웅이라면, 성웅 이순신은 반대로 국가와 권력을 표상한다. 정권은 이순신 장군을 통해 국민들에게 국가와 권력에 대한 복종을 주입하려 했다. 하지만 〈말죽거리 잔혹사〉에서 주인공을 비롯한 학생들은 이순신 장군이 아니라 이소룡을 영웅으로 숭배한다. 시간이 흐른 뒤에는 성룡이 그 자리를 대신한다. 어쩌면 이소룡과 성룡에 대한 숭배는 유신 시대의 억압과 강요에 대한 반작용일 수 있다.

대중에 대한 유신 정권의 정치적·사상적 억압은 돈에 대한 대중의 욕망을 추동했다. 〈말죽거리 잔혹사〉에서 현수가 폭력으로 악명이 높은 정문고등학교로 전학 온 것도 강남이 개발될 것이라는 어머니의 '선견지명'에서 비롯되었다. 당시 대중의 욕망은 아파트와 중산층의 형태로도 나타났다. 유신정권은 중산층을 육성함으로써 통치를 지지하는 기반으로 삼고자 했다. 대중들은 도시의 중산층을 지망하고, 중산층에서 이탈되지 않으려 했다. 유하의 또 다른 영화 〈강남, 1970〉(2014)에서 잘 드러나듯이 대중은 중산층을 욕망하고, 힘 있는 자는 그 욕망을 이용해 이권을 얻고자 폭력과 결탁한다. 이래저래 폭력은 그 시대를 관통한다. 폭력은 시간의 흐름을 역행하지 않는다. 단지 차이가 있다면 이소룡 시대의 폭력이 조금 엄숙하다면 성룡 시대의 폭력은 재기발랄하다는 것뿐이다. 〈말죽거리 잔혹사〉의 햄버거 말처럼 그 폭력은 "골때린다".

〈복수는 나의 것〉

: "사람이란 남의 불행을 즐기는 법이지"

영화의 제목과 내용이 전혀 다른 경우가 종종 있다. 감독이 의도적으로 영화의 제목과 내용을 다르게 했을 수도 있고, 아니면 번역을 잘못했거나 임의로 영화 제목을 그렇게 정했을 수도 있다. 영화 제목의 오역과 의역 사례는 일일이 열거할 수 없을 정도로 많다. 그중에는 오히려 잘된 경우도 있고 그렇지 못한 경우도 있다. 예컨대 〈사관과 신사〉(테일러 핵퍼드, 1982)의 경우 원제는 'An Officer and a Gentleman'이다. 한때는 '사관후보생' 또는 '학사 장교'가 정확한 번역이라고 알려졌다. 하지만 원래 이 표현은 영국 해군과 미국 군 형법 조항에 나오는 표현으로 "명예를 존중 하는 신사이자 장교답지 못한 행위(conduct unbecoming an officer and a gentleman)"에서 비롯되었다고 한다. 그렇다면 '사관과 신사' 라는 번역이 완전한 오역처럼 보이지 않는다. 개인적으로는 '사 관과 신사'라는 영화 제목이 원제보다 훨씬 근사해 보인다.

반대로 오역 또는 의역이 영화를 망쳐놓는 경우도 있다. 대표적인 경우가 〈브라질〉(테리 길리엄, 1985)이다. 이 영화는 〈2001 스페이스 오디세이〉(스탠리 큐브릭, 1968), 〈블레이드 러너〉(리들리 스콧, 1982) 등과 더불어 최고의 SF영화로 손꼽히는 걸작 영화다. 이 영화는 암울한 디스토피아 세계를 잘 담았다고 평가를 받았지만 미국에서는 흥행에서 실패한다. 국내에서 정식 개봉했는지는 정확한 자료가 남아 있지 않아 확인할 수 없지만 〈여인의 음모〉라는 제목의 비디오로 소개되었다. 찾아보니 TV에서 〈컴퓨터 환상여행〉이라는 제목으로 한국어로 더빙해 방영했다고도 한다. 아무튼 미국에서뿐만 아니라 우리나라에서도 이 영화의 불운은 계속되었다.

그런데 처음에 말했듯이 감독이 의도적으로 영화 제목을 내용과 무관하게 짓는 경우가 있다. 〈복수는 나의 것〉(이마무라 쇼헤이, 1979)이 그런 경우다. 이마무라 감독의 영화 특징은 주로 인간의 본능을 날것 그대로 드러내는 데 있다. 그는 사회 밑바닥에서 생존을 위해 발버둥을 치는 하층민의 삶을 그린다. 일본인의 의식 기층과 일본 사회의 본질을 주제로 한다. 그렇기 때문에 영화 속 등장인물들은 대체로 재일교포, 건달, 범죄자, 박해받는 여성, 고립된 농촌이나 도시의 하층민들이다. 따라서 〈복수는 나의 것〉의 에노키즈 이와오는 이마무라 영화의 전형적인 인물이라 할 수 있다.

영화 〈복수는 나의 것〉은 연쇄살인범 니시쿠치 아키라의 실화를 바탕으로 하는 사키 류조의 동명 소설을 원작으로 하고 있다. 기차역 부근에서 담배전매공사의 수금원 두 명이 살해되고 현금 사십일만 엔을 도난당하는 사건이 일어난다. 범인은 담배 배달차 운전수인 떠돌이 에노키즈 이와오였다. 경찰에 쫓기던 그는 배의 갑판에서 식당 경영을 하면서 누드 댄서를 시작한 동거녀 요시카와 함께 지낸다. 그는 부모에게 유서를 남기고 투신자살로 위장한다.

이와오는 하마마츠에서는 대학 교수인 척하고 여자를 꼬여 범죄를 저지르고, 치바에서는 변호사로 위장해 보석금을 빼돌리고 나이든 변호사를 죽이고 금품을 갈취한다. 그는 경찰의 수사망을 비웃기라도 하듯 살인, 사기, 절도 등 온갖 범죄를 저지르며 여자들과 놀아난다. 그는 하마마츠로 돌아가서 예전에 머물던 하숙집에 머문다. 그는 하숙집의 주인인 아사노 하루의 정부가 되어 성에 탐닉한다. 하지만 그는 하루와 그녀의 어머니까지 살해하고 그들의 집까지 팔아서 도주 자금으로 쓴다. 도피를 거듭하던 끝에 그는 큐슈의 자신의 고향 집 근처에서 체포된다.

위 이야기는 체포된 에노키즈 이와오가 경찰에게 진술한 내용을 시간적인 순서대로 정리한 것이다. 구치소에 갇힌 그는 조금도 반성하는 기색 없이 자신이 저지른 일들을 경찰에게 말한다. 그런데 그 내용이 일관되지 않다. 영화의 시점도 일관되지 않다. 대체로 이와오의 시점에서 전개되지만 때로는 그의 아버지의 시점에서 이야기가 전개되기도 한다.

이와오는 어린 시절 독실한 가톨릭 신자이자 어부였던 아버지가 기독교 신자라는 이유로 배를 빼앗기고도 아무런 저항도 하지 못하자 큰 충격을 받는다. 그 후 그는 반항아가 되어 크고 작은 범죄를 저지르며 결국 소년 형무소에 수감된다. 그의 아버지는 출소한 뒤에도 계속해서 방황하는 그가 가정을 가지면 철이 들 것이라고 생각해 맞선을 준비한다. 하지만 맞선 당일 그는 임신한 여자친구 카즈코를 데리고 온다. 결국 그의 아버지는 이와오와 카즈코를 결혼시킨다.

이와오는 결혼 후에도 계속해서 범죄를 저지른다. 그는 사기죄로 징역을 살게 되고 카즈코는 두 딸을 데리고 산으로 들어간다. 시아버지 시즈오의 간곡한 부탁으로 그녀는 시댁으로 돌아와 아이들을 키우고, 시부모를 돌보고, 집안일을 해 나간다. 그녀는 시즈오에게 연정을 품지만 가톨릭 신자인 시즈오는 그녀를 밀어내고 자신의 마음을 억누른다.

시즈오는 아들 이와오가 체포되었다는 소식을 듣고 면회를 간다. 그는 이와오에게 그의 병든 어머니가 죽었다는 소식과 그가 가문으로부터 파문당했다는 소식을 전한다. 그는 며느리 카즈코를 마음에 품었지만 계속해서 내면의 짐승을 억눌러 왔던 자신 또한 가문에서 파문하겠다고 알린다.

많은 사람들이 지적하듯 〈복수는 나의 것〉의 엔딩 장면은 너무나 특이하다. 이와오는 결국 사형 선고를 받는다. 형이 집행되고 화장이 이루어져 그는 뼈만 남은 상태다. 시즈오와 카즈코는 화장 후 남은 이와오의 뼈를 던지러 외딴곳에 간다. 그들은 이와오의 존재 자체를 빨리 떼어내려는 듯 혐오스러운 표정으로 뼈를 허공에 던진다. 그런데 황당하게도 이와오의 뼈는 바닥에 떨어지지 않고 계속 허공에 머무른다. 그들은 계속해서 던져보지만 마찬가지로 뼈가 바닥으로 떨어지지 않는다. 그러자 시즈오는 뼈가 담긴 항아리를 허공에 던진다. 이와오의 뼈는 마치 "너희가 아무리 날 떼어내려 하더라도 난 절대 너희들에게서 떨어지지 않을 것이다"라고 말하는 듯하다. 어느 평론가는 이와오가 원혼이 깃든 뼈를 통해 "복수는 나의 것"이라고 역설한다고 주장한다.

〈복수는 나의 것〉의 에노키즈 이와오는 절대 악인으로 상정된다. 그는 담배전매공사의 수금원 두 명을 살해하고 돈을 챙긴다. 절대 악인답게 그에게서 죄책감은 찾을 수 없다. 그는 손에 묻은 피를 자신의 소변으로 닦아내는데, 많은 이들이 이 장면을 두고 '하드 보일드의 정점'이라고 극찬한다. 〈복수는 나의 것〉을 포함해 이마무라의 영화는 〈나라야마 부시코〉(1983), 〈우나기〉(1997), 〈간장선생〉(1998)이 잘 보여주듯이 소재도 그렇지만 장면도 꽤 센 편이다. 〈간장선생〉도 다 잘려서 출시되어서 그렇지 수위가 엄청나게 세다. 수위도 수위지만 이마무라의 영화는 내용이 그로테스크하다. 개인적으로는 〈나라야마 부시코〉가 특히 그랬다. 이 영화는 어느 산골 마을의 '기로' 전설을 소재로 삼고 있다. 한 마디로 이 영화는 '가야 할 때를 아는 노인의 아름다움'으로 요약된다. 먹을 것이 귀하던 시절 마을에서는 노인이 오래 사는 것을 죄악으로 여겼다. 예순아홉 살인 오린은 아직 빠진 이가 하나도 없는 것을 부끄럽게 여겨 부싯돌로 때리고 절구에 내리찧어 마침내 이 두 개를 부러뜨리고 기뻐한다. 그런데 기로 풍습은 노인을 갖다 버리는 패륜이 아니라 먹을 것이 부족하던 시절 영생은 후손을 통해 이루어진다는 믿음의 산물이다. 그렇기 때문에 오린은 졸참나무 산으로 가면서도 행복해한다. 다시 말하지만 감동적이라기보다는 그로테스크하다.

이마무라는 처음부터 기존의 일본 영화계의 스튜디오 시스템에 반기를 들었다. 심지어 자신의 영화적 스승이라 할 수 있는 오즈 야스지로의 형식주의에도 동의하지 않았다. 그는 기존 문법에 얽매이지 않는 자유로운 영화들로 스즈키 세이준, 오시마 나기사, 시노다 마사히로 등과 함께 1960년대 일본 영화의 뉴웨이브를 이끈다. 하지만 그는 기존 영화계로부터 배척당하고 흥행도 실패하면서 어려움을 겪는다. 하지만 〈복수는 나의 것〉으로 재기하고, 이를 발판으로 〈나라야마 부시코〉, 〈우나기〉, 〈간장선생〉 등을 잇달아 발표한다. 〈나라야마 부시코〉와 〈우나기〉로 칸 영화제에서 황금종려상을 수상한다.

우리나라를 대표하는 영화감독 박찬욱과 봉준호는 개인적으로 이마무라 감독을 존경하는 것으로 잘 알려졌다. 봉준호는 공개적으로 이마무라의 〈복수는 나의 것〉을 극찬했고 박찬욱은 심지어 2004년에 같은 제목의 영화를 만들기도 했다. 물론 소재와 분위기는 전혀 다르다. 박찬욱과 봉준호는 직간접적으로 이마무라의 영화의 영향을 받았다고 할 수 있다. 그런데 개인적인 생각에 영화의 주제, 분위기, 등장인물 등 영화의 형식과 내용으로 보면 박찬욱과 봉준호보다도 전규환의 영화가 이마무라의 영화에 더 가까워 보인다. 특히 등장인물 면에서 보면 더욱 그렇다. 전규환 영화의 인물들 또한 이마무라 영화의 인물들처럼 '사회 밑바닥에서 생존을 위해 발버둥을 치는 하층민의 삶'을 몸으로 증거한다.

〈샤이닝〉

: "이젠 도망칠 곳이 없어"

최근에 출간한 책 『낯선 시간 길들이기』(2021)를 주변 사람들에게 나누어주면서 책 속지에 '부끄럽고 두려운 마음으로 감사함을 전합니다'라고 썼다. 이는 결코 췌언이 아니다. 책을 쓰는 데 주변 사람들로부터 여러모로 너무나 많은 도움을 받았기 때문에 감사한 마음을 마땅히 그렇게 전한 것이다. 그런데 솔직히 말하면 그 감사함 못지않게 아니 감사함보다 부끄러움과 두려움이 더 크다. 책을 내면 낼수록 부끄러움과 두려움은 점점 커진다. 생각해보니 그 부끄러움과 두려움은 글쓰기를 제대로 배운적이 없다는 자의식과 게으르고 불성실한 글쓰기 태도에서 비롯된 것 같다.

어찌하다 보니 부끄럽게도 최근 몇 년 동안 몇 권을 냈고 여러 자리에 초대받았다. 공식적으로 작가 또는 평론가로 소개되는데 아직도 그 호칭이 부끄럽고 어색하기만 하다. 속된 말로 제대로 된 '족보가 없다'. 신춘문예나 문학상처럼 정식 코스로 등단한 게 아니라 우연히 신문과 문예지에 글을 쓰면서 작가 또는 평론가가 되었기 때문이다. 글쓰기라고 하면 학위논문이나 연구논문처럼 학술적인 글쓰기가 전부다. 하지만 이제는 더 이상 어쩔 수가 없다. 스티븐 킹의 "운명은 받아들이는 것이 아니고 견디는 것이다"라는 말처럼, 이제는 부끄럽고 두렵더라도 작가 또는 평론가라는 호칭을 '뻔뻔하게' 견디기로 했다.

글쓰기에 자신이 없어 지금도 글쓰기에 관련된 책을 읽는다. '글쓰기 특강' 또는 '글쓰기 방법'이라는 제목의 책을 발견하면 쉽게 넘어가지 못한다. 글과 말은 원래 같은 뿌리라고 생각하기 때문에 '말하기 방법'에 관련된 책 또한 쉽게 넘어가지 못한다. 그래서 지금까지 움베르토 에코, 조지 오웰, 유시민, 강원국, 강준만, 백승권, 은유, 강유정, 이동진 등 수많은 글쓰기 대가들이 쓴 책을 읽고 그들의 생각 또는 그들의 비법을 훔치려 했다. 그보다 훨씬 이전 대학원 다닐 때는 이태준의 『문장강화』(1940)와 김인환의 『문학교육론』(2006) 등을 읽었다. 시쳇말로 글쓰기 또는 말하기에 관련된 책을 닥치는 대로 읽었다. 그런 독서 편력은 마침내 글쓰기 책의 '비서' 또는 '비기'로 일컬어지는 스티븐 킹의 『유혹하는 글쓰기』(2001)에까지 이르렀다.

킹의 『유혹하는 글쓰기』는 크게 네 부분으로 나뉘어 있다. 즉 킹 자신이 작가가 되기까지의 과정을 서술한 부분, 창작에 필요한 자세와 작가로서 갖춰야 할 기본적인 도구들을 이야기한 부분, 창작의 방법을 구체적으로 설명한 부분, 이 책을 쓰는 도중에 일어났던 교통사고와 그 결과로 얻은 깨달음을 이야기한 부분이다. 『유혹하는 글쓰기』는 '스티븐 킹의 창작론'이라는 부제가 붙었지만 사실 거의 그의 자서전에 가깝다. 그럼에도 불구하고 다른 어떤 창작론 책보다도 글쓰기에 관해 많은 것을 깨닫게 한다. 글쓰기의 비기는 없다. 비기라고 한다면 '읽고 쓰는 것'뿐이다. 그는 그렇게 많은 작품을 쓰면서도 1년에 70권에서 80권 정도의 책을 읽는다고 한다. 영화평론가 이동진은 책을 읽기 좋아하는 사람은 결국 글쓰기에 대한 욕망이 강한 사람이라고 믿는다고 했는데, 킹의 경우는 글쓰기에 대한 욕망이 강해 책을 읽는 것 같다는 생각이 든다. 진리는 언제나 가까운 데 있고, 단순하고 명료하다. 그가 왜 그토록 '부사'를 싫어하고 '수동태' 문장을 꺼렸는지 조금은 알 것 같다.

킹의 소설은 단편이든, 장편이든, 중편이든 길이에 상관없이 독자를 사로잡는다. 단편은 읽는 이의 허를 찌르는 의외성과 놀라운 상상력을 보여준다. 장편은 천 페이지가 넘는 분량이라도 파란만장한 구성과 지칠 줄 모르는 수다로 독자가 지루하게 느낄 시간적 틈을 주지 않는다. 중편은 차분하고 빈틈없는 흐름으로 사로잡는다. 킹에게는 '공포의 제왕'이라는 별명이 따라다닌다. 하지만 그의 소설은 공포 소설도 아니고 장르 소설도 아니다. 그냥 소설이다. 그것도 아주 재미있는 소설이다.

킹은 전 세계적으로 유례가 없을 정도로 대표적인 다작하는 작가다. 그는 현재까지 약 60여 편의 장편 소설과 200여 편의 단편 소설을 발표했다. 더불어 그는 전 세계에서 가장 많이 영상화된 작가 중 한 명이다. 그의 작품 중 극장용 영화로 68편, TV용 단편이나 미니시리즈 등으로 31편이 제작되었다. 아마 그 숫자는 계속 늘어날 것이다. 대표적인 작품으로 〈캐리〉(브라이언 드 팔머, 1976), 〈샤이닝〉(스탠리 큐브릭, 1980), 〈스탠 바이 미〉(로브 라이너, 1986), 〈미저리〉(로브 라이너, 1990), 〈쇼생크 탈출〉(프랭크 다라본트, 1994), 〈그린 마일〉(프랭크 다라본트, 1999), 〈미스트〉(프랭크 다라본트, 2007), 〈그것〉(안드레시 무시에티, 2017), 〈닥터 슬립〉(마이크 플래너건, 2019) 등을 들 수 있다.

영화 〈캐리〉의 원작 소설인 『캐리』(1974)는 킹의 출간된 첫 장편소설이자 첫 히트작이다. 『유혹하는 글쓰기』에 따르면, 그는 이 소설을 쓰기 시작할 무렵 소도시에서 영어를 가르치고 있었다. 그는 학생들을 가르치고 채점하며 틈틈이 이 소설을 썼는데 마음에 안 들어 쓰레기통에 처박았다. 하지만 그의 아내가 이 소설을 쓰레기통에서 꺼내 읽고 그에게 계속 쓰라고 해서 완성되었다. 소설은 '왕따'를 당하던 여고생 캐리 화이트가 초능력에 눈을 뜨며 주변 사람들에게 복수하는 내용이다. 〈캐리〉는 2013년 킴벌리 피어스에 의해 리메이크되기도 한다.

어찌저찌해서 앞서 언급한 킹의 원작 소설을 바탕으로 한 영화들을 대부분 보았다. 그 가운데 가장 인상적이고 오랫동안 기억에 남는 것은 역시 〈샤이닝〉이다. 이 영화는 '스릴러 영화의 바이블'이라고 불린다. 겨울 동안 호텔을 관리하며 느긋하게 소설을 쓸 기회를 잡은 잭은 가족들을 데리고 눈 내리는 고요한 오버룩 호텔로 향한다. 보이지 않는 영혼을 볼 수 있는 '샤이닝' 능력을 가진 아들 대니는 이 호텔에 드리워진 음산한 기운을 직감적으로 느낀다. 폭설로 호텔이 고립되자 잭은 환상과 현실의 경계에서 점점 미쳐가며 아내 웬디와 아들 대니를 죽이려 한다. 이 영화는 '가까이 다가오는 극한의 공포'를 기술적으로 형상화했다고 평가를 받는다. 특히 이 영화의 촬영 기법은 '현대 영화 촬영 기법의 교과서'로 불릴 정도로 탁월하고 뛰어나다.

대부분의 원작 소설과 영화의 관계가 그렇듯이 『샤이닝』(1977)과 〈샤이닝〉이 완벽하게 포개지는 것은 아니다. 누군가의 말처럼 원작 소설과 영화는 각기 주제에 충실히 복무한다. 큐브릭의 영화 〈샤이닝〉은 평단으로부터 찬사를 받았지만 킹은 이 영화를 마음에 들어 하지 않았다고 한다. 그는 "소설은 호텔이 폭발하며 화려하게 끝나는데 영화는 모든 게 얼어붙는 끔찍한 결말이다"라고 말하며 영화를 비판했다. 이처럼 〈샤이닝〉은 원작자 킹이 매우 싫어한 영화로 유명하다.

〈샤이닝〉과 원작 소설의 가장 큰 차이는 공포를 묘사하는 관점에서 비롯된다. 원작에서는 샤이닝이라는 초능력뿐만 아니라 오버룩 호텔의 유령 등 오컬트 소재가 다수 포함되고, 여기에 잭의 불행한 과거가 맞물리면서 서서히 광기에 먹혀드는 과정이 세밀하게 묘사된다는 점이다. 하지만 영화에서는 샤이닝과 호텔의 유령에 대한 묘사는 주변인의 언급을 통해 간접적으로만 묘사된다. 그보다는 잭이 호텔에 틀어박히면서 미쳐가는 과정과 그의 광기 어린 행동에 집중된다. 사실 그가 왜 그렇게 미쳐가고 광기를 일으키는지에 대한 설명은 충분치 않다. 자칫 잭이 그냥 스트레스 때문에 미쳐 날뛰고 가족들은 여기에 영향을 받아 집단 히스테리를 일으키는 것으로 보일 수도 있다. 킹은 영화 속 잭이 이미 호텔에 의해 미치기 전부터 충분히 미쳐 있는 사람처럼 보인다고 비판한다. 그래서 그는 많은 사람들이 입에 마르도록 칭찬하는 주인공 잭 니콜슨의 연기도 마음에 들어 하지 않았다. 하지만 킹의 비판은 큐브릭 특유의 미장센과 영상미에 의해 상쇄된다.

〈닥터 슬립〉은 〈샤이닝〉의 속편이다. 〈샤이닝〉이 귀신 들린 호텔의 관리인으로 일하게 된 소설가가 정신 줄을 놓고 가족을 죽이려 하는 이야기라면, 동명 소설 『닥터 슬립』(2013)을 원작으로 하는 〈닥터 슬립〉은 소설가의 아들 대니가 강력한 샤이닝 능력을 가진 소녀 아브라와 함께 샤이닝 능력자들을 죽이고 에너지를 강탈하는 비밀 조직 '트루 낫'에 맞서 싸우는 이야기다. 그런데 개인적인 생각에 〈닥터 슬립〉은 킹의 원작 소설을 바탕으로 한 영화 가운데 극히 드물게 실망스러운 영화 중 하나다. 이 영화는 소설 『샤이닝』과 영화 〈샤이닝〉의 요소를 적절히 섞었기 때문인지 별 특징이 없어 보였다. 〈샤이닝〉에 대해서는 호불호가 있지만 이 영화에 대해서는 호불호가 없다. 그런데 킹이 이 영화에 대해 어떤 평가를 내렸는지 궁금하다. 영화는 소설에 기반을 두거나 영감을 받을 수 있지만 영화가 곧 소설은 아니다. 책이 우리에게 진정으로 도움이 되는 것은 책과의 만남, 그 글을 쓴 저자와의 소통, 또 책을 읽는 나 자신과의 대화다. 영화와 소설의 관계 또한 이와 다르지 않다.

★ ★ ★ ★ ★ *1 9 8 1* ★ ★ ★ ★ ★

〈차타레 부인의 사랑〉

: "당신 성은 필요 없어요"

사실 세계문학사에서 데이비드 허버트 로렌스만큼 오해를 받은 작가도 혼치 않을 것 같다. 그의 대표작『채털리 부인의 연인』(1928)은 그가 병마와 싸우는 힘겨운 상황에서 원고를 두 차례나 다시 쓰며 심혈을 기울인 작품으로 그의 마지막 장편소설이다. 하지만 이 작품은 출간되기까지 수많은 어려움을 겪게 된다. 거의 30년이 지나서야 미국과 영국에서 합법적으로 출판이 된다.

『채털리 부인의 연인』이 이렇게 힘든 과정을 거쳐 출판된 상황은 한편으로는 작가 로렌스와 그의 작품을 대중적으로 유명하게 했지만, 다른 한편으로는 심각한 오해를 낳기도 했다. 사실 이 작품은 성을 노골적으로 다루고 있는 음란한 작품이 아니라 로렌스가 죽음과 싸우면서 심혈을 기울여 현대 문명과 인간의 문제에 대한 본질적 진단과 처방을 제시한 작품이다. 그런데 출판 과정에서 빚어진 논쟁으로 인해 작품의 노골적인 성 묘사

측면만이 대중적으로 부각되었고 작품 자체의 성격은 왜곡되었다. 오늘날 대부분의 사람들이 『채털리 부인의 연인』을 음란한 호색 문학 또는 에로티시즘의 고전 정도로 알고 있거나, 로렌스를 에로티시즘 문학의 대가 정도로 인식하는 것은 바로 이런 사정에서 비롯되었다. 우리나라에서 이 작품은 한동안 '채털리 부인의 사랑'이라는 제목으로 번역되었다. 아마도 이 작품을 원작으로 한 영화 〈차타레 부인의 사랑〉(쥐스타 자캥, 1981)과 무관하지 않을 듯하다.

에로티즘에 관해 탁월한 성찰을 보여준 조르주 바타이유는 "금기는 범해지기 위해 거기에 있다"라고 정의한 뒤, 이 관계를 '금기의 공포와 위반의 욕망'이라고 간명하게 규정한 바 있다. 결국 금기시된 것을 위반하고픈 욕망을 확인하려고, 금기가 가장 많은 성을 영화 속에서 그리는 것이다.

소설 『채털리 부인의 연인』의 줄거리는 이렇다. 교양 있는 중산층 가정에서 자란 콘스탄스(코니)는 클리퍼드 채털리라는 젊은 귀족과 결혼한다. 하지만 클리퍼드는 제1차 세계대전에서 입은 부상으로 하반신 불구가 된다. 남편을 간호하고 그의 소설 창작을 돕는 데 전념하던 코니는 마음의 병을 얻어 건강이 악화된다. 그녀는 간호를 대신해 줄 볼튼 부인의 권유로 주변 숲을 산책하다가 사냥터지기인 올리버 멜로스를 만나 사랑에 빠지게 된다. 클리퍼드와 헤어질 계기를 마련하기 위해 코니가 여행을 떠난 사이 두 사람의 추문이 퍼지게 되고 결국 멜로스는 해고된다. 여행에서 돌아온 코니는 클리퍼드에게 이혼을 요구하고, 이혼소송을 밟기 위해 코니와 멜로스는 잠시 헤어지게 된다. 영화 〈차타레 부인의 사랑〉도 소설과 크게 다르지 않다.

영화 〈차타레 부인의 사랑〉을 너무나 '인상적으로' 보았기 때문에 그런지 로렌스의 『채털리 부인의 연인』을 읽었다고 생각했다. 그런데 사실 그의 자전적인 소설 『아들과 연인』(1913)도 『채털리 부인의 연인』도 읽지 않았다. 얼마 전에서야 이 작품들을 읽었다. 읽기 전에는 약간의 흥분과 기대가 있었다. 그러나 작품을 꼼꼼히 제대로 읽어본 독자는 알겠지만 이 작품은 전술했듯이 음란한 호색 문학은 물론이고 에로티시즘과도 아주 거리가 멀다. 영화 〈차타레 부인의 사랑〉도 그렇다. 사실 이 영화는 1980년대 중반 중고등학교 남학생들에게는 '복음'과도 같은 영화였다. 그런데 막상 보면 실망하게 된다. 물론 『채털리 부인의 연인』에는 솔직하고 대담한 성행위 장면들과 성적 묘사들이 여러 차례 나오고 많은 부분을 차지하고 있다. 하지만 이것들은 추잡한 성적 흥분과 충동을 조장하거나 성애 그 자체의 아름다운 미화나 탐닉을 목적으로 하는 것들이 아니다.

작가 로렌스는 코니와 맬로스의 성관계를 불륜으로 조장하거나 난잡한 성관계를 긍정하는 것이 아니다. 오히려 그는 성관계가 돈과 기계, 차가운 이성이 지배하는 비인간적인 산업사회와 기계문명 속에서 진정한 인간다움을 지키고 회복하고자 하는 진지한 도덕적 모색의 방편으로서 추구되어야 한다고 역설하고 있다. 사실 로렌스 자신도 지인에게 보낸 한 편지에서 "때를 가리지 않고 하는 난잡한 섹스보다 나를 더 구역질나게 하는 것은 없습니다. (……) 내가 방탕한 성행위를 조장하는 것으로 받아들여지다니 그건 당치않은 소리입니다"라고 말하며 이 작품에 대한 오해를 우려했다.

반면 로렌스는 클리퍼드를 비판적으로 바라본다. 그는 명문 귀족 출신이고, 작가이고, 자본가다. 그는 로렌스가 혐오하는 현대 문명의 비인간적인 속성을 복합적으로 구현하고 있다. 그는 당시 제1차 세계대전 이후 팽배한 영국 사회의 공허한 관념 주의적 지적 풍토와 불모성, 그리고 자본주의적 물신성의 화신으로 자리매김한다. 그는 겉으로는 살아있지만 모든 인간다운 감정과 건강한 본능을 결여한 무생물적 존재로서 실질적으로는 죽은 인간이나 다름없다. 그는 자신의 그런 비인간적 존재성을 남편으로서, 지주로서, 자본가로서, 지배계급으로서 다른 존재들에게 강요하는 끔찍한 존재다.

클리퍼드로 대변되는 현대 산업사회는 "전기 불빛 속에서 사악하게 번쩍거리고 있는 저 바깥세상의 끔찍한 괴물"로서 계급의 구분 없이 모든 인간의 생명력과 인간다운 감정을 다 죽이고 오직 "돈과 기계 그리고 세상의 생명 없이 차갑고 관념적인 원숭이 작태"에만 사로잡혀 있는 절망적인 현실이다. 작가 로렌스는 이런 끔찍하고 절망적인 현실을 근본적으로 해결하는 방법으로 남녀 간의 사랑, 그중에서도 육체적인 사랑을 제시한다. 코니와 멜로스의 사랑은 이런 맥락에서 고찰되어야 한다. 남녀 간의 육체적 사랑은 로렌스에게 있어 살아있는 하나의 유기체적 개체로서의 온전성뿐만 아니라 자연 만물과 우주 간의 생생하고 활력이 솟는 관계, 그리고 다른 인간과의 창조적이고 살아있는 관계를 아울러 성취하고 있는 상태를 의미한다.

인간은 육체가 살아있을 때 비로소 창조적 개체로서의 온전함을 이룰 수 있다. 육체를 통해 살아있는 한 인간은 다른 사람과의 살아있는 부드러운 접촉과 공감이 가능해진다. 왜냐하면 인간은 육체를 통해 자연 그리고 우주와 '생생하고 활력이 솟는 관계'를 맺을 수 있기 때문이다. 육체의 죽음을 막고 그것을 되살리는 일은 로렌스에게 현대 산업문명이 치닫고 있는 파국을 면할 유일하고도 가장 근원적인 처방이다. 육체의 죽음은 곧 남녀 간의 왜곡된 육체적 접촉, 즉 성관계를 통해서 시작되고 나타나는 것이므로, 육체의 회복은 당연히 남녀 간의 건강한 육체적 접촉, 즉 자연스러운 성관계를 통해 실현된다. 따뜻한 가슴으로 하는 성행위는 인간과 인간 사이의 부드러운 애정과 공감, 즉 살아있는 접촉을 가능케 하는 출발점이다.

로렌스에 따르면, "정신과 육체가 조화를 이룰 때, 그리고 정신과 육체가 서로를 자연스럽게 존중할 때 삶은 견딜 만해진다". 그는 성을 충분하고 완전히, 그리고 정직하고 깨끗하게 생각할 수 있어야 한다고 말한다. 우리가 완전히 만족할 수 있을 만큼 성적으로 행동할 수 없다고 하더라도 적어도 성적으로 완전하고 깨끗하게 생각은 해야 한다. 정신과 육체의 관계는 생각과 행동, 말과 행위의 관계에 대응한다.

생각과 행동, 말과 행위는 서로 분리되어 있는 의식의 두 가지 형태이고, 우리가 영위하는 서로 분리되어 있는 두 가지 삶이다. 우리는 매우 진지하게 이 둘 사이가 계속 연결되어 있도록 할 필요가 있다. 그렇지만 우리는 생각할 때는 행동하지 않고, 행동할 때는 생각하지 않는다. 가장 필요한 것은 우리가 생각에 따라서 행동해야 하고 행동에 따라 생각해야 한다는 것이다. 그렇지만 우리가 생각에 사로잡혀 있을 때는 실제로 행동할 수 없고, 행동하고 있을 때는 정말로 생각할 수 없다. 생각과 행동이라는 두 가지 상태는 상호배타적이지만 조화롭게 연결되어야 한다.

도리스 레싱은 『채털리 부인의 연인』의 서문에서 이 작품을 "삶에 대한, 사랑에 대한 찬가"라고 말한다. 그녀에 따르면, 결혼을 노래한 소설 중에서 이 책보다 설득력 있는 선전 소설은 없다. 하지만 결코 계몽적이지 않다. 일찍이 밀란 쿤데라는 작가가 작품보다 커서는 안 된다고 말했다. 이는 작가가 작품을 이용해 자기가 하고 싶은 말을 하려는, 혹은 독자를 자신의 생각대로 설득하려는 계몽주의 태도에 대한 일갈이다. 교훈은 독자가 능동적으로 끌어내는 것이지 작가에게 전달 받는 게 아니다.

『채털리 부인의 연인』은 깊은 성실성을 노래한다. 이 성실성은 대중의 도덕이나 '결심'이나 종교에서 나오는 것이 아니라 한 남자와 한 여자가 뜻하지 않게 또는 전혀 배신하지 않는,

배신이 불가능한 섹스를 하면서 하나가 되는 데서 나온다. 그런 점에서 코니와 멜로스의 성적 결합은 비인간적인 현대문명에 대한 로렌스의 전면적인 비판과 구원의 모색으로 마땅히 읽혀야 한다.

Sequence #03 1982~1986

★ ★ ★ ★ ★ **1 9 8 2** ★ ★ ★ ★ ★

〈E.T.〉

: "항상 네 곁에 있을게"

　　박민규의 『삼미 슈퍼스타즈의 마지막 팬클럽』(2003)은 이렇게 시작된다. "37년 만에 야간통행금지가 해제되고, 중고생의 두발과 교복 자율화가 확정됨은 물론, 경남 의령군 궁유지서의 우범곤 순경이 카빈과 수류탄을 들고 인근 4개 마을의 주민 56명을 사살, 세상에 충격을 준 한해였다. 또 건국 이후 최고 경제사범이라는 이철희·장영자 부부의 거액 어음사기 사건과 부산 미문화원 방화 사건이 일어난 것도, 이스라엘이 레바논을 침공하고, 팔레스타인 난민 학살이 자행되고, 소련의 브레즈네프가 사망하고, 미국의 우주왕복선 콜롬비아호가 발사되고, 끝으로 비운의 복서 김득구가 미국 라스베이거스에서 벌어진 레이 '붐 붐' 맨시니와의 WBA 라이트급 타이틀전에서 사망한 것도 바로 그해의 일이었다."

　　1982년에 많은 일들이 있었지만 작가 박민규는 1982년을 무엇보다도 '프로야구 출범' 원년의 해로 기억하고 있다. 작가뿐만 아니라 많은 이들이 그렇게 기억하고 있다. 우리나라 사회가 좀 더 '다이내믹'해지던 1982년, '슈퍼맨'을 마스코트로 삼았던 삼미 슈퍼스타즈는 인천을 연고지로 한 프로야구 구단이었다. 그러나 삼미 슈퍼스타즈는 1983년 한 해를 제외하고는 1985년 매각되기까지 "어려운 공은 치지 않고 잡기 어려운 공은 포기하는" 만년 꼴찌 팀이었다. 돌아보면, 1980년대 우리 모두는 피해자였으며 또한 꼴찌였다. 소설이 비유하는바, 삼미의 '슈퍼스타'들은 바로 우리들이었다. 타석에 10번 들어서면 안타를 2번 칠까 말까 한, '1할 2푼 5리의 승률'을 지닌 '슈퍼스타' 말이다. 그런데 읽어 본 사람들은 알겠지만, 이 소설은 단순히 야구 이야기가 아니라 그 당시 수많은 우리들의 이야기다.

그런데 1982년은 '영화의 해'이기도 한다. 정인엽 감독의 〈애마부인〉과 김수용 감독의 〈만추〉가 1982년에 개봉했다. 1982년 한국 최고의 흥행영화인 〈애마부인〉은 1980년대 대표적인 '에로 영화'다. 이 영화의 성공으로 애마부인 시리즈는 13편까지 제작되었고, 〈파리 애마〉, 〈집시 애마〉 등과 같은 또 다른 '애마' 영화들도 우후죽순처럼 나왔다. 〈애마부인〉에서 여주인공 '애마'가 나체로 말을 타는 장면은 한국영화사에 길이 남을 명장면이라고 전설처럼 전해지고 있다. 〈애마부인〉은 전두환 정권 초기 문화 탄압이라는 상황 속에서 성공을 거두었다. 관객이 너무나 몰려 영화관 입구 유리창이 깨질 정도였다고 한다. 〈애마부인〉의 흥행을 발판으로 1980년대 한국 영화계는 어느 정도 침체기에서 벗어날 수 있었다. 이 영화는 당시 전두환 정부가 국민들의 관심을 정치로부터 돌리기 위해 시행한 3S 정책, 즉 Sports, Screen, Sex 정책에 딱 들어맞는 일종의 '국책 영화'였지만 본의 아니게 한국 영화 부흥의 촉발을 가져온 '기념비적인 영화'였다. 사회심리학적으로 〈애마부인〉은 금기의 위반을 넘어 여성의 성적 욕망, 더 나아가 권력 욕망 등을 잘 예거한다. 그런데 안타깝게도 이 모든 게 '에로'에 묻히고 말았다.

1982년은 세계영화사에서도 기념비적인 해이기도 하다. 〈간디〉(리처드 애튼버러), 〈람보〉(테드 코체프), 〈블레이드 러너〉(리들리 스콧), 〈소피의 선택〉(알란 J. 파큘러), 그리고 〈E.T.〉(스티븐 스필버그) 등이 모두 1982년에 개봉했다. 이 영화들은 개인적으로 호불호가 있을 수 있지만 면면을 보면 모두 나름대로 의미 있는 영화들이다. 하지만 이듬해에 있었던 제55회 아카데미 시상식에서 그 모든 영광은 〈간디〉에게 돌아간다. 〈간디〉는 5개 주요 부문 중에서 여우주연상을 제외하고 최우수작품상, 감독상, 남우주연상, 각본상을 수상한다. 그뿐만 아니라 미술, 촬영, 편집, 의상 부문에서도 수상한다. 최우수작품상 부문에서 〈간디〉의 가장 강력한 경쟁 후보였던 〈E.T.〉는 음악, 음향, 음향편집, 시각효과 부문에서만 상을 수상했을 뿐이다. 시각효과 부문 후보에 올랐던 〈블레이드 러너〉는 〈E.T.〉에 밀려 무관에 그치고 만다. 한마디로 '1982년의 영화는 곧 〈간디〉였다'라고 해도 과언이 아니다.

영화 〈간디〉는 전 세계적으로 흥행에도 성공했다. 간디의 장례식 장면에서 30만 명 이상의 엑스트라가 동원되어 한 장면에 나온 최다 엑스트라로 기네스북에 올랐다. 간디 역할을 한 벤 킹슬리는 "싱크로율과 연기력의 시너지 효과"를 보여주는 대표적인 사례라는 호평을 받으며 명연기를 펼쳤다. 이 영화에서 간디는 거의 신의 경지에 이른 성자로 묘사된다. 그의 인생에서 제기된 비판점이 거의 사라지거나 수정되어 나온다. 예컨대 간디는 불가촉천민을 비롯한 하위 카스트를 폐지하고 모든 종교의 화목을 부르짖는가 하면 인종과 민족과 종교를 초월한 박애주의자로 나온다. 하지만 생전의 간디는 이슬람과 힌두교의 조화를 주장하긴 했어도 결국에는 힌두교를 편애한 경향이 있으며 불가촉천민에 대해서는 처우 개선에 별 관심을 두지 않았다. 파키스탄인들 또한 이 영화를 못마땅해 했다. 왜냐하면 파키스탄에서 간디와 거의 동격인 국부 모하마드 진나가 부정적으로 묘사되기 때문이다.

그런데 지금 1982년의 영화를 〈간디〉로 기억하는 사람은 많지 않다. 훨씬 더 많은 사람들이 〈E.T.〉나 〈블레이드 러너〉를 1982년의 영화로 꼽는다. 필립 K. 딕의 SF 소설 『안드로이드는 전기양을 꿈꾸는가?』(1968)를 원작으로 만들어진 리들리 스콧 감독의 영화 〈블레이드 러너〉는 개봉 당시에는 비평과 흥행에서 실패하였으나 이후 높은 평가를 받으며 '저주받은 걸작'으로 불린다. 오늘날에는 〈2001: 스페이스 오디세이〉(스탠리 큐브릭, 1968) 등과 더불어 SF 영화의 기념비적인 작품으로 꼽힌다. 어둡고 혼란스러운 미래, 즉 '디스토피아'를 탁월한 비주얼로 묘사한 이 영화는 이후에 나온 수많은 SF 작품, 특히 사이버펑크 장르의 작품들에 영감을 주기에 충분했다.

〈블레이드 러너〉가 비슷한 시기에 개봉한 〈E.T.〉 때문에 흥행에 실패했다는 말도 있지만 사실 두 작품은 분위기뿐만 아니라 주제도 완전히 다르다. 〈블레이드 러너〉는 인간보다도 더 인간적인 '레플리컨트'라는 존재를 통해 인간성의 정의를 묻는 다소 철학적인 작품이다. 반면 〈E.T.〉는 외계인을 소재로 하지만 외계인과 지구의 아이들 간의 따뜻한 우정을 담은 동화다. "언젠가 어린이였던 모든 어른들에게, 그리고 언젠가 어른이 될 모든 어린이에게"라는 문구는 이 영화의 성격을 잘 말해준다. 참고로 영화 제목 E.T.는 Extra Terrestrial의 약자로 '외계인'이라는 뜻이다. 영화 속에서도 외계인이라고 불릴 뿐이다. 영화 〈E.T.〉는 우리에게 '친근한 이미지의 외계인', 혹은 '인간과 교류하는 외계인'이라는 이미지를 각인시켰다.

영화 〈E.T.〉에서 외계인 E.T.와 엘리엇은 육체적으로뿐만 아니라 감정적으로도 동화된다. 엘리엇은 식물 채집을 하다가 혼자 남겨져 고향을 그리워하는 E.T.의 마음을 알아차리고 그를 우주선이 착륙했던 숲속으로 데려간다. 엘리엇이 울퉁불퉁한 숲을 걸어가자 E.T.는 초능력을 발휘해 자전거를 타고 달을 가로지르며 하늘을 난다. 교신이 성공하자 엘리엇과 E.T.는 기뻐하지만 엘리엇은 그와의 이별을 걱정하며 눈물을 흘린다. 그는 E.T.에게 자신이 보살펴줄 테니 남아달라고 부탁한다.

엘리엇의 집을 감시하던 정부 요원의 침입으로 E.T.와 엘리엇은 실험을 받게 된다. 과학자들은 E.T.와 엘리엇의 뇌파를 분리한다. 엘리엇은 기력을 찾지만 E.T.는 사망하고 만다. 엘리엇이 작별 인사를 하는 순간 E.T.는 살아나고 엘리엇은 형 마이클, 그리고 그의 친구들과 함께 E.T.를 데리고 도망친다. 자전거를 타고 달아나던 중 경찰에 잡힐 위기에 처하자 E.T.는 또다시 초능력을 발휘해 하늘을 날아 숲속에 도착한다. E.T.는 그를 데리러 가기 위해 도착한 우주선을 뒤로 하고 마이클, 거티, 그리고 마지막으로 엘리엇과 작별 인사를 나눈다. E.T.가 같이 가자고 하지만 엘리엇은 남겠다고 한다. 결국 E.T.는 탄식하며 마음이 아프다는 뜻으로 심장에 손가락을 대고 엘리엇이 다쳤을 때 외치던 "아야(ouch)"를 속삭인다. 이에 엘리엇도 울먹이며 E.T.와 똑같이 "아야"를 속삭인다. 곧이어 E.T.는 엘리엇의 이마에 손가락을 대고 빛을 밝히며 영화의 최고 명대사인 "난 바로 여기에 있을 거야(I'll be right here)"를 외친 다음 화분을 챙겨 떠난다.

영화 〈E.T.〉는 개봉 당시부터 오늘날까지 〈블레이드 러너〉와 비교된다. 앞서 살펴보았듯이 작품의 주제와 분위기뿐만 아니라 흥행과 비평 면에서도 말이다. 흥행 면에서 〈E.T.〉는 〈블레이드 러너〉와 비교가 안 될 정도로 엄청난 성공을 거두었다. 미국에서만큼은 아니지만 우리나라에서도 대단한 성공을 거둔다. 스필버그는 〈E.T.〉를 통해 명실상부 흥행 감독으로 자리매김한다. 그런데 개인적으로 〈E.T.〉는 흥행 영화보다도 아름다운 동화로 기억된다. 그것도 아이들의 동화가 아니라 어른들의 동화로서 말이다. 얼마 전 앙투안 드 생텍쥐페리의 『어린 왕자』(1943)를 다시 읽었다. 그런데 예전에 읽었을 때만큼 감흥이 크지 않았다. 〈E.T.〉는 그렇지 않다. 아주 오래전에 보았을 때나 얼마 전에 볼 때나 똑같다. 아마 다시 봐도 똑같을 것 같다. 그렇기 때문에 내게 이 영화는 영원한 동화다. 그리고 1982년을 떠올릴 때면 언제나 영화 〈E.T.〉가 가장 먼저 생각난다.

〈플래시댄스〉

: "꿈을 버리면 죽는다는 걸 왜 몰라?"

우연히 '미드' 〈테이큰〉(2017)을 보았다. 〈테이큰〉이라고 하면 당연히 리암 니슨이 주연한 영화를 떠올리기 마련이다. 주지하듯 이 영화는 전직 요원이었던 브라이언 밀스가 납치당한 딸을 구하는 이야기다. 1편에서 그는 영화사에 길이 남을 만한 명대사를 남긴다. 그는 감정을 절제하며 딸의 납치범에게 "내가 널 찾아서 죽일 것이다(I'll find you, and I'll kill you.)"라고 경고한다. 사실 한국어로 번역된 대사보다도 영어 대사가 훨씬 실감이 난다.

미드 〈테이큰〉은 영화의 프리퀄로 총각 시절의 브라이언 밀스가, 영화에서 보여주었던 기술들을 습득하는 과정을 보여준다. 그런데 브라이언 밀스보다도 크리스티나 하트가 눈에 더 들어왔다. 드라마를 보는 내내 '저 배우를 어디에서 본 것 같은데'라는 생각이 계속 들었다. 찾아봤더니 제니퍼 빌스였다. 빌스는 〈플래시댄스〉(에드리안 라인, 1983)로 기억되는 배우다. 〈플래시댄스〉는 '댄서'라는 꿈을 이루기 위해 노력하는 한 소녀의 '성장 영화'로 요약된다.

〈플래시댄스〉는 춤에서 시작해 춤으로 끝난다고 말할 정도로 춤에 관한 영화다. 그런데 이 영화에서 춤은 음악과 떼려야 뗄 수 없는 관계에 놓여 있다. 사실 이 영화는 춤 못지않게 혹은 춤보다도 아이린 카라의 「왓 어 필링!」이라는 노래 때문에 더 기억된다. 이 노래는 영화 속 주인공 알렉스의 마음을 대변한다. 그녀에게 댄서가 된다는 것은 노래 가사처럼 "처음에는 아무것도 없었지만 천천히 달아오르는 꿈"이었다. 마침내 그녀는 그 꿈에 다가가 "내 삶을 위해 나는 춤을 춘다"고 몸으로 외친다. '아아, 이 기분!'으로 해석되는 우리말보다는 '왓 어 필링!'이 훨씬 실감이 난다. 주제가 「왓 어 필링!」은 이듬해 아카데미 시상식에서 주제가상을 받았다.

〈플래시댄스〉 외에 춤과 노래로 기억되는 영화를 꼽을 때 〈풋루스〉(허버트 로스, 1984)와 〈더티 댄싱〉(에밀 아돌리노, 1987)도 빼놓을 수 없다. 이 영화는 케니 로긴스의 같은 제목의 「풋 루스」라는 노래로 유명하다. 이 영화는 2011년에 리메이크되기도 한다. 사실 케빈 케이컨이라는 배우를 이 영화를 통해 처음 알게 되었다. 영화 속에서 구속을 못 견디는 자유로운 반항아인 그는 노래와 영화 제목처럼 '자유롭게 발을 놀린다'. 그렇기에 〈풋루스〉의 베이컨과 〈JFK〉(올리버 스톤, 1991), 〈어 퓨 굿맨〉(로브 라이너, 1992), 〈일급 살인〉(마크 로코, 1995), 〈미스틱 리버〉(클린트 이스트우드, 2003)의 베이컨이 같은 인물이라고 상상하기 어렵다.

반면 〈더티 댄싱〉은 베이비가 춤을 통해 세상에 눈을 뜨는 성장 영화다. 성장 영화라는 측면에서 보면 〈더티 댄싱〉은 〈플래시댄스〉와 비슷하다. 베이비는 아버지의 친구가 운영하는 산장에 가족여행을 갔다가 그곳에서 젊은이들이 추는 기괴한 춤에 충격을 받는다. 그 춤은 기성세대에서는 볼 수 없는 음란한 율동의 춤, 소위 '더티 댄싱'이었다. 베이비는 댄스 교사 자니로부터 춤을 배우고 그와 사랑에 빠진다. 중간에 여러 가지 일들이 생기면서 더 이상 춤을 추지 못하다가 마지막에 금기시되어 왔던 '더티 댄싱'을 추게 된다. 바로 그때 빌 메들리와 제니퍼 원스의 「타임 오브 마이 라이프」라는 노래가 춤과 함께 영화를 꽉 채운다.

〈남과 북〉(1985)이라는 미국 드라마가 있다. 내용은 미국 남북전쟁을 배경으로 남부 대농장주의 아들과 북부 철강업 가문의 아들이 사관학교에서 만나 우정을 나누며 새로운 미국을 만들어가는 신화적인 이야기다. 내용은 특별할 게 없다. 대신 이 영화를 통해 패트릭 스웨이지라는 배우를 알게 되었다. 그 당시에는 어리기도 했지만 영화를 많이 보지 않아 배우를 잘 몰랐다. 로버트 테일러, 클라크 게이블, 그레고리 펙은 물론이거니와 로버트 레드포드도 알지 못한 상태였다. 당시 스웨이지는 영화 속에서 본 최고의 미남이었다. 그렇게도 잘생긴 스웨이지가 〈더티 댄싱〉에서는 너무나 멋지게 춤을 춘다. 〈사랑과 영혼〉(제리

주커, 1990)과 〈폭풍 속으로〉(캐서린 비글로우, 1991)에서의 스웨이지의 모습도 좋지만 개인적으로는 〈더티 댄싱〉의 스웨이지가 더 좋고 기억에 남는다.

전술했듯이 〈플래시댄스〉, 〈풋루스〉, 〈더티 댄싱〉은 영화보다도 춤과 노래로 더 기억된다. 그런데 이 영화들에서 춤과 노래는 따로 놀지 않는다. 다르게 말하면 춤과 노래는 한 묶음이다. 각 영화의 노래 가사는 영화의 주제와도 연결된다.

〈플래시댄스〉에서 알렉스는 낮에는 제철 공장의 용접공으로 일하면서 밤에는 나이트클럽의 플로어 댄서로 일한다. 그녀는 삭막하고 비정한 현실 속에서도 포기하지 않고 고난을 극복하며 댄서로서의 꿈을 키운다. 그녀는 노력 끝에 마침내 재능을 인정받아 자신의 꿈을 실현하게 된다. "처음엔 공허했어요. 한줄기 꿈만이 서서히 피어올랐을 뿐/ 두려움은 마음 깊숙이 숨겨두고/ 나만의 긍지를 간직하며 홀로 소리 없이 눈물 흘렸어요// 무쇠처럼 냉담한 세상, 돌처럼 차가운 세상에서/ 여기 음악이 들리는 곳, 눈을 감고 리듬을 타요/ 음악은 나의 가슴을 감싸며 마음을 진정시켜요// 꿈이 눈앞에 펼쳐져요 당신은 당신 자신만의 춤을 출 수 있어요/ 눈을 감고 음악을 들어요/ 나는 리듬이 되어요 어느 순간 마음이 가라앉아요/ 꿈이 눈앞에 펼쳐져요 이제 나는 나만의 춤을 출 거에요/ 이 황홀한 기분! (나는 지금 음악이 되어요)/ 꿈을 믿으세요 (내가 지금 리듬을 타고 있어요).

반면 〈풋루스〉는 현실에서 꿈을 좇는 게 아니라 현실 그 자체에서 벗어나려 애쓴다. "나는 열심히 일하면서 카드에 구멍을 냈지/ 8시간 동안 무엇을 위해 일했을까?/ 그래서 내가 얻은 게 무엇인지 말해 주오/ 그 일들이 나를 구속한다는 느낌밖에는 안 들어요/ 오늘 밤 내 멋대로 놀아보세/ 우울한 마음을 떨쳐 버리기 위해 사람들이 제멋대로 노는구나// 당신은 규율 속에서 차갑게 굴지만/ 당신의 속마음은 불타고 있고/ 무언가를 갈망하고 있어요// 인생이란 당신을 그대로 놔두지 않는다고 누군가 말했지/ 인생은 그저 그렇고/ 제멋대로 한다면 마치 하늘을 나는 기분이에요/ 자, 멋대로 흔들어요/ 우울한 기분일랑 떨쳐버리고."

〈더티 댄싱〉에서 베이비는 더티 댄싱을 통해 새로운 세상을 알게 된다. 그녀가 세상을 알게 되었다는 것은 「타임 오브 마이 라이프」의 가사처럼 곧 자신만의 삶의 순간을 가졌다는 것이다. "이제 나는 내 삶의 시간을 가졌어/ 이전에 나는 이처럼 느낀 적이 없어/ 그래 나는 이것이 진실이라고 맹세해/ 모든 것이 너의 덕이야/ 나는 내 삶의 시간을 가졌기 때문에/ 그리고 모든 것이 너의 덕이야// 나는 오랫동안 기다려왔어/ 이제 나는 마침내 누군가를 찾았어/ 내 옆에 있을/ 우리는 벽에 쓰여 있는 것을 봤어/ 이 마술과도 같은 느낌을 갖고/ 환상적이야// 이제 우리 눈에 열정을 담고/ 서로를 속일 수 없어/ 비밀스럽게/ 그래서 우리는 서로의 손을 잡아/ 우리는 이해한 것 같으니까/ 긴급함을 다만 기억해// 너는 한 사람이야/ 더 충분함을 얻을 수 없어/

그래서 나는 너에게 무언가 말할 거야/ 이것이 사랑이 될 수 있다고 왜냐면."

1980년대 미국과 영국은 정치적으로 로널드 레이건과 매거릿 대처의 보수 우파 정부에 의해 지배되었다. 미국의 경우, 재정적자에 시달리던 레이건 정부는 소련을 '사악한 제국'이라고 말하면서 정치적 보수주의와 함께 가장 가난하면서 정치적으로 무력했던 도시 영세민들, 무주택자들, 실업자 등 사회의 소외계층을 목표로 했던 많은 프로그램을 포함한 여러 국내 지출을 더욱 삭감했다. 예컨대 식품 교환권 비용에 대한 삭감, 저소득용 주택을 위한 연방 보조금에 대한 상당한 삭감, 노인의료보험과 빈민의료보조 지불에 대한 엄격한 제한, 대학생 대출 및 학교 급식, 기타 교육 프로그램의 감소, 여러 해 동안 지방의 재정 위기를 촉진했던 주와 도시들에 대한 많은 형태의 연방 보조를 없앴다. 레이건 정부와 기성세대는 젊은이들의 목소리를 듣지 않고 그들에게 '교화'와 '순치'를 강조했다. 그들은 이에 반발했다. 그들이 가진 무기는 다름 아닌 춤과 노래였다. 〈플래시댄스〉, 〈풋루스〉, 〈더티 댄싱〉에서 보았던 것처럼 말이다. 가장 최근의 영화 〈엘비스〉(바즈 루어만, 2022)도 그 연장선에 있다.

사람들은 원래 모이면 춤을 추고 노래를 부른다. 노래를 부르며 춤을 추기도 한다. 사실 춤이든 노래든 어느 것이 먼저여도 상관없다. 중요한 것은 춤을 추고 노래를 부르면 감정이 고조된다는 사실이다. 그리고 감정이 고조되면 의식이 각성된다. 또

의식이 각성되면 새로운 행동을 이끌어낸다. 모든 새로운 것은 사람들이 모이는 것에서 시작한다.

조금 뜬금없는 이야기일 수도 있지만 권력자들은 사람들이 모이는 것을 두려워한다. 영화 〈고고70〉(최호, 2008)이 잘 보여주듯 사람들이 모이지 못하도록 '통행금지'도 시행했다. 그럼에도 사람들은 어떻게든 모인다. 모이지 말라고 해도 모인다. 모여서 춤을 추고 노래를 부른다. 큰 변화는 거창하게 시작하지 않는다. 작은 것에서 시작한다. 그게 춤일 수도 있고 노래일 수도 있다. 아니면 춤과 노래 모두일 수도 있다.

★ ★ ★ ★ ★ **1984** ★ ★ ★ ★ ★

〈아마데우스〉

: "욕망을 주셨다면 재능도 주셨어야지"

서양음악사를 살펴보면 비발디, 바흐, 헨델, 하이든, 모차르트, 베토벤, 파가니니 등 수많은 음악적 '천재'들이 등장한다. 한 마디로 천재의 향연이라고 부를 수 있다. 물론 슈베르트, 멘델스존, 슈만, 브람스, 바그너, 말러 등 모차르트와 베토벤 못지않은 천재들도 등장한다. 그런데 천재 하면 떠오르는 몇 가지 이미지가 있다. 그런데 그 이미지가 괴팍, 천박, 경박 등 부정적이다. 다른 사람의 감정이나 기분은 전혀 생각하지 않고 면전에서 그들을 무시하고, 경멸하고, 조롱한다. 이런 천재의 이미지에 가장 부합되는 인물은 역시 모차르트일 것이다. 물론 멘델스존처럼 인격적으로 훌륭하고, 바흐처럼 독실하고, 하이든처럼 성실한 천재도 있다. 어쩌면 모차르트가 예외적인 천재인지도 모른다.

아르투어 쇼펜하우어는 『의지와 표상으로서의 세계』(1819)에서 "재능 있는 자는 아무도 맞추지 못하는 과녁을 맞추고 천재는 아무도 보지 못하는 과녁을 맞춘다"고 했다. 그는 모든 사람에게 천재가 될 수 있는 잠재력이 있다고 생각했다. 그가 생각하기에 천재는 아름다움을 향한 '갈망'이나 정복욕, 소유욕과 같은 '욕 망'이 거의 존재하지 않는 '순수'한 개념의 세계를 창조한다. 개 인적인 생각에 천재라는 단어는 회화보다도 음악에 더 잘 어울 리는 것 같다. 왜냐하면 음악은 우리 존재의 가장 깊은 수준, 다시 말해 의지 그 자체의 연결을 표현할 수 있기 때문이다.

천재라는 단어는 마치 모차르트를 염두에 두고 한 말 같다. 주지하듯 모차르트는 자타가 공인하는 음악 천재이자 신동이었 다. 하지만 그런 명성에 걸맞지 않게 혹은 그런 명성에 걸맞게 그는 매우 교양 없고 천박했다. 태도는 고삐 풀린 망아지처럼 불량했다. 그는 다른 사람들과 잘 어울리지 못하고 자기 세계에 빠져 좌충우돌했다. 하지만 천재인 그에게는 두려울 게 전혀 없었다.

'천박한 혹은 경박한 천재'로서의 모차르트 이미지는 피터 셰 퍼의 희곡 『아마데우스』(1979)를 통해 거의 기정사실화된다. 이 작품은 볼프강 아마데우스 모차르트와 안토니오 살리에리에 대 한 역사극처럼 보이지만 실제는 재능에 대한 욕망과 질투, 그리 고 망상에 대해 이야기하는 심리극이다. 셰퍼의 『아마데우스』 는 니콜라이 림스키코르사코프의 오페라 〈모차르트와 살리에 리〉(1898)에서 영감을 얻었고, 림스키코르사코프의 오페라는 알렉산드르 푸시킨의 짧은 희곡 『모차르트와 살리에리』(1832)에 기반을 두고 있다. 참고로 영화 〈아마데우스〉(밀로시 포르만, 1984)는 셰퍼의 희곡 『아마데우스』에 바탕을 두고 있다. 이 작품들은 공통적으로 '천박한 천재 모차르트와 그의 재능을 시기하고 질투한 살리에리'를 모티브로 삼고 있다.

『아마데우스』는 노년의 살리에리가 음악을 위해 신과 거래한 자신의 젊은 시절에 대한 회상으로 시작된다. 그는 자신의 꿈을 이루게 해준 신을 공경하고 도덕적이며 성실하게 살아왔으며, 궁정 작곡가와 교회 지휘자 자리를 거쳐 궁정 악장이 되었다. 그러던 어느 날 그는 황제의 초청을 받아 빈의 궁정에 온 음악 천재 모차르트를 만난다. 살리에리는 모차르트가 자신과 마찬가지로 사려 깊은 인격자일 것으로 생각했다. 하지만 모차르트는 황제의 궁정에서 자기 아내 콘스탄체와 예의 없는 농지거리를 하는 등 천박하기 그지없다. 살리에리는 그런 모차르트의 모습을 보며 실망하고 경멸한다. 동시에 그는 인격과는 전혀 다른 모차르트의 음악을 듣고 경이로움과 부러움을 동시에 느끼게 된다.

살리에리는 신에게 자신도 그런 작품을 만들게 해달라고 기도를 올리고, 이후 더욱 열심히 일하고, 더 많은 선행을 베푼다. 그는 모차르트가 운 좋게 좋은 작품을 하나 썼을 것이라고 생각한다. 하지만 모차르트가 황제를 알현하며 자신이 모차르트를 환영하기 위해 고심 끝에 쓴 곡을 너무나 쉽게 훨씬 더 매력적으로 편곡해버리자 그는 질투에 휩싸인다. 모차르트는 음악적 천재성에도 불구하고 일상은 폐인에 가까울 만큼 방탕함 그 자체다. 비싼 선물들, 최신 유행의 옷들, 밤마다 열리는 화려한 파티로 탕진하는 모차르트를 지켜보며 살리에리는 더욱 경멸한다. 더구나 모차르트의 오페라 「후궁으로의 도피」에 등장한 제자 카발리에리가 몸과 마음을 모차르트에게 빼앗겼다는 사실에 분노한다. 살리에리는 지금껏 성실하게 신을 섬겨 온 자신에게는 모차르트의 재능만 알아보는 눈만 주고, 그 재능을 주지 않은 신을 저주하게 된다.

살리에리는 모차르트가 신의 총애를 한 몸에 받고 있다는 망상에 사로잡혀 그의 성공을 저주한다. 동시에 그는 자신이 모차르트만큼의 작품을 만들 수 있게 해 달라며 신에게 간구한다. 「피가로의 결혼」의 초연을 방해하려는 살리에리의 시도는 황제의 변덕으로 실패로 끝난다. 하지만 바로 그 황제의 변덕과 「피가로의 결혼」에 대한 순수한 감탄으로 모차르트의 신용을 얻게 된다. 살리에리는 「돈 조반니」와 「코지 판 투테」 등 모차르트의 오페라를 들으며 경배한다. 하지만 그런 위대한 작품들이 모차르트라는 천박한 인간에게서 나온 것을 저주한다.

하지만 모차르트는 음악적인 성공과는 별개로 현실적으로 점점 더 어려움에 부닥친다. 오페라 「마술피리」를 계기로 마지막 후원자였던 프리메이슨으로부터 절연을 당한다. 모차르트를 방문한 살리에리는 모차르트의 「레퀴엠」 악보를 본다. 모차르트는 「레퀴엠」이 "환상 속 심부름꾼으로부터 위촉받아 쓴 장례미사곡"이라고 고백한다. 하지만 살리에리는 모차르트의 「레퀴엠」은 어리석은 자신의 장례를 위해 신이 쓴 미사곡이라고 여긴다. 그는 지금까지 모차르트를 해치려던 것은 실은 자신을 파괴한 행위라고 느낀다. 살리에리는 모차르트에게 "자신과 모차르트가 서로의 삶에 독이 되어 서서히 둘 모두를 죽여가고 있었다"라는 자기 망상적인 고백을 한다.

살리에리는 모차르트가 단지 신에게 이용된 불쌍한 도구였다는 것을 깨달았다며 그에게 자신을 용서하라고 몰아붙인다. 하지만 느닷없고 두서없는 그의 고백을 들은 모차르트는 살리에리를 회피한다. 결국 살리에리는 모차르트로부터 자신이 원하는 용서를 받지 못한다. 병약해진 모차르트 주변에는 그를 가장 사랑하면서 동시에 가장 학대했던 아버지의 망령이 떠돌아다닌다. 모차르트는 급기야 살리에리를 자신의 살해자로 고발하는 정신착란 증세를 보이다가 사망한다. 살리에리는 감정 없는 신을 비웃더니 모차르트와 살리에리 각자가, 신의 뜻에 따라 자신의 파멸을 의미한다고 여긴 「레퀴엠」이 실은 어느 귀족의 명예욕 때문에 만들어진 것이라는 것을 깨닫게 된다.

다시 노년으로 돌아온 살리에리는 신의 뜻대로 평범하게 세상에서 사라지는 것을 거부하고, 세상에 이름을 남기기 위해 '모차르트를 살해했다'는 거짓 소문을 퍼뜨리며 자살을 시도한다. 하지만 그의 자살 시도는 결국 실패로 끝나고 만다. 왜냐하면 사람들 그 누구도 그가 퍼뜨린 소문을 믿지 않았기 때문이다. 사람들이 모두 떠나가고 살리에리는 평범한 이들을 축복하는 것으로 막이 내린다.

모차르트 독살설은 허구이지만 셰퍼의 희곡 『아마데우스』와 이를 바탕으로 만든 영화 〈아마데우스〉 때문에 사실로 간주되곤 한다. 하지만 희곡은 물론 영화에서도 살리에리는 모차르트를 독살하지 않는다. 영화에서는 아예 독살에 대해 언급이 없다. 희곡에서는 모차르트가 누군가가 자신 몰래 자신에게 독을 먹이고 있다는 망상을 하고, 살리에리는 '내가 한 행위가 그에게 독약과도 같았다'라고 주장할 뿐이다. 살리에리가 모차르트를 직접 독살하는 장면은 앞에서 언급한 푸시킨의 희곡 『모차르트와 살리에리』에서 비롯된다.

지금까지 영화 〈아마데우스〉를 몇 번은 본 것 같다. 이 영화를 처음 본 것은 중학교 1학년 또는 2학년 때였던 것 같다. 〈아마데우스〉 영화를 보고 감상문 쓰는 게 숙제였다. 그때는 비디오가 흔하지 않았던 시절이어서 영화를 접할 수 있는 경로는 극장 아니면 TV였다. TV에서 한국어로 더빙해 이 영화를 방영했다. 그 당시에 외국 영화는 대부분 성우가 더빙했다. 지금도 기억에 남는 것은 모차르트의 경박한 목소리다. 나중에 모차르트를 연기한 톰 헐스의 목소리와 성우 배한성이 더빙한 목소리가 너무나 똑같아 깜짝 놀랐다.

영화 〈아마데우스〉의 매력은 역시나 모차르트의 음악에 있다. 이 영화에는 〈레퀴엠〉을 비롯해 수많은 모차르트의 음악이 나온다. 그런데 영화 속 모차르트의 음악은 기존의 모차르트 연주를 삽입한 것이 아니라 영화를 위해 처음부터 끝까지 모두 다시 편곡된 버전이다. 영화 속 모차르트의 음악은 모차르트 스페셜리스트로 유명한 '아카데미 오브 세인트 마틴 인 더 필즈'의 지휘자인 네빌 마리너 경의 손을 거쳤다. 그렇기 때문에 다른 모든 것을 떠나 음악 하나만으로도 이 영화는 너무나 훌륭하다. 그렇다고 이 영화의 만듦새가 형편없다는 것은 결코 아니다.

작년에 어느 모임에서 만난 방송국 PD와 영화에 대한 이야기를 짧게 나눈 적이 있었는데 그는 자신의 인생 영화로 〈아마데우스〉를 꼽았다. 그의 의견에 전적으로 동의한다. 필자에게 인생 영화 10편을 꼽으라면 〈아마데우스〉가 그중 하나일 것이다. 그런데 개인적으로 포르만의 최고의 영화를 꼽으라면 〈아마데우스〉보다는 〈뻐꾸기 둥지 위로 날아간 새〉(1975)일 것 같다. 정신병원에 수감된 주인공 맥머피로 분한 잭 니콜슨의 연기도 놀랍지만 수간호사 래치드 역할의 루이스 플래처의 연기는 말로 설명할 수 없을 정도로 놀랍다.

★ ★ ★ ★ ★ *1 9 8 5* ★ ★ ★ ★ ★

〈아웃 오브 아프리카〉

: "우린 소유하는 게 아니에요. 단지 스쳐갈 뿐이지"

서양에서 중세는 거의 천년에 이를 정도로 길다. 중세의 시작과 끝에 대해서는 의견이 분분하지만 대체로 서로마 제국의 멸망을 중세의 시작으로 동로마 제국의 멸망을 중세의 끝으로 본다. 중세 이전을 고대라 부르고 중세 이후를 르네상스라고 부른다. 서양의 중세는 한 마디로 '신 중심의 사회'였다. 학문은 말할 것도 없고 예술 또한 신 중심이었다. 즉 인간은 학문의 대상도 예술의 대상도 될 수가 없었다. 반면 중세 이전 고대 그리스 로마 시대와 중세 이후인 르네상스 시대에는 '인간 중심의 사회' 였다. 따라서 인간은 학문의 대상이자 예술의 대상이 될 수 있었다. 르네상스의 기본 정신인 인문주의는 인문학이다. 즉 인문학은 인간이 하는 학문이자 인간을 대상으로 하는 학문이다. 르네상스 시대에 이르러 인간은 학문의 주체이자 객체가 된다.

다른 예술 세부 장르가 그랬듯이 서양 음악도 기본적으로 교회 음악에서 출발했다. 음악은 속세 인간의 감정을 다루는 것이 아니라 신성을 드높이는 것이어야만 했다. 서양 중세 음악은 예외 없이 종교 음악이었다. 종교 음악의 전통은 르네상스 이후 까지도 이어진다. 일례로 「사계」로 유명한 안토니오 비발디는 가톨릭 사제였고, 요한 제바스티안 바흐도 900곡에 가까운 미사곡을 작곡했다. 비발디와 바흐뿐만 아니라 동 시대의 작곡가들도 수많은 성가를 작곡하고 연주했다. 당시 음악가들에게 종교음악은 유일한 음악 장르였고 교회는 유일한 음악 시장이었다.

그런데 18세기 들어 음악 시장은 교회에서 귀족사회로 넘어간다. 왕과 귀족이 음악의 주요 소비 계층이 되면서 음악가들은 이제 교회가 아닌 왕과 귀족의 의뢰를 받아 작곡하고 연주한다. 왕과 귀족들로부터 금전적인 후원을 받기도 한다. 일례로 게오르크 프리드리히 헨델, 요제프 하이든, 볼프강 아마데우스 모차르트 등을 들 수 있다. 헨델은 바흐와 마찬가지도 독일 출신이었지만 바흐와 달리 주로 영국에서 활동했다. 하이든은 헝가리의 귀족 가문 에스테르하지 가문에 고용되어 무려 30년 동안 전속음악가로 근무한다. 초반에는 자신의 이름으로 음악을 내기 어려웠고 말년에 돼서야 자신이 좋아하는 음악을 자신의 이름으로 낼 수 있게 된다.

모차르트는 하이든보다 자유로웠다. 음악적 천재인 그는 가는 곳마다 환대를 받았지만 늘 경제적으로 어려움을 겪었다. 그의 경제적인 어려움은 영화 〈아마데우스〉(밀로시 포르만, 1984)에서 보듯이 그의 방탕하고 사치스러운 삶 때문일 수도 있다. 아니면 반대로 정신적인 불안감을 방탕과 사치로 견뎠는지도 모른다. 지금도 그렇지만 그 당시에도 '인기'라는 것은 신기루에 불과하다. 왕과 귀족들의 변덕은 그를 늘 불안감에 시달리게 했다.

결국 모차르트는 가난하게 생을 마쳤고 무덤조차 찾을 수 없는 얄궂은 운명을 맞이했다. 혹자는 그가 "비참하게 생을 마감했지만 아폴론적 음악의 신화의 가치를 고수한 그의 음악은 더럽혀지지 않은 순백의 예술"이라고 상찬한다. 그의 때 이른 죽음의 원인을 추정하는 논문은 100편이 넘는다. 독살부터 시작해 그의 죽음을 둘러싸고 수많은 이야기가 돌았다. 현재 의학적인 전문가들은 모차르트가 일종의 신장염으로 죽었을 것이라고 추정한다. 하지만 개인적인 생각에는 그의 정신적 불안감도 죽음의 원인으로 배제할 수는 없다. 즉 모차르트는 왕과 귀족의 후원을 갈구하면서도 동시에 예술가로서의 정체성을 드높이려 했다.

모차르트는 음악가로서 귀족들의 후원에 의존할 수밖에 없다. 즉 음악가로 계속 활동하기 위해서는 그들의 심기를 거스를 수 없다. 하지만 그의 음악적 자존심은 이를 허락할 수 없었다. 천재적인 재능을 지니고도 언제나 하인 취급만 당하던 모차르트는 자신의 처지를 견디다 못해 결국엔 궁정을 뛰쳐나온다. 왕과 귀족에게서 벗어난 모차르트는 자유로운 감성으로 자신의 천재성을 유감없이 발휘할 수 있었고 마침내 최고의 음악가로 우뚝 선다. 하지만 그때부터 그의 삶은 굴곡진 인생 그 자체가 된다.

그런데 모차르트가 궁정음악단을 나오게 된 이유는 그가 가진 예술가의 자존심이나 자유분방한 천성 때문만은 아니었다. 당시 급변했던 유럽 사회의 분위기도 모차르트의 독립을 크게 자극했다. 18세기 후반 유럽 사회는 사회 전반에 걸쳐 급격한 변화를 겪고 있었다. 산업혁명을 바탕으로 부를 축적한 시민들이 왕과 귀족에게 속박되던 과거의 사회제도를 비판하고 자유와 평등을 부르짖기 시작했다. 이런 움직임은 음악계에도 영향을 미쳤고 그 결과 모차르트도 경제적인 독립을 통해 예술가로서의 위상을 회복하고자 궁정음악단을 과감히 뛰쳐나왔다.

모차르트는 왕과 귀족으로부터 독립한 후 예술적 천재성을 발휘할 수 있었지만 예술적 천재성이 그의 경제적인 독립을 보장하지 못했다. 어쩌면 그는 전업예술가를 꿈꾸었는지 모른다. 하지만 그가 활동하던 시기는 전업예술가가 등장하기에는 아직 일렀다. 전업예술가로의 삶은 루트비히 반 베토벤 시기에 이르러서야 어느 정도 가능해진다. 베토벤도 처음에는 모차르트 시대, 혹은 이전 시대의 예술가처럼 귀족들로부터 후원을 받으며 예술 활동을 펼쳤다. 그의 음악은 모차르트의 음악과 크게 다르지 않아 보인다. 예컨대 피아노 협주곡 5번 「황제」는 모차르트의 음악만큼이나 밝고 따뜻하다. 또한 베토벤은 피아노 소나타 21번 「발트슈타인」을 그를 후원했던 페르디난트 폰 발트슈타인 백작에게 헌정한다.

음악학자들은 베토벤의 작품을 기법과 경향을 기준으로 보통

3기로 나눈다. 제1기는 하이든이나 모차르트의 영향을 많이 받은 시기고, 제2기는 제1기의 뒤를 이어 그의 개성을 충분히 살린 시기며, 그리고 제3기는 새로운 창조의 세계가 펼쳐진 시기다. 특히 제3기는 낭만파 초기의 사람들과 어깨를 나란히 하여 활동하였다. 오늘날 '악성'으로 대변되는 베토벤의 이미지는 바로 이때 형성된 것이다. 제3기의 음악적 결과물은 주로 '교향곡(symphony)'의 형태로 나타난다. 교향곡은 서로 다른 악기들이 같은 음을 내며 단어 뜻대로 '서로 어우러진다'.

모차르트의 음악과 삶이 〈아마데우스〉를 통해 재현된다면 베토벤의 삶은 〈불멸의 연인〉(버나드 로즈, 1995)을 통해 재현된다. 〈아마데우스〉에서 네빌 마리너가 그랬던 것처럼 〈불멸의 연인〉에서는 게오르그 솔티가 음악을 담당해 영화의 완성도를 최고의 경지로 끌어올리고 있다. 참고로 헝가리 출신의 솔티는 헤르베르트 폰 카라얀, 레너드 번스타인과 함께 20세기 후반을 대표하는 마에스트로다. 역사적인 사실 여부를 떠나 이 영화들은 그 어떤 영화나 책보다도 모차르트와 베토벤이라는 두 천재 예술가의 위대한 음악과 시대에 맞서려 했던 그들의 삶을 잘 예거한다.

개인적으로 모차르트의 음악과 베토벤의 음악이 유독 돋보이는 영화를 각각 꼽으라면 〈아웃 오브 아프리카〉(시드니 폴락, 1985)와 〈킹스 스피치〉(톰 후퍼, 2010)를 들 수 있다. 〈아웃 오브 아프리카〉에서는 모차르트의 '클라리넷 협주곡', 〈킹스 스피치〉

에서는 베토벤의 '교향곡 7번 2악장'이 메인 테마로 사용된다. 모차르트의 클라리넷 협주곡을 들으면 많은 사람들은 〈아웃 오브 아프리카〉에서 로버트 레드포드가 메릴 스트립의 머리를 감겨주는 장면을 떠올린다.

모차르트의 음악과 베토벤의 음악은 〈베니스에서의 죽음〉(루키노 비스콘티, 1971)의 구스타프 말러의 음악, 〈지옥의 묵시록〉(프란시스 포드 코폴라, 1979)의 리하르트 바그너 음악과 용례가 다르다. 단순하게 말해 모차르트와 베토벤의 음악은 영화와 서로 '교향'한다면 말러와 바그너의 음악은 정반대로 영화와 '교전'한다. 때로는 음악이 영화를 집어삼킨다. 음악이 영화를 지배하고 압도한다. 그래서 영화나 드라마에서 말러와 바그너의 음악은 하이든, 모차르트, 베토벤의 음악만큼 잘 사용되지 않는다. 특히 멜로 드라마에서는 더더욱 그렇다.

모차르트의 밝고 아름다운 멜로디를 들으면 누구나 마음이 고요해지고 따뜻해진다. 그의 음악이 사용된 영화, 광고, TV 드라마는 헤아릴 수 없을 정도로 많다. 멜로 분위기를 자아내는 데 모차르트의 음악보다 더 훌륭한 영화적 장치는 없다. 즉 모차르트의 음악은 다른 어떤 영화적 장치보다도 멜로 분위기를 극단적으로 고조시킨다. 그런데 다른 한편으로 생각하면 당시 모차르트의 음악은 귀족들의 파티 배경 음악이었다. 심혈을 기울여 쓴 자신의 음악들이 귀족들의 향락에 묻혔을 때 모차르트는 어떤 생각을 했을지 문득 궁금하다.

〈영웅본색〉

: "자기 운명을 자기가 알아서 할 수 있는 사람은 신이지"

　　〈영웅본색〉(오우삼, 1986)을 도대체 몇 번이나 봤는지 모르겠다. 케이블 TV 채널에서 방영하는 것을 넋 놓고 본 것까지 포함시킨다면 셀 수도 없다. 사실 이 영화에 대해 무슨 말을 해야 할지, 또 어떻게 시작해야 할지도 모르겠다. 그 시절 우리 모두는 주윤발이었고 또 장국영이었다. 조금 시간이 흐른 후에는 유덕화였고 알란 탐이었다. 때로는 성을 바꾸어 양자경이나 양리칭이 되기도 했다. 그런데 갑자기 궁금하다. 다른 배우들은 한자 그대로 읽는데 왜 양리칭은 양려청이 아니라 양리칭이었는지, 알란 탐은 담영린이 아니라 알란 탐이었는지 말이다. 그 이유는 아직도 잘 모르겠다. 하긴 그건 별로 중요하지 않았다. 그때는 홍콩 영화라는 하나만으로도 모든 게 통하던 시절이었으니 말이다. 그때는 유덕화와 함께 홍콩 4대천왕이라고 불리는 장학우, 여명, 곽부성이 나오기 한참 전이었다. 그 후 몇몇은 장학우, 여명, 곽부성이 되기도 했지만, 우리들 대부분은 여전히 주윤발이었고 장국영이었다. 그 이유는 다름 아닌 〈영웅본색〉 때문이었다.

〈영웅본색〉은 몇 차례 재개봉되었고, 또 〈영웅본색 2〉(오우삼, 1987), 〈영웅본색 3〉(서극, 1989), 〈영웅본색 4〉(딩성, 2018)와 같은 속편도 나왔다. 영어 제목은 'A Better Tomorrow(더 나은 내일)'로 똑같다. 〈영웅본색〉은 헤아릴 수 없을 정도로 수많은 아류작을 낳았다. 국내에서도 〈무적자〉(송해성, 2010)라는 제목으로 리메이크되기도 했다. 사실 〈영웅본색〉도 1967년의 흑백 원작 영화의 리메이크 작이다. 원작의 제목도 똑같이 〈영웅본색〉이다. 차이가 있다면 원작의 영어 제목은 'The Story of a Discharged Prisoner(전과자 이야기)'라는 점이다. 원작을 못 보았기 때문에 확실하게 말할 수 없지만, 기본적 줄거리가 '출소한 전과자와 경찰 동생의 갈등'이라는 점에서 오우삼의 〈영웅본색〉과 크게 다르지 않다.

〈영웅본색〉은 조직의 보스인 형 송자호와 경찰인 동생 송자걸의 이야기다. 송자호는 조직의 보스로 오랫동안 범죄조직에 몸을 담고 있었으나, 동생 송자걸에게는 자신의 정체를 감추고 있다. 그는 동생을 끔찍이 아낀다. 동생이 경찰학교에 들어가자 동생의 앞날을 위해 범죄조직에서 손을 씻으려고 한다. 하지만 송자걸은 형이 범죄단체 조직원이었다는 사실을 알게 된다. 그는 형 때문에 아버지가 살해당했다고 생각해 그와 절연한다.

그는 출소한 형을 집요하게 추적하며 괴롭힌다. 반면 마크는 송자호의 오른팔로 그와 십 년 넘게 같이 일해 오며 수없이 사지를 넘나든 인물이다. 사실 그는 송자호의 부하라기보다는 의형제 같은 사이다.

국내에 〈영웅본색〉이 개봉했을 당시 포스터를 보면 적룡, 장국영, 주윤발 세 명의 옆모습을 모두 담고 있다. 하지만 엄밀히 말해 영화의 주인공은 적룡과 장국영이다. 더 엄밀히 말하면 적룡이다. 왜냐하면 그 당시 적룡은 무협 영화 스타로서 장국영과 주윤발보다 인기가 더 많았기 때문이다. 그런데 주윤발의 매력이 폭발하면서 재개봉 포스터에서는 주윤발이 전면에 등장한다. 속편인 〈영웅본색 2〉에서 주윤발은 마크의 쌍둥이 동생으로 급하게 설정된다. 하지만 그 누구도 '그게 논리적으로 말이 되느냐'라고 따지지 않았다. 앞서 말했듯이 그때는 주윤발이면 다 통하던 시절이었다.

〈영웅본색〉이 개봉했을 때도 그랬지만 재개봉했을 때도 많은 이들이 환호했다. 〈영웅본색〉은 우리가 잊고 살던 그때, 즉 꿈 많고 혈기 왕성했던 그 시절을 상기시킨다. 남자들의 뜨거운 의리, 거기에 목숨을 거는 뜨거운 형제애에 가슴 뜨거워했다. 전술했듯이 우리 모두 주윤발이 되었고 또 장국영이 되었다. 그런데 조금 다르게 보면, 특히 적룡의 입장에서 보자면 〈영웅본색〉은 과거 선배들이 남긴 홍콩 무협 영화에 대한 정중한 '고별사'인 동시에 새로운 시대, 새롭게 펼쳐질 홍콩 영화를 소개하는 '초대장' 같은 영화다.

송자호와 마크는 홍콩 뒷골목의 건달이지만 고대 중국의 무협 인물에 가깝다. 그들은 '의에 살고 의에 죽는' 전형적인 중국 무사처럼 의를 저버린 배신에 대해 철저하게 응징하고 복수한다. 특히 송자호는 한때 자신의 부하였지만 자신을 배신하고, 마크를 살해하고, 동생에게 위협을 가한 담성을 응징한다. 경찰인 송자걸은 형의 그런 행위에 눈감는다. 아니 그의 응징과 복수를 돕는다. 송자호가 총알이 떨어져 총을 쏘지 못하자 과거의 부하이자 자신을 배신한 담성은 "총알이 없지? 난 잡혀도 금방 나오지만 넌 아니야. 난 돈이 있거든. 그래서 검은 것도 희게 바꿀 수 있어. 이게 다 너한테서 배운 거야. 하지만 네 동생은 너 때문에 흰색에서 검게 변했어. 네가 동생을 망친 거야."라고 말하며 그를 혼란에 빠뜨린다.

송자호가 죄책감과 충격에 휩싸여 움직이지 못하자, 담성은 그를 무시하고 경찰에 투항하러 나간다. 송자걸이 다가오자 송자호는 망연히 동생을 쳐다보지만, 송자걸은 자신의 매그넘 리볼버를 건네주고는 마음대로 하라는 듯 고개를 돌린다. 결국 송자호는 그 총으로 담성을 쏘고, 담성은 비웃으려고 돌아봤다가 죽게 된다. 송자걸은 그걸 보고 한숨을 쉬고, 송자호는 그의 표정을 보고는 송자걸의 허리춤에서 수갑을 꺼내 자신의 팔에 끼운다. 송자걸이 놀라자 송자호는 다음과 말한다. "자걸, 넌 잘못한 게 없다. 우린 서로 가는 길이 달랐어. 네가 가는 길이 옳은 길이야. 하지만 나도 이제 바른 길로 가고 싶어. 늦진 않았겠지?" 송자걸이 고개를 숙이자 송자호는 그의 머리를 쓰다듬고, 형제가 대만 경찰 반장과 홍콩 경찰 반장, 재키, 그리고 경찰들을 향해 나란히 수갑을 차고 걸어가는 뒷모습과 함께 주제가인 「당년정」이 흐르면서 영화가 끝난다.

〈영웅본색〉은 '홍콩 누아르'의 신호탄이었다. 이전 갱스터 장르의 내러티브가 선과 악, 옳은 것과 잘못된 것의 대립으로부터 발생하는 문제와 그에 대한 해결이라는 구조를 중심으로 구성되어 있는 것과 달리, 〈영웅본색〉은 등장인물들의 관습적인 선과 악 구도를 완전히 도치시키면서도, 명예와 충성심에 사로잡힌 남자들을 중점적으로 다루었다. 또한 오우삼은 무협영화에서 볼 수 있을 만한 선이 아름다운 액션들과 함께, 슬로모션을 효과적으로 사용함으로써 할리우드 뮤지컬 장르에서나 볼 수 있을 법한 서정적인 표현 양식을 완성했다. 그뿐만 아니라 기존의 총격 장면과 다른 시청각적 이미지를 만들기 위해서 두 개의 권총을 동시에 사용하는 캐릭터를 창조했으며, 총격 장면에 드럼 비트의 리듬을 적용함으로써 〈영웅본색〉만의 인상적인 이미지를 만들었다. 참고로 오우삼 영화의 총격 장면과 마이클 만 영화의 총격 장면은 여러 면에서 대비된다. 오우삼이 총의 낭만성에 천착했다면 만은 사실성에 천착했다.

오우삼은 〈영웅본색〉을 시작으로 〈첩혈쌍웅〉(1989)과 〈첩혈가두〉(1990) 등에서 감성적인 드라마에 슬로모션 총격전, 독특한 시각적 스타일을 결합해 비장하고 비감한 남성들의 세계를 특징으로 하는 '홍콩 누아르'를 완성한다. 할리우드로 건너가 〈페이스 오프〉(1997), 〈미션 임파서블 2〉(2000) 등의 대작 액션영화로 큰 성공을 거두었고, 최근에는 다시 중국으로 활동거점을 옮겨 〈적벽대전〉(2008~2009) 연작, 〈검우강호〉(2010), 〈태평륜〉(2014~2015) 연작을 내놓았지만 〈적벽대전〉 이후 그의 영화는 흥행과 비평에서 모두 예전만큼의 결과는 얻지 못했다. 〈맨헌트〉(2017)의 경우에는 참고 보다가 결국 포기하고 말았다.

하지만 오우삼의 영화가 아시아뿐만 아니라 세계영화사에 상당히 깊고 넓게 영향을 끼쳤다는 것만큼은 부인할 수 없는 사실이다. 쿠엔틴 타란티노와 마틴 스코세이지도 그의 영화에 한껏 매료되었다. 톰 크루즈는 반대를 무릅쓰고 〈미션 임파서블 2〉의 감독으로 오우삼을 강력하게 추천했고 결국 관철시켰다. 잘 알려진 것처럼 〈매트릭스〉(릴리 워쇼스키·라나 워쇼스키, 1999)의 롱코트 쌍권총 슬로모션 장면 등은 오우삼의 비주얼과 촬영기법을 그대로 모방한 것이다. 다르게 말하면 오우삼의 영화를 오마주한 것이다.

오우삼은 스코세이지를 영화적 스승으로 사숙했다. 사실 그는 스코세이지뿐만 아니라 장철, 샘 페킨파, 장 피에르 멜빌 등의 영화 대가들을 사숙했고 그들로부터도 많은 영향을 받았다. 그는 중국 무협영화의 대가인 장철의 조감독을 하면서 체계적인 영화감독술을 배웠다. 총격전에서의 슬로 모션 기법은 페킨

파의 영향이 크다. 〈영웅본색〉의 주윤발을 포함해 암흑가 사람들이 입는 '바바리 코트'는 멜빌의 영향이다. 그의 영화의 전매특허라 할 수 있는 총격전은 서부영화에서 비롯되었다고 할 수 있다.

오우삼의 영화를 이야기할 때 폭력성은 결코 빠지지 않는다. 하지만 그는 자신의 영화가 결코 폭력적이지 않다고 단언한다. 그는 장철의 조감독 출신이지만 장철 영화의 폭력적인 면은 좋아하지 않았다고 고백한 바 있다. 사실 그의 영화가 폭력적이냐 그렇지 않느냐, 하는 문제는 지엽적인 부분이다. 그보다 중요한 사실은 그의 영화 전반에 흐르는 분위기와 정서다. 그 모든 것을 떠나 그의 영화를 지배하는 '비장미'만큼은 그 누구도 흉내 낼 수 없는 오우삼만의 시그니처다. 비장미 하나만으로 그의 영화는 충분히 볼 만하다. 그 비장미의 정점은 바로 〈영웅본색〉이다.

Sequence #04 1987~1991

〈모리스〉

: "우리는 절대로 안 헤어질 거야. 그렇게 정해졌어"

작가 오스카 와일드와 과학자 앨런 튜링의 삶은 여러모로 닮아 있다. 그들은 천재로 태어났고, 천재로서의 역량을 보여주었지만, 천재로 삶을 마감하지 못했다. 유미주의자인 와일드는 시, 소설, 희곡 등 여러 분야에 걸쳐 탁월한 문학적 업적을 남기며 당대의 문학적 천재로 군림했지만 앨프리드 더글라스와의 동성애 스캔들로 2년의 노역형을 선고받고 레딩감옥에 수감된다. 출소 후 그는 영국을 떠나 파리에 정착했지만 경제적 궁핍과 건강 악화에 따른 뇌수막염으로 짧은 생을 마감한다.

튜링은 제2차 세계대전 당시 영국의 정보암호학교 암호해독반 수학 팀장으로 일하면서 독일군의 정교하고 난해한 암호체계인 에니그마를 해독하는 데 공헌한다. 전후 그는 '튜링테스트'라 불리는 인공지능 실험을 제안하였고 영국왕립학회 회원이되었다. 하지만 동성애자였던 그는 1952년 동성애를 법으로 금지하던 당시 영국의 형법 체계에서 외설 혐의로 고발되어 법원에서 화학적 거세, 즉 성 충동 약물치료를 선고받고 여성 호르몬을 복용하다가 1954년 6월 청산가리를 주입한 사과를 먹고 스스로 목숨을 끊었다. 동성애가 그들의 삶을 파국으로 몰았다. 엄밀히 말하면 동성애에 대한 사회적 편견이 그들이 더 이상 삶을 이어가는 것을 허락하지 않았다.

영국에서는 1957년이 되어서야 성인들 간의 합의된 동성애를 처벌하지 말 것을 권고한 '울펜든 권고'가 발의되고 1967년에 이르러 법제화된다. 그 전까지 동성애는 모두 처벌 대상이었다. 와일드와 튜링 모두 동성애 때문에 처벌받았고 그로 인해 비극적으로 삶을 마감했다.

영국의 소설가 E. M. 포스터는 "울펜든 권고가 법제화되지 않는다면 『모리스』(1971)는 계속 원고 상태로 남아 있어야 할 것이다"라고 말했다. 하지만 다행히 이 소설은 울펜든 권고가 법제화되면서 세상의 빛을 볼 수 있었다. 와일드와 튜링의 비극적 죽음이 울펜든 권고에 직접적인 영향을 끼쳤다고 단언할 수 없지만 그들 덕분에 울펜든 권고가 조금이라도 빨리 법제화되었고 『모리스』가 출간될 수 있었다고 말할 수는 있을 것 같다.

작가 포스터에 따르면 『모리스』는 1913년에 시작되었다고 한다. 그가 밀소프의 에드워드 카펜터를 찾아간 경험이 직접적인 창작의 계기였다. 포스터에 따르면, 카펜터는 "시대에 걸맞은 반항아"였다. 그는 감상적인 성직자로 사회생활을 시작했다. 그는 산업주의를 배격하는 사회주의자였고, 일하지 않고도 살 만한 수입으로 검소한 생활을 꾸렸다. 그는 휘트먼 풍의 시인으로 그의 시에서는 고결함이 힘을 능가했다. 마지막으로 그는 친구 사이의 사랑을 믿었다. 포스터는 카펜터의 마지막 측면에 매혹되었다. 그는 카펜터의 성소를 방문했고, 그곳에서 그의 친구 조지 메릴을 알게 되었다. 메릴은 포스터의 몸을 만졌다. 이는 메릴에게는 특별한 경험이 아닐 수 있었지만 포스터에게는 특별한 경험이었다. 그 느낌은 "육체적일 뿐 아니라 심리적인 것이기도 했다".

포스터는 곧바로 『모리스』를 쓰기 시작했다. 작품의 기본 틀은 세 명의 인물, 그중 두 사람의 행복한 결말이었다. 작품은 처음부터 끝까지 막힘없이 진행되었고 1914년에 완성되었다. 『모리스』는 '모리스와 알렉의 사랑' 이야기다. 그는 어떤 식으로든 두 남자가 사랑하게 하고 소설이 허용하는 범위 내에서 그 사랑을 영원히 지키게 하기로 결심했다. 하지만 그 결말 때문에 책의 출판은 더 어려워졌다. 만일 두 주인공이 교수대에 매달리거나 동반자살하는 불행한 결말을 맺었다면 출간이 가능했을 것이다. 왜냐하면 이 작품에는 노골적인 성애 장면이나 미성년자를 유혹하는 내용이 없기 때문이다.

하지만 포스터는 집필 당시에도 그 후에도 『모리스』를 출판할 수 있을 거라고 생각하지 않았다. 그는 한 편지에서 "내가 죽거나 영국이 죽기 전에는 출판할 수 없다"고 말했다. 그가 가장 절실하게 원한 것은 자기에게 더없이 진실한 이 감정과 판단을 작품의 형태로 완성해서 자기 확신과 위안을 얻으려는 것이었기 때문이다. 하지만 작가로서의 '목소리'는 약간이나마 출구를 원했기에, 그는 생전에 이미 여러 친구에게 작품을 보이고 의견을 구했다. 앞서 언급한 카펜터를 포함한 많은 친구들이 호평했다. 동성애 행위가 법적 처벌 대상에서 벗어나자 친구들은 『모리스』의 출판을 권유하기도 했다. 하지만 이것이 일으킬 소동을 예견한 포스터는 끝까지 출판을 거절했고, 결국 작품은 그가 죽은 다음 해에 세상의 빛을 보게 되었다. 문학을 읽어야 하는 이유는 정말 많겠지만, 거기에 한 가지 이유를 더 들자면, 문학은 언어를 예민하게 다룬다는 점이다. 언어는, 단순히 의사소통의 도구라고 생각하지만, 생각 그 자체다. 그 생각의 결정체가 바로 문학이다.

영화 〈모리스〉(제임스 아이보리, 1987)는 포스터의 동명의 소설을 원작으로 하고 있다. 〈모리스〉는 주인공 모리스의 사랑 이야기이자 성장 소설이다. 원작 소설에서 그랬듯이 영화에서도 두 겹의 사랑이 전개된다. 하나는 모리스와 클라이브의 사랑이고, 또 하나는 모리스와 알렉의 사랑이다. 케임브리지대학교 학생인 모리스와 클라이브는 만나자마자 서로에게 끌린다. 처음에 그들의 감정은 우정이었지만 곧 그 감정은 육체적인 관계로까지 발전한다. 하지만 클라이브는 자신의 여건을 고려한 나머지 모리스를 외면하고 여자와 결혼하고 만다. 모리스는 클라이브에게 상처를 입지만 그의 곁을 계속 맴돈다. 그러던 중 모리스는 클라이브의 하인 알렉과 다시 진정한 사랑을 나누기 시작한다. 모리스의 사랑은 알렉을 만나고 난 뒤에야 성취된다.

소설과 영화는 거의 비슷하지만 소설이 영화보다 함축하는 내용이 풍부하다. 소설은 크게 볼 때 거의 동등한 두 개의 짜임 새를 갖는 두 부분으로 구성되어 있다. 이 두 부분은 각각 둘로 나뉘어져, 포스터가 구성한 네 개의 부를 이룬다. 전반부는 모리 스와 클라이브의 관계, 교외 지역의 삶, 그리고 케임브리지에 바쳐져 있다. 후반부는 모리스와 알렉의 관계, 신사 계급과 하인 의 대립, 그리고 시골집 펜지에 바쳐져 있다. 전반부를 지배하는 것은 플라톤과 존 에딩턴 시먼즈를 비롯한 '그리스식 사랑'의 변증론자들이지만, 후반부를 지배하는 것은 카펜터와 그가 해 석한 휘트먼의 사상이다. 두 부분은 거의 평행한 구조를 이루고 있다. 『모리스』는 동성애 권리를 옹호하는 작품이 아니라 진정 한 동성애를 향한 의식의 발전을 탐구하는 작품이다.

영화 〈모리스〉는 포스터만 보면 휴 그랜트를 주인공 모리스 로 오해할 수 있다. 하지만 그의 영화 속 역할은 클라이브다. 물론 클라이브의 역할이 적은 것은 결코 아니다. 하지만 제목에 서 알 수 있듯 소설과 영화 모두 모리스를 중심으로 이야기가 펼쳐지고, 이야기 자체의 초점이 모리스의 성숙과 사랑이다. 모 리스는 첫 번째 리슬리로부터는 말을, 두 번째 클라이브로부터 는 사랑하는 마음을, 마지막으로 알렉으로부터는 육체적 사랑을 배우게 되면서 진정한 자아로 성숙하게 된다. 참고로 모리스 역의 제임스 윌비와 클라이브 역의 그랜트는 베니스 영화제에서 공동 남우주연상을 수상한다.

영화 〈모리스〉는 1987년의 영화지만 국내에서는 당시 사정 때문에 개봉하지 못했고 2019년이 되어서야 정식 개봉했다. 그런데 30년도 더 지난 이 영화가 시쳇말로 '역주행'을 했다. 〈모리스〉의 역주행의 이유로 영화 자체를 리마스터링했다는 기술적인 측면에서도 찾을 수도 있지만, 그보다는 영화의 감독인 제임스 아이보리가 각본을 쓴 영화 〈콜 미 바이 유어 네임〉(루카 구아다니노, 2017)의 흥행이 더 큰 이유일 것이다. 이 영화는 열일곱 살의 소년 엘리오와 스물네 살의 청년 올리버의 사랑을 그리고 있다.

영화 제작 연도로 보면 〈모리스〉가 훨씬 이전이지만 국내에서는 〈콜 미 바이 유어 네임〉이 먼저 개봉했다. 두 영화가 직접적인 연관성이 없음에도 불구하고 많은 사람들이 〈모리스〉를 〈콜 미 바이 유어 네임〉의 전사 또는 속편으로 생각했다. 즉 〈모리스〉와 〈콜 미 바이 유어 네임〉을 연장선상에서 생각했다. 〈모리스〉가 모리스의 성장 영화인 것처럼 〈콜 미 바이 유어 네임〉 또한 엘리오의 성장 영화다. 그들의 성장의 촉매제는 다름 아닌 사랑이다. 그런데 그 사랑은 동성애로 국한되지 않는다. 그냥 사랑이다. 따라서 〈모리스〉나 〈콜 미 바이 유어 네임〉을 동성애 영화, 혹은 '퀴어 영화'로 따로 구분 짓지 말고 그냥 '사랑

영화'로 부르자. 더 나아가 와일드와 튜링의 사랑도 동성애라고
국한 짓지 말고 그냥 사랑이라고 부르자.

★ ★ ★ ★ ★ *1 9 8 8* ★ ★ ★ ★ ★

〈시네마 천국〉

: "인생은 네가 본 영화와는 달라"

영화사에서 손꼽는 영화들이 있다. 영국의 저명한 영화 잡지 ≪사이트 앤 사운드≫는 1952년 이후 10년마다 최고의 영화를 선정한다. 가장 최근인 2012년 조사에 따르면 〈현기증〉(앨프리드 히치콕, 1958), 〈시민 케인〉(오슨 웰스, 1941), 〈동경 이야기〉(오즈 야스지로, 1953), 〈게임의 규칙〉(장 르누아르, 1939), 〈선라이즈〉(프리드리히 빌헬름 무르나우, 1927)가 1위부터 5위까지 차지했다. 이 영화들은 대체로 기술적인 부분에서 영화사적으로 기념비적인 작품이다. 이 영화들에게는 각각 트랙 인과 줌 아웃을 동시에 활용한 〈현기증〉, 딥 포커스에 대한 교과서로 불리는 〈시민 케인〉과 〈게임의 규칙〉, 사소해 보이는 숏들에도 섬세함이 깃들어 있는 〈동경 이야기〉, 로맨스 영화를 예술 분야로 탈바꿈시킨 〈선라이즈〉라는 찬사가 뒤따른다. 올해 2022년도 최고의 영화를 선정하겠지만 이 영화들의 순위가 크게 내려갈 것 같지는 않다. 그 정도도 이 영화들은 기술적으로도 완벽하고 예술적으로도 숭고하다. 참고로 1952년에는 〈자전거 도둑〉(비토리오 데시카, 1948)이 1위였고, 1962년부터 2002년까지는 〈시민 케인〉이 1위였다.

한때 이 영화들뿐만 아니라 영화사에서 중요하다고 일컬어지는 영화들을 숙제처럼 본 적이 있다. 어떤 영화는 수많은 평론가들이 입에 침이 마르도록 칭찬하는 위대함을 느끼기 위해 몇 번씩 보기도 했다. 그런데 위대한 영화들은 대부분 오래된 영화들이다. 흑백 필름인 것은 말할 것도 없고 무성영화도 있다. 그 위대함을 느끼기 위해 많은 시간과 에너지를 쏟았다. 그럼에도 불구하고 솔직히 말해 위대함에 이르는 데 실패한 영화도 있다.

위대함은 예술을 가르고 평가하는 중요한 기준임에 틀림없지만 반드시 위대함이 예술의 전부는 아니다. 위대함과 관계없이 그 자체로 좋은 영화도 있다. 개인적으로는 〈시네마 천국〉(주세페 토르나토레, 1988)이 바로 그렇다. 이 영화를 두고서 '기술적인 완성도가 높다' 혹은 '예술사적으로 중요하다'고 말하기 어렵다. 이야기 구조가 탁월하다고 말하기도 어렵다. 이 영화는 '이야기' 와 '음악'이 전부인 영화다. 영화를 광적으로 좋아했던 한 영화광의 유년기부터 장년기까지의 일생을 다루고 있다. 누군가의 말을 빌리자면 이 영화는 '한 번도 못 본 사람은 있지만 한 번만 본 사람은 없는' 그런 영화다. 감히 말하건대 누구든지 이 영화를 보면 영화 자체를 좋아하게 될 것이다.

유명한 영화감독인 살바토레는 어느 날 늦게 집으로 돌아와 동거하는 여자친구로부터 고향 마을의 알프레도의 부고를 전해 듣는다. 그는 잠자리에 누워 옛날을 회상한다. 영화는 과거 속으로 시간여행을 떠난다. 이처럼 영화는 현재의 살바토레와 그의 과거 회상으로 구성되어 있다. 시간은 제2차 세계대전이 한창이던 1940년대로 넘어간다. 시칠리아 섬에 있는 마을 지안칼도에서 살던 살바토레, 즉 토토는 시간만 나면 마을에 있는 유일한 영화관 '시네마 천국'에 가는 영화광이다. 그는 영사실에 드나들지만 영사기사인 알프레도는 그를 매번 쫓아낸다. 토토는 영사기술을 배우기를 원했으나, 알프레도는 영사기사가 좋은 직업이 아니라는 이유로 가르쳐 주지 않는다. 그는 "맨날 혼자 있고, 노예 같은 생활이야. 같은 영화를 백 번도 넘게 보고, 배우에게 미친놈처럼 중얼대고, 휴일도 부활절도 쉴 수 없어. 성금요일만 쉬는데, 예수님이 십자가에 못 박혀 돌아가시지 않았다면 그날도 못 쉬었겠지"라고 푸념한다.

제2차 세계대전이 한창이라 징병되어 소련에 가 있는 남편 없이 토토와 어린 동생을 돌봐야 하는 어머니는 토토가 영화에 미쳐 있는 걸 그다지 반기지 않는다. 어린 토토가 마을 성당 신부의 일을 도우면서 버는 푼돈도 살림에 보태야 하는 판국에 토토는 그 돈으로 영화를 보는 데 열중했고 결국 생필품 살 돈까지 영화 보는 데 쓰다가 어머니에게 걸려 호되게 맞는다. 게다가 토토가 모아놓은 필름들을 화로 가까이에 놓았다가 불이 나 동생이 다칠 뻔한 사건 이후, 토토는 알프레도와 어울리지 못하게 된다.

그러다 늦은 나이에 초등학교 졸업 자격시험을 보러온 알프레도는 토토에게 답안지를 보여 달라고 하고, 그 대가로 토토에게 영사 기술을 가르쳐주게 된다. 영사 기술을 가르쳐 주고 배우면서 두 사람은 급격히 가까워진다. 극장에서 틀어주는 국영뉴스에서 전사자 명단이 새로 나왔다는 소식을 접한 토토는 어머니와 같이 전사자 신상 확인을 하게 된다. 토토는 슬피 우는 어머니 손에 이끌려 집으로 향한다. 그는 〈바람과 함께 사라지다〉의 영화 포스터 속 클라크 게이블의 모습을 보며 웃는다. 토토가 알프레도의 자전거를 타고 집으로 향할 때 알프레도에게 아버지의 얼굴을 아느냐 물었을 때 클라크 게이블을 닮았다고 대답했기 때문이다. 토토는 죽음이라는 걸 아직 몰랐지만 영화를 좋아하고 영사 기술을 배우는 재미에 빠지게 된다.

그러던 어느 날, 알프레도가 야외 상영을 하던 중에 방심한 사이 영사기 필름에 불이 붙고 불길은 삽시간에 번져 영화관이 전소되고 만다. 모두가 불을 피해 도망치는 와중에 토토는 불타는 극장에 뛰어들어 정신을 잃은 알프레도를 구해낸다. 알프레도는 토토에 의해 목숨은 건졌지만 실명하고 만다. 다행히 스포츠 복권 당첨으로 벼락부자가 된 나폴리 출신의 시치오의 도움으로 영화관은 새로 지어지고 새 영화관의 영사기사는 토토가 맡게 된다. 어린 나이에 직업을 얻은 토토는 학교를 그만두려

하지만 알프레도의 충고로 고등학교까지 계속 다니게 된다.

고등학생이 된 토토는 새로 전학 온 여학생 엘레나를 보자마자 그녀와 사랑에 빠진다. 처음에는 짝사랑이었지만 결국 둘은 사랑에 빠진다. 하지만 집안이 부유한 엘레나의 아버지는 딸이 가난하고 보잘것없는 영사기사인 토토와 연애하는 것을 반대했다. 힘든 연애를 이어가던 도중 설상가상으로 토토는 영장이 떨어지고 엘레나는 아버지의 전근으로 이사를 가야만 했다. 입대 전날 엘레나와 마지막으로 만나기로 하지만 엘레나는 오지 않는다. 토토는 군대로 갔다가 1년 만에 돌아오지만 엘레나와의 연락은 완전히 끊어진 상태였다.

알프레도는 깨져버린 첫사랑 때문에 실의에 빠진 토토에게 "희망이 없는 마을을 떠나 로마로 가서 너의 일을 찾아라"라고 충고를 한다. "절대 돌아오지 말고 편지도 하지 말라"는 알프레도의 말을 가슴에 새긴 채 토토는 로마로 떠난다. 토토는 유명한 영화감독이 되고 알프레도의 충고대로 30년 동안 고향에 돌아오지 않는다.

시간은 현재로 돌아온다. 토토는 알프레도의 부고를 받고 고향으로 돌아간다. 알프레도의 장례식에 참석하고 고향을 거닐지만 마음은 공허하기만 하다. 그는 술집에서 술을 마시다 엘레나와 꼭 닮은 여성을 발견하고 그녀의 뒤를 따라간다. 알고 보니 그녀는 엘레나의 딸이었다. 연락처를 수소문한 끝에 토토는 엘레나와 재회하게 된다. 항구에 주차해둔 토토의 차 안에서 30년

만에 재회한 엘레나는 과거의 사실을 이야기해준다. 당시 엘레나는 토토를 만나러 영화관에 찾아왔지만 중간에 길이 엇갈려 만나지 못했고 마침 거기 있던 알프레도에게 사실을 말하고 쪽지도 남겼다. 알프레도가 그 사실을 토토에게 전하지 않았기 때문에 둘은 만나지 못했다.

엘레나는 부모가 정해준 약혼자와 파혼하면서까지 토토를 찾았지만 토토가 로마로 가서 삼십 년 동안 돌아오지 않았기 때문에 만날 수 없었다. 모든 사실을 알게 된 토토는 알프레도를 원망한다. 하지만 엘레나는 알프레도의 충고 덕분에 희망 없는 마을을 떠나 성공하게 된 거라고 그를 위로한다. 그리고 둘은 키스를 나누며 사랑을 나눈다. 다음 날 토토가 엘레나에게 전화하지만 엘레나는 "이미 과거는 과거이며, 다시 사랑할 수 없다"라고 말하며 이별을 고한다.

오랜만에 고향에 돌아와 보니 예전의 '시네마 천국'은 TV와 비디오에 밀려 문을 닫은 상태고 곧 철거될 예정이다. 토토는 수년간 폐허로 방치된 채 을씨년스러운 적막이 흐르는 극장 안을 이리저리 둘러보며 이제 그곳에는 아무것도 남지 않았음을 실감한다. 그는 추억이 담긴 극장이 폭발로 철거되는 모습을 지켜본 후 알프레도의 유품인 필름을 가지고 로마로 돌아온다. 그 필름은 과거 신부의 검열 때문에 삭제되어 극장에서 상영될 수 없었던 노출 장면을 이어 붙인 것이다. 끝없이 이어지는 키스신을 보며 토토는 알프레도가 자신의 인생에 남겼던 흔적들을 추억하며 눈물을 흘린다.

　다시 말하지만 이 영화는 이야기와 음악이 전부인 영화다. 이 영화를 이야기할 때 엔니오 모리코네의 주옥같은 영화음악을 빼놓을 수 없다. 처음부터 끝까지 그의 아름다운 음악이 영화를 꽉 채운다. 이 영화는 이야기 하나만으로 음악 하나만으로 완전하지 않다. 즉 이야기와 음악이 함께할 때 비로소 이 영화는 완성된다. 이 영화에서 〈시민 케인〉, 〈현기증〉, 〈동경 이야기〉, 〈게임의 규칙〉, 〈선라이즈〉 등 위대한 영화를 이야기할 때 항상 언급되는 영화 기법의 완성도를 논하거나 영화사적 가치를 찾는 것은 과하다. 때로는 그냥 모자란 상태로 영화를 보는 게 훨씬 좋을 때가 있다. '과유불급'이라는 말이 괜히 있는 게 아니다. 〈시네마 천국〉은 이를 그대로 증거한다.

★ ★ ★ ★ ★ **1 9 8 9** ★ ★ ★ ★ ★

〈비정성시〉

: "그녀의 아름다운 청춘이 사라지는 걸 두려워해서"

나중에 이 책의 최종 제목이 어떻게 나올지 모르지만 원고를 쓰면서 한 가지 원칙을 세웠다. 그렇게 거창한 것은 아니고 예전 책에서 다루었던 영화는 가급적 피하자는 것이다. 그래서 〈러브레터〉(이와이 슌지, 1995), 〈멀홀랜드 드라이브〉(데이비드 린치, 2000), 〈걸어도 걸어도〉(2008), 〈패터슨〉(짐 자무시, 2016) 등은 이 책에서 다루지 않으려 했다. 하지만 〈비정성시〉(허우샤오셴, 1989)만큼은 예외로 두기로 했다. 사실 〈비정성시〉는 이전에 다른 책에서 다룬 바 있다. 그럼에도 불구하고 1989년 영화, 더 나아가 대만 역사와 대만 영화를 이야기하는 데 있어 이 영화는 결코 빼놓을 수 없다는 생각이 들어 또다시 다룬다. 그런데 그 원칙은 이미 깨졌다. 왜냐하면 뒤에서 〈패터슨〉을 다룰 것이기 때문이다.

대만 역사에서 2·28사건은 대단히 중요하다. 〈비정성시〉는

2·28사건을 배경으로 하고 있다. 2·28사건은 1947년 2월 28일부터 같은 해 5월 16일까지 대만 전역에서 일어난 민중봉기 사건을 가리킨다. 중화민국 정부 관료의 폭압에 맞서 대만의 다수 주민인 본성인들이 불만을 표출하며 항쟁을 일으키자 중국 국민당을 위시한 외성인들은 본성인을 폭압적으로 학살했다. 대만에서 2·28사건은 2·28대학살, 2·28혁명, 2·28봉기, 2·28사변 등으로도 불린다.

사실 2·28사건은 사소한 일에서 시작되었다. 1947년 2월 27일 밤 허락을 받지 않고 담배를 노점에서 벌였다는 이유로 담배주류공사 직원과 경찰이 한 여인을 폭행한다. 주변에 있던 시민들이 이에 항의하자 담배주류공사 직원은 경찰서로 달아난다. 외성인 경찰이 본성인 시민을 폭행했다는 소문이 삽시간에 퍼졌고, 외성인에게 차별받던 본성인 군중의 규모는 점점 늘어난다. 경찰의 발포에 의해 시민이 숨지면서 사태는 걷잡을 수 없을 정도로 커진다.

국민당 정부의 경찰과 계엄군은 본성인에 대한 무차별적 학살과 약탈을 자행했다. 남녀노소를 불문하고 시민들을 향한 사격은 물론, 기관총과 대포까지 사용되었다. 특히 시위를 주도했던 학생들이 체포되었을 때는 입, 코, 생식기 등을 잘라내고 몸을 칼로 도륙하는 등 잔혹하게 학살했다. 대규모 살육과 약탈은 국민당 국방부장이 대만에 도착하여 조율에 나선 후 3월 21일이 되어서야 진정되었다. 진압과정에서의 학살과 약탈로 인해 대만은 섬 전체가 초토화되었고, 장제스는 처리위원회 인사들의 체포를 명령하고 위원회의 구성원 상당수를 처형했다. 5월 16일 장제스가 공식적으로 종료를 선언함으로써 2·28사건은 일단락 되었다. 희생된 사람의 수가 무려 3만여 명에 달할 정도로 2·28 사건은 너무나 끔찍하고 비극적이다.

하지만 대만에서 2·28사건은 언급하는 것 자체만으로도 최대 의 금기였다. 국공내전에서 패퇴한 중국 국민당은 1949년 12월 에 중화민국 정부를 타이베이로 옮겼다. 하지만 이미 대만 섬 전체에 걸쳐 총인구 조사를 실시했고 계엄령을 선포했다. 위험 분자로 간주된 이들이 대거 체포됐다. '대만을 보위하고 대륙을 공격한다'는 구호 아래 내전을 반대하거나 국공 평화 회담을 주장하거나 평화 건설과 민생 문제를 개선하라고 요구하는 사 람이나 언론은 무조건 중국 공산당의 간첩, 파괴 분자, 음모 분 자로 간주되었다. 사건 발생 50주년인 1997년에 중화민국 정부 는 공식적으로 사죄하였다.

루소는 『에밀』(1762)에서 왕이 백성에게 동정심을 갖지 않는 것은 그들이 결코 인간임을 믿지 않기 때문이며 귀족이 평민을 멸시하는 것은 그들이 결코 평민이 되지 않을 것이기 때문이라 고 했다. 즉 왕은 백성을 귀족은 평민을 연민하지 않는다. 대만 의 외성인 또한 본성인에게 그랬다. 그런데 인간의 연민도 평등 과 밀접하게 연결되어 있다. 우리는 같은 종으로서, 인간으로서, 계급이나 지위, 부의 여부를 차별적 특권으로 여기지 않고 평등

할 때 서로를 연민할 수 있다. 인간이 되는 것, 그것이 바로 연민의 기반이다. 이는 역설적으로 말해 '타인의 고통'에 무감한 것은 타인을 같은 인간으로 여기지 않음을 의미한다.

〈비정성시〉는 4형제가 모두 죽거나 행방불명되는 비극적 가족사를 통하여 2·28사건과 제2차 세계대전 이후의 혼란을 보여준다. 이 영화는 에드워드 양의 〈고령가 소년 살인사건〉(1991), 차이밍량의 〈애정만세〉(1994)와 함께 '대만 뉴웨이브'를 대표하는 걸작으로 평가받는다. 이 영화는 베니스 영화제에서 황금사자상을 수상하는 쾌거를 이루지만 그보다도 양조위를 국내에 알리는 계기가 되었다는 데 의의가 있다. 양조위는 이때부터이미 '눈빛으로 말하는' 배우였다. 이 영화에서 문청의 역할을 맡은 양조위는 원래 홍콩 출신으로 대만어를 할 줄 몰랐기 때문에 감독은 그를 언어 장애자로 설정했다. 하지만 이런 설정은 '슬픈 도시'라는 영화 제목처럼 더 큰 '비극적 정서'를 환기한다.

〈비정성시〉는 일제 패망 이후 1949년에 국민당 정부의 패배에 이르는 격동의 대만 역사를 평범한 한 가족을 통해 일별한다. 이 영화에서 감독은 비극적인 역사의 소용돌이에 휘말린 개인의 일상을 지극히 담담하게 서술한다. 감독의 담담한 어조와 시선은 비판적이거나 냉소적이지 않고 단어 그대로 담담하다. 과거 건달로 잘 나가던 노인 임아록은 이 역사적 혼란기 속에네 아들을 모두 잃는다. 둘째 아들 문상은 전쟁에서 전사하고, 셋째 아들 문량은 폐인이 되고, 큰아들 문웅은 폐인이 된 동생을 위해 복수를 하다 오히려 살해되고, 마지막 남은 막내아들 문청마저 어디론가 끌려간다.

〈비정성시〉가 공감을 이끌어내는 이유는 무엇보다도 한 나라의 역사와 개인의 상관관계를 설득력 있게 전개했다는 점에서 찾을 수 있다. 즉 감독은 지극히 개인적인 이야기를 통해 역사의 진정성과 의미를 묻는다. 그리고 이런 무겁고 진지한 주제의식을 지극히 담담하게 풀어내고 있다. 감독은 등장인물과 일정한 거리를 유지하면서 한 장면을 여러 개의 숏으로 분할하지 않고 롱테이크로 보여준다. 그러면서 영화 전체에 시적 분위기를 조성한다. 즉 허우샤오셴은 이 영화를 통해 '그래도 삶은 지속된다'는 평범한 일상의 진리를 역설한다. 그것도 아주 무겁고 진지하게 말이다.

〈비정성시〉는 데뷔작 이후 꾸준히 자신의 영화를 발전시키면서 호평을 받아온 허우샤오셴의 영화 세계가 총집결된 영화로 그를 세계적인 거장으로 만들어준 영화다. 동시에 그의 영화 세계의 한 시기를 마감하는 영화다. 허우샤오셴의 지속적이고 일관되는 영화적 관심은 무엇보다도 대만의 근현대사다.

안숭범에 따르면, 허우샤오셴의 대만 근현대사 3부작인 〈비정정시〉, 〈화몽인생〉(1993), 〈호남호녀〉(1995)를 보면 인물을 둘러싸고 흐르는 역사적 시간과 개인의 일상이 유연하게 접합된다. 상상적 공동체로서의 중국, 대만인의 공적 기억, 혹은 그로부터 주어진 정체감이 한 가족과 개인의 삶으로 분유되는 과정을 돌아보게 한다.

대만의 근현대사는 대한민국의 근현대사만큼이나 굴곡이 많다. 그는 영화 속에서 역사가의 시선으로 대만의 신산한 역사를 '담담하게' 기술한다. 그런데 그의 영화 속 역사 보기 또는 역사 읽기는 한 가지 특징적인 면을 보인다. 즉 보통 대부분의 역사서 혹은 역사를 소재로 한 영화가 주로 왕조사를 중심으로 하는 주류의 역사를 살핀다면, 허우샤오셴의 영화는 주변부 인물들의 일상적인 이야기를 담는다. 그렇기 때문에 그의 영화는 역사의 커다란 소용돌이 속에서 살아가는 이름 없는 사람들의 소소한 이야기로 요약된다.

허우샤오셴은 질곡의 대만의 근현대사를 전쟁과 정치 혁명과 같은 거대 담론의 장이 아닌 일상을 통해 접근하고 더 나아가 자신의 근원에 대한 성찰을 지속했다. 즉 그에게 영화의 의미는 무엇보다 스스로에 대한 자기규정과 탐색, 성찰을 통한 진정성 획득과 자아 발견으로 수렴된다.

영화 기법으로 보자면 허우샤오셴의 영화 미학의 특징은 '느림'에 있다. 그의 영화 속에서 도드라지는 시적인 운치가 가득 담긴 화면, 담담한 롱테이크는 그 누구도 흉내 낼 수 없는 그만의 독특한 영화적 특장이라 할 수 있다. 허우샤오셴은 자신의 영화를 왕가위의 영화와 비교하곤 했다. 왕가위의 영화가 정교하게 계산된 감각적인 이미지들의 힘으로 관객을 앞에서 이끌어간다면, 허우샤오셴의 영화는 느린 호흡의 느슨한 이미지에 관객들이 젖어들기를 기다린다. 허우샤오셴은 사건의 연결보다 인물 간의 정서적 연결에 관심이 많은 시네 아티스트다.

〈광란의 사랑〉

: "당신은 내 삶을 완전하게 해주었기에 당신을 사랑해"

영화평론가 정성일은 예전 어느 프로그램에서 '정성일이 뽑
은 21세기 영화 30편'에서 〈멀홀랜드 드라이브〉(데이비드 린치,
2001)를 언급하며 "이 영화의 구조에 대해서 8시간 설명할 자신
이 있습니다. 그런다고 할지라도 만족스런 답을 얻지 못할 것입
니다"라고 단언한 바 있다. 사실 이 영화는 두 번 또는 세 번을
봐도 완전하게 이해했다고 말하기 어렵다. 그래서 이 영화를
완전하고 완벽하게 이해할 수 있는 사람은 오직 감독밖에 없다
는 후문이 있다. 그 정도로 이 영화는 어렵고도 어렵다. 개인적
으로도 이 영화를 최소한 다섯 번 이상은 본 것 같다. 이 영화에
대해 영화평도 썼고 논문도 썼지만 아직도 이 영화에 대해 잘
모르겠다. 만일 누군가 내가 쓴 글을 읽고 질문을 한다면 그
질문에 대해 정확하게 답변할 자신은 없다. 하지만 누군가 좋아
하는 영화가 뭐냐고 묻는다면 〈멀홀랜드 드라이브〉라고 자신

있게 말할 수 있다. 실제로 여러 자리에서 그렇게 말했다.

린치의 영화는 '어렵고 이상한 영화', '관객들은 결코 이해하지 못하는 예술 영화'라는 선입견이 있다. 그렇기 때문에 그에게는 '컬트 무비의 선구자'라는 칭호가 붙는다. 그런데 여담으로 말하자면 그의 영화에는 어마어마하게 많은 제작비가 들어갔다. 린치는 자신의 영화를 예술 영화로 규정하다는 것을 불편하게 생각했다. 이는 박찬욱 감독 역시 마찬가지다. 인터뷰에서 그는 단 한순간도 자신의 영화를 예술 영화로 간주한 적이 없다고 말했다. 물론 영화의 예술성까지 부정한 것은 아니다. 린치역시 마찬가지였을 것이다. 그들의 영화를 '예술성을 추구하는 상업적인 영화'라고 규정할 수 있다.

문화평론가 프레드릭 제임슨은 일찍이 린치의 〈블루 벨벳〉 (1986)이라는 영화를 두고 '포스트모더니즘의 걸작 영화'라고 평한 바 있다. TV 드라마 시리즈 〈트윈 픽스〉(1990)를 제외하면 필자에게 린치 영화의 시작은 〈이레이저 헤드〉(1977), 〈블루 벨벳〉, 〈광란의 사랑〉(1990) 가운데 하나다. 그런데 기억을 떠올려 보아도 어느 영화가 시작이었는지 정확하게 기억나지 않는다.

하지만 〈이레이저 헤드〉에 대한 기억만큼은 확실하다. 1996년 학과 영화 동아리에서 이 영화를 함께 보았다. 이 영화는 린치의 첫 장편 영화로 톤도 거칠고 게다가 흑백 영화다. 공포 영화라고 하는데 무섭기보다는 오히려 기괴하다. 이 영화는 표현의 기괴함과 독창성에서 유례를 찾아볼 수 없는 강렬한 인상을 남긴다. 젊은 헨리 스펜서는 산업화된 도시의 황폐한 아파트에 살고 있다. 여자 친구 메리 X는 임신한 상태이다. 그는 아파트를 나와 여자 친구와 그녀의 부모를 만나러 간다. 그녀의 아버지는 화학 식품에 병적으로 집착하고, 그녀의 어머니는 딸의 성적 매력 때문에 극도로 불안해한다. 메리는 헨리와 함께 들어와 그들의 아기를 돌보는데, 그 아기는 형태가 완전하지 않고 티슈 덩어리 혹은 껍질을 벗긴 양 같이 보인다. 메리는 아파트 밖으로 나가고 헨리만 아기와 함께 남는다. 우연한 비극적인 사건 이후, 헨리는 영화가 시작될 때부터 그의 현실 세계의 경계선에 존재하고 있던 악몽 속에서 벗어나지 못한다.

〈이레이저 헤드〉는 영화 자체도 기이하지만 영화 포스터가 더 기이하다. 특히 기억나는 것은 주인공의 기이한 헤어스타일이다. 이 영화를 선정한 것을 두고 후배들은 맹비난했고 그 일에 대해 두고두고 사과했다. 그런데 지금에 와서 생각해 보니 그때 이 말을 해야 했는데 하지 못했다. '기이하고 이상하기 때문에 사람들이 이 영화를 두고 컬트 무비라고 하는 거야.'

십 수 년의 시간이 흐른 뒤 시네마테크 활동을 하면서 린치 영화를 집중적으로 볼 기회가 생겼다. 거의 두 달 가까이 매주 한 편씩 린치의 영화를 보았다. 정확하지 않을 수 있지만 〈이레이저 헤드〉, 〈블루 벨벳〉, 〈광란의 사랑〉, 〈로스트 하이웨이〉(1997), 〈멀홀랜드 드라이브〉, 〈인랜드 엠파이어〉(2006) 등의 영화를 보았다. 〈엘리펀트 맨〉(1980)과 〈듄〉(1984)은 이때 보았는지 아니면 그 후에 보았는지 기억이 가물가물하다.

〈블루 벨벳〉과 〈광란의 사랑〉까지는 그런대로 보았는데 〈로스트 하이웨이〉부터는 말 그대로 '멘붕'이었다. 앞서 〈멀홀랜드 드라이브〉에서 말했듯이 영화의 내용을 따라가는 것조차 쉽지 않았다. 뒤로 갈수록 러닝 타임은 점점 길어지고 내용은 점점 어려워졌다. 심지어 갈수록 무서워졌다. 그 시작은 〈로스트 하이웨이〉였다. 다시 정성일을 소환하자. 그에 따르면, 〈로스트 하이웨이〉가 개봉했을 때 많은 비평가들은 "21세기의 영화가 있다면 바로 이 영화일 것이다"라고 예언했다. 뒤를 이은 〈멀홀랜드 드라이브〉와 〈인랜드 엠파이어〉는 평론가들의 예언이 틀리지 않았다는 것을 입증한다.

앞서 가장 좋아하는 영화로 〈멀홀랜드 드라이브〉를 꼽았지만 사실 그의 영화 중에 더 기억에 남는 것은 〈블루 벨벳〉과 〈광란의 사랑〉이다. 그중에서 하나를 꼽으라면 단연 〈광란의 사랑〉이다. 이 영화는 칸 영화제에서 황금종려상을 수상하지만, 역대 황금종려상 수상 작품 가운데서 가장 큰 논란의 대상이 된다. 그럼에도 불구하고 세일러 역의 니콜라스 케이지와 룰라 역의 로라 던의 강렬한 연기는 그 논란을 잠재우기에 충분하다.

〈광란의 사랑〉은 한편으로는 룰라(로라 던)와 세일러(니콜라스 케이지)의 광란의 '러브 스토리'이지만 다른 편으로는 마리에타와 룰라 두 모녀의 '사이코 드라마'다. 감독은 마리에타 역에 던의 실제 어머니인 다이앤 래드를 출연시켜 마리에타와 룰라의 미묘하면서도 복잡한 관계를 형상화하고 있다. 마리에타는 산토스로 하여금 룰라와 세일러를 뒤쫓게 한다. 그녀는 세일러를 잡아 죽인 뒤 자신의 딸을 되찾으려 한다.

하지만 여기에는 좀 더 복잡한 과거가 있다. 마리에타는 자신의 정부였던 산토스와 만나기 위해 남편을 방화로 위장해 살해했다. 그녀는 완벽하게 사고사로 위장했다고 믿었지만 당시 산토스의 운전기사였던 세일러가 이 사건을 목격했다는 사실을 알게 된다. 세일러는 마리에타로부터 도망치면서 룰라에게 이 사실을 털어놓는다. 세일러는 아버지의 죽음을 미심쩍어했던 룰라에게 이제 아버지를 대신할 수 있는 유일한 존재가 된다. 바로 이런 이유 때문에 마리에타는 세일러를 죽이기 위해 혈안이 되어 있다.

마리에타와 룰라는 마치 성적으로 경쟁하는 관계처럼 보인다. 마리에타는 딸의 애인에게 유혹하듯 접근한다. 그녀는 어린 딸 룰라가 남편의 친구에게 겁탈당하는데도 그 모습을 지켜보면서 그녀에게 질투의 감정을 느낀다. 룰라가 마리에타를 떠나집을 나온 뒤 매일 밤 세일러와 폭발적인 사랑을 나누면 나눌수록 마리에타는 자기 얼굴에 온통 붉은 립스틱을 바르며 걷잡을 수 없는 히스테리에 빠져들어 간다.

하지만 룰라 역시 자신을 계속 따라오는 마녀의 환상처럼 혹은 끊임없이 떠오르는 파편적인 과거의 기억들처럼 엄마 마리에타로부터 완전히 벗어나지 못한다. 그녀가 마리에타로부터 완전히 독립하는 것은 세일러가 두 번째 출소한 뒤 그를 만나러 갈 때다. 세일러의 출소 소식을 들은 마리에타는 룰라에게 떠나지 말라고 전화를 건다. 하지만 세일러와 떠나기 위해 첫 번째 집을 도망칠 때와는 다르게 룰라는 소리를 지르며 마리에타의 전화를 끊고 테이블에 놓여 있던 그녀의 사진을 팽개친다. 린치는 그녀가 전화를 끊는 모습을 클로즈업으로 보여줌과 동시에 둔중한 사운드를 덧입혀 강조함으로써, 곧 있을 룰라와 세일러의 해피엔딩을 예고한다.

영화 〈블루 벨벳〉에서 음악은 결코 빼놓을 수 없는 중요한 요소다. 영화에서 음악은 서사가 아닌 정서를 채운다. 즉 이 영화는 다른 그 무엇보다도 로이 오빈슨의 「인 드림스」로 기억되는 영화다. 물론 데니스 호퍼의 광기 어린 연기도 빼놓을 수 없다. 그는 영화에서 가장 기이하고 미스터리한 캐릭터다. 감정 기복이 극도로 심해서 수시로 자신을 쳐다보지 말라고 하지만 언제는 또 쳐다보라고 하기도 하고, 좀 전까지 웃다가도 갑자기 정색해서 분노를 표출하기도 하는 등 굉장히 위험한 인물이다. 그는 「인 드림스」를 들으며 눈물을 흘리다가 음악을 끄라고 소리를 지르고 분노를 표출한다.

〈블루 벨벳〉이 그런 것처럼 〈광란의 사랑〉 또한 음악 영화다. 세일러는 도로 위에 정차해 있는 차들을 뛰어넘어 룰라와 재회하며 포옹한다. 세일러는 룰라에게 엘비스 프레슬리의 「러브 미 텐더」를 불러준다. 세일러의 「러브 미 텐더」는 이 어떤 「러브

미 텐더」보다도 달콤하고 부드럽다. 실제로 케이지가 불렀다고 한다. 〈블루 벨벳〉과 〈광란의 사랑〉 때까지만 해도 린치의 영화는 이야기도 그렇지만 음악도 다가갈 수 있었다. 그런데 〈로스트 하이웨이〉부터는 이야기도 음악도 점점 설명하기 어려워진다. 그렇다고 그의 영화가 대중에게서 멀어진 것은 아니다. 앞서 말한 것처럼 그의 영화는 조금 특별한 상업영화다. 〈멀홀랜드 드라이브〉와 〈인랜드 엠파이어〉에서는 조금 특별한 방식으로 관객을 초대한다.

〈아이다호〉

: "난 너를 사랑해. 돈은 안 내도 돼"

'10월의 마지막 밤' 하면 가장 먼저 떠오르는 노래는 가수 이용의 「잊혀진 계절」일 것이다. "지금도 기억하고 있어요. 10월의 마지막 밤을"로 시작하는 이 노래가 1982년에 발표되었으니까 이 노래는 무려 40년이나 되었다. 그럼에도 불구하고 10월의 마지막 날, 아니 10월 중순 정도만 되면 곳곳에서 이 노래가 흘러나온다. 아마 10년, 아니 10년이 흘러도 우리나라 사람들에게 10월의 노래로 기억될 것이다. 김동규의 〈10월의 어느 멋진 날에도〉도 10월의 노래로 꼽히지만, 〈잊혀진 계절〉의 아성을 넘기 위해서는 아직 시간이 더 필요해 보인다. 그런데 1980년대 한국 대중음악을 망라하는 기념비적 저서 『한국 팝의 고고학 1980』(2022)에서는 그 이름조차 언급되지 않아 개인적으로 너무나 아쉽고 안타까웠다. 여담이지만 글쓰기 수업 때 학생들에게 '잊혀진 계절'은 문법적으로 틀렸다고 말한다. '잊혀진'은 이중

피동이기 때문에 한국어 문법에 맞게 쓰면 '잊힌'이다. 그런데 '잊힌 계절'은 왠지 입에 잘 붙지 않는다. 문법적으로 맞고 틀리고를 떠나 '잊혀진 계절'이 더 잘 붙는다.

그런데 개인적으로 '10월의 마지막 밤' 하면 떠오르는 배우가 있는데 바로 리버 피닉스*다. 그는 1993년 '10월의 마지막 밤'일 수도 있고 '10월의 마지막 새벽'일 수도 있는, 아무튼 '10월의 마지막 날' 급성 약물 중독으로 세상을 떠났다. 부검 결과 혈액에서 많은 양의 헤로인과 코카인, 그리고 다른 약물들이 발견되었다고 한다. 그는 어린 시절부터 연기를 시작해 주목을 받았다. 하지만 언젠가부터 헤로인과 코카인 등 각종 마약을 복용하기 시작했고, 나중에는 도무지 제어가 안 될 정도로 만성 중독에 빠져 결국 죽음에 이르게 되었다. 그가 사망할 당시 그의 동생 호아킨이 911에 구조 전화를 건 음성이 방송에 공개되고, 그의 장례식장에 기자가 침입해 시신을 찍어가는 소동이 벌어질 정도로 그의 죽음은 큰 사건이었다. 이에 염증을 느낀 호아킨은 잠시 할리우드를 떠나기도 했다.

공교롭게도 군에서 휴가를 나온 1993년 10월 31일 리버 피닉스가 주연한 〈아이다호〉(거스 반 산트, 1991)를 보았다. 그리고

---

* 인명을 처음에는 풀 네임으로, 그 다음부터는 성으로 표기하는 게 일반적이다. 그렇다면 리버 피닉스는 피닉스로 표기해야 한다. 아니면 동생 호아킨 피닉스와 구별하기 위해 리버로 표기해야 한다. 하지만 '피닉스'와 '리버'로는 그 느낌을 담아내는 데 충분치 않아 '리버 피닉스'로 표기한다.

불과 몇 시간 후 그가 세상을 떠났다는 사실을 알게 되었다. 그래서 지금도 10월의 마지막 날이 되면 〈아이다호〉가 떠오르고, 〈아이다호〉를 생각하면 리버 피닉스가 떠오른다. 〈아이다호〉를 보기 전 〈스탠 바이 미〉(롭 라이너, 1986)를 통해 리버 피닉스라는 배우는 이미 알고 있었다. 예전에 보았을 때는 이 영화가 그 나이 때 소년들의 낭만적인 모험담이라고 생각했는데, 다시 보니 '시체'를 찾는 과정에서 벌어지는 온갖 소동과 추억을 담고 있다. 참고로 이 영화는 스티븐 킹의 단편소설 「시체」를 원작으로 하고 있다.

〈아이다호〉를 보기 전인지 아니면 〈아이다호〉를 보고 난 다음인지 정확히 기억나지 않지만 리버 피닉스가 출연한 〈허공에의 질주〉(시드니 루멧, 1988), 〈인디애나 존스 최후의 성전〉(스티븐 스필버그, 1989), 〈스니커즈〉(필 알렌 로빈슨, 1992), 〈리버 피닉스의 콜 잇 러브〉(피터 보그나도비치, 1993) 등도 보았다. 하지만 리버 피닉스의 필모그래피의 정점은 역시 〈아이다호〉다.

어머니가 정부를 살해했다는 이유로 고아가 된 마이크는 거리의 부랑아로 고향 아이다호를 떠나 포틀랜드 사창가에서 하루하루를 보낸다. 그런데 그에게는 기묘한 병이 있다. 그것은 다름 아닌 긴장하면 갑자기 잠들어서 혼수상태가 되는 '기면발작증'이다. 그의 기면발작증 증세가 나타날 때 그를 도와주는 사람은 유일한 친구 스콧이다. 스콧은 포틀랜드 시장의 아들로 태어나 무엇 하나 부러울 것 없는 가정에서 자랐지만, 부친에 대한 반발로 가출해서 방황하는 청년이다. 스콧은 어머니를 늘 그리워하며 정에 약한 마이크에게 동정을 느낀다. 스콧과 마이크는 우정과 동성애적인 사랑이 뒤섞인 복합적인 감정을 느낀다. 하지만 엄밀히 말해서 마이크는 스콧을 연애 감정으로 사랑했지만, 스콧은 마이크를 친구로만 생각한다. 서로에 대한 감정적 차이는 둘의 관계에 파국을 불어온다.

스콧에게 각별한 애정을 쏟는 부랑자들의 대부 밥이 여행에서 돌아온다. 마이크는 아버지가 위독하다는 소식을 듣고 고향에 두고 온 이복형 리처드를 찾아간다. 그는 어렸을 때 자신을 버리고 사라진 어머니의 행방을 찾기로 결심하고 스콧과 함께 아이다호로의 여정을 떠난다. 마이크는 어머니의 행적을 쫓아 로마까지 왔지만 어머니가 다시 미국으로 떠났다는 소식을 듣고 좌절한다. 설상가상으로 스콧은 카멜라라는 소녀와 사랑에 빠져 마이크와 헤어진다.

포틀랜드로 돌아온 마이크는 여전히 거리를 떠돈다. 반면 스콧은 부랑자의 삶을 청산하고 집으로 돌아간다. 그는 카멜라와 결혼하고 아버지의 재산을 물려받는다. 그리고 자신을 돌봐 주던 밥을 외면한다. 스콧에게 외면당한 밥은 그 충격으로 죽고 만다. 스콧의 아버지의 장례식이 치러지던 날 다른 한쪽에서는 밥의 초라한 장례식이 함께 치러진다. 밥을 잃은 슬픔과 분노로 상심한 마이크와 스콧의 시선이 마주치는 순간, 그들은 각자 추구하는 삶의 본질이 다르다는 사실을 깨닫는다. 그들은 행복이 육체적 욕망이나 감정적 욕구에 대한 만족이 아니라 인생에 어떤 운명이 닥쳐도 초연할 수 있는 평정심에서 나온다는 사실을 어렴풋이 깨닫는다.

잘 알려진 것처럼 영화 〈아이다호〉는 윌리엄 셰익스피어의 『헨리 4세』를 모티브로 하고 있다. 더 정확하게 말하면 『헨리 4세 제2부』를 모티브를 하고 있다. 반대로 보다 넓게 보면 『리처드 2세』, 『헨리 4세 1부』, 『헨리 4세 제2부』, 『헨리 5세』를 모티브로 삼고 있다. 이 작품들은 셰익스피어 '제2 사부작' 혹은 '랭카스터 왕조 이야기'라고 불린다. 참고로 『헨리 6세 제1부』, 『헨리 6세 제2부』, 『헨리 6세 제3부』, 『리처드 3세』는 '제1 사부작'으로 불린다. 역사적인 시기로는 제2 사부작이 앞서지만 셰익스피어의 극작 시기로는 제1 사부작이 앞선다. 제2 사부작은 개별적으로도 완전하지만 네 작품을 한 작품으로 보았을 때 더욱 완결성을 갖는다.

훗날 헨리 4세가 되는 헨리 볼링브로크는 사촌 리처드 2세로부터 왕위를 찬탈하고 랭카스터 왕조를 개창한다. 리처드 2세가 왕권신수설을 옹호한다면 볼링브로크는 능력 있는 자가 왕이 되어야 한다고 믿는다. 헨리 4세는 왕위에 올랐지만 그에게는 걱정거리가 하나 있다. 바로 왕자 핼이다. 핼 왕자는 폴스타프 무리와 어울리고 술을 마시며 유흥에 빠져 있다. 헨리 4세는 반란군의 노섬벌랜드 백작의 아들 홋스퍼와 자신의 아들 핼을 비교하며 그를 부러워한다. 핼 왕자는 겉으로는 폴스타프와 어울리지만 사실 서민들을 접하고 이해하면서 그들이 원하는 왕이 되기 위해 준비를 하고 있다.

헨리 4세는 선왕 리처드 2세가 건달들과 어울리다가 위엄을 잃고 왕위를 찬탈당한 일을 핼에게 상기시킨다. 핼은 용맹스러운 홋스퍼가 자신보다 왕이 될 가능성이 더 크다는 말을 듣고 마침내 '때가 왔다'고 직감한다. 그는 이제까지의 생활을 청산하고 핫스퍼를 전쟁에서 물리쳐 명예를 드높이겠다고 다짐한다. 그는 홋스퍼와의 결투에서 그를 쓰러뜨린다. 헨리 4세가 죽은 뒤 핼은 마침내 왕위에 올라 헨리 5세가 된다. 하지만 그는 왕위에 오른 뒤에는 폴스타프를 비롯해 자신이 왕자 시절에 어울렸던 무리를 철저하게 외면한다. 결국 헨리 5세에게 외면당한 폴스타프는 그 충격으로 죽고 만다. 그의 죽음에도 불구하고 헨리 5세는 프랑스와의 전쟁을 준비한다.

세부적인 부분에서 조금 차이가 있지만 영화 〈아이다호〉는 대체로 셰익스피어의 희곡의 서사를 따르고 있다. 〈아이다호〉의 스콧의 아버지, 스콧, 밥의 관계는 셰익스피어 제2 사부작의 헨리 4세, 왕자 핼, 폴스타프의 관계와 고스란히 겹친다. 그런데 영화와 희곡의 가장 큰 차이점은 바로 영화 속 마이크의 존재다. 셰익스피어 희곡에서는 작품의 주제는 결국 '영웅 군주로서의 헨리 5세'로 수렴된다. 반면 영화 〈아이다호〉의 주제는 마이크와 스콧이 삶의 본질을 깨닫는 순간이다. 즉 그들은 자신들의 세상의 길이 각기 다르다는 것을 깨닫는다. 그들은 아이다호에 함께 있지만 그 아이다호는 각자에게 '자신만의 아이다호'였던 셈이다. 이런 이유 때문에 〈아이다호〉가 셰익스피어의 작품의 개작 또는 각색이라는 주장에 더 이상 동의하지 않는다. 셰익스피어 작품에서 출발하고 있고 결말도 비슷하지만 작품의 주제는 전혀 다르다. 그렇기 때문에 필자에게 셰익스피어의 희곡과 〈아이다호〉는 전혀 다른 작품이다. 10월의 마지막에 떠오르는 것은 〈아이다호〉지 셰익스피어의 희곡이 아니다.

Sequence #05 1992~1996

〈파 앤 어웨이〉

: "이 땅은 내 꺼야. 이건 나의 숙명이야"

오스카 와일드는 "만일 아일랜드가 존재하지 않았다면 영국은 아마도 아일랜드를 만들어냈을 것이다"라고 말한 바 있다. 이 말은 '영국성'의 형성에서 타자의 역할이 무척 중요했고, 영국에게 있어 가장 쉽게 상정될 수 있는 타자는 아일랜드였다는 뜻으로 해석될 수 있다. 영국과 아일랜드의 불협화음은 명백했다. 아일랜드는 800년 동안 영국의 지배를 받다 보니 영국에 대해 감정이 좋지 못하다. 아일랜드는 영국으로부터 지속적인 침략과 수탈, 식민 지배를 당했다.

인류 역사상 최대의 제국을 건설하고 세계에서 가장 강력한 경제 대국을 건설한 19세기의 영국인들에게 아일랜드인들은 게으르고 술독에 빠져 있는 도저히 구제할 수 없는 '하얀 깜둥이'였다. 한편 아일랜드인들이 볼 때 영국인들은 체통 지키기에 급급한 속물들이며, 아무도 부탁하지 않았는데도 아일랜드의 운명에 뛰어든 이방인이었다. 그렇기에 아일랜드는 끈질기게 독립운동을 전개하며 영국의 지배에 맞서 싸웠다.

영국에 대한 아일랜드의 반영 감정은 소위 '대기근'에서 응축되고 폭발했다. 아일랜드의 기근은 총 세 차례가 있었다. 이 가운데 1847년부터 1852년까지의 두 번째 기근을 가리켜 대기근이라고 부른다. 영국 본토의 수탈로 인해 아일랜드에는 감자 이외에 먹을 것이 거의 없던 와중 감자가 병들어 버렸다. 기근에 대한 조치를 위해 아일랜드 구제 방안이 영국 의회에서 꾸준히 제안되었으나 상원과 하원의 끝없는 반대로 실행되지 못하여 참사가 일어났다. 800만 명 중 100만 명이 굶어 죽었고, 또 100만 명은 기근을 피해 이민 길에 올랐다.

그래서 아일랜드의 민족주의 운동가 존 미첼은 다음과 같이 말했다. "물론 감자 농사를 망친 것은 신이었다. 하지만 그걸 대기근으로 바꾼 것은 영국인들이다." 대기근을 영국에 대한 아일랜드의 적대감의 근본적인 원인으로 한정할 수 없지만 아일랜드 입장에서는 당연히 그렇게 생각할 수 있다. 왜냐하면 아직도 아일랜드의 인구는 대기근 이전만큼 회복되지 않았다. 다르게 생각하면 미국에 아일랜드계 이민자가 증가하게 된 것도 바로 이 '대기근' 때문이다.

영화 〈파 앤 어웨이〉(론 하워드, 1992)에도 영국과 아일랜드의 갈등과 불화가 배음으로 깔린다. 영화의 배경은 1892년 영국 식민 지배 시기의 아일랜드다. 소작농들에게 과중한 소작료와 철거 등을 일삼는 지주 계급에 대한 농부들의 불만이 점점 더해 가던 때였다. 억압과 가난에 허덕이던 소작농들은 부당하고 잔인한 지주들에 대항해 반란을 일으켰다. 가난한 소작농의 막내 아들 조지프 도널리는 아버지가 지주 대니얼 크리스티 때문에 죽었다고 생각해 그를 죽이기로 마음먹는다. 하지만 그는 지주의 딸 섀넌에게 쇠스랑으로 찔린다. 가져간 총은 너무 낡아 발사되지 않고 눈앞에서 폭발해 상처만 입고 만다.

섀넌은 아일랜드 상류 계급의 예의와 격식을 답답해하며 현대적인 미국을 동경한다. 그녀는 당시 미국의 오클라호마에서 땅을 공짜로 나누어준다는 광고지를 읽고 그곳으로 도망칠 궁리만 하고 있었다. 섀넌은 여자 혼자서는 배를 탈 수가 없었기 때문에 때마침 나타난 조지프에게 함께 가자고 제안한다. 조지프는 처음엔 땅을 거저 준다는 그녀의 말에 반신반의하며 그녀의 제안을 거절한다. 하지만 그는 아일랜드에 남아봤자 살인미수범으로 교수형을 당할 처지다. 게다가 그는 섀넌의 약혼자와 시비가 붙어 결투해야만 하는 상황이다. 결국 그는 섀넌과 함께 도망친다.

조지프와 섀넌은 보스턴 항구에 도착하지만 섀넌이 돈이 될만한 물건을 모두 도난당하며 둘은 어려움에 처한다. 섀넌은 닭털 뽑는 일용 노동자가 되고 조지프는 공장에서 일한다. 그러던 중 조지프는 섀넌을 희롱하던 공장 직원을 쉽게 두들겨 패면서 자신이 권투에 재능이 있음을 깨닫는다. 그는 내기 권투로

버는 돈이 공장에서 받는 돈보다 훨씬 많다는 사실을 알게 되고 내기 권투로 돈을 모아 오클라호마에 가려 한다. 조지프는 내기 권투로 돈을 모으지만 섀넌에 대한 감정 때문에 시합을 망치고 보스턴에서 쫓겨난다.

조지프와 섀넌은 눈보라가 치는 거리를 헤매다가 추위를 피해 어느 저택에 몰래 들어가게 된다. 두 사람은 그간 서로에게 미안했던 마음을 고백하며 사랑의 분위기가 이어가는 순간 인기척을 느낀 집주인이 2층에서 총을 들고 뛰어와 총을 난사한다. 섀넌은 총에 맞아 죽을 위기에 처한다. 조지프는 섀넌의 약혼자 스티브와 그녀의 부모가 섀넌을 찾기 위해 근처에 왔다는 사실을 알고 사경을 헤매는 그녀를 부탁한다.

몇 년 뒤 조지프는 광산 노동자로 일하다가 오클라호마행 기차를 발견한다. 그는 예전에 섀넌과 함께 보았던 땅을 나누어준다는 광고지를 떠올리며 그게 거짓이 아니라는 것을 직감한다. 그는 섀넌을 다시 만나리라는 희망을 안고 무작정 기차를 따라서 오클라호마로 향한다. 조지프와 섀넌은 그곳의 땅 나눔 행사장에서 다시 만난다. 하지만 섀넌은 약혼자와 함께 있다. 조지프는 '랜드 런' 행사에 참가하기로 결정한다. 돈이 없어 싸게 산 그의 야생마는 그를 누구보다 멀리 데려다준다.

섀넌의 약혼자 스티브는 조지프를 죽이고 그의 땅을 빼앗으려 음모를 꾸민다. 그는 계곡에서 조지프를 공격하고 조지프는 정신을 잃는다. 이를 목격한 섀넌은 스티브에게 파혼을 선언한다. 섀넌은 조지프를 살리기 위해 심장마사지, 인공호흡 등 갖은 방법을 다 동원한다. 깨어날 것 같지 않던 조지프는 꿈속에서 아버지의 음성을 듣고 기적적으로 깨어난다. 그는 섀넌과 같이 땅을 일구고 살아가자며 기쁨의 포옹을 한다. 결국 두 사람은 꿈꾸던 땅도 얻었고 땅보다 더 소중한 사랑을 확인한다.

조지프와 섀넌 중심으로 보면 영화 〈파 앤 어웨이〉는 로맨틱한 사랑 이야기다. 영화 속 미국은 희망에 차 있고 영국의 식민 지배를 받는 아일랜드와 비교하면 말 그대로 '기회의 땅'이다. 이 영화에서 가장 큰 볼거리라고 사람들이 말하는 랜드 런은 이를 단적으로 예거한다. 섀넌은 미국으로 떠나기 전 오클라호마에서는 160에이커의 땅을 무상으로 받을 수 있다는 희망에 차 있다. 사실 그녀가 미국행을 결심한 것도 바로 이 때문이다. 하지만 그곳에 원래 살고 있던 원주민의 입장에서 보면 랜드 런은 약탈의 증거이자 예표다. 마치 〈지옥의 묵시록〉(프랜시스 포드 코폴라, 1979)에서 베트콩 마을 습격 장면이 미국인들이 생각하기에는 명장면이지만, 베트남인들에게는 잔혹한 양민 학살의 장면인 것처럼 말이다. 따라서 랜드 런은 결코 낭만적이지도 않고 아름답지도 않다.

기차와 철도는 조지프와 섀넌을 이어주는 매개체다. 앞서 보았듯이 조지프는 광산 노동자로 일하다가 오클라호마 기차를 발견하고 섀넌을 만나기 위해 기차에 올라탄다. 당시 기차와 철도는 미국의 산업사회로의 성장을 상징하지만 원주민의 입장에서 보면 원주민 주거지의 약탈을 상징한다. 오늘날 미국 도시와 마을의 지명 가운데 상당수가 당시 철도역장 또는 우체국장이 지었다는 이야기가 있다. 다음과 같은 추론이 가능하다. 철도가 놓이면 역이 있어야 한다. 역의 이름을 가장 필요로 했던 곳은 철도회사였다. 철도회사는 역 이름을 짓는 업무를 철도역장에게 떠넘겼다. 철도역장은 급하게 지명을 지어야만 했기에 '와이낫'이라는 지명도 생겨났다고 한다.

조금 지나치게 말하면 당시 어느 지역의 지명이 지어졌다는 것은 곧 그 지역의 원주민이 제거되었다는 뜻이다. 〈파 앤 어웨이〉는 누군가에게 가장 아름답고 가장 극적인 장면은 또 다른 누군가에게는 가장 비극적이고 슬픈 장면일 수 있다는 사실을 환기한다. 아니 마땅히 환기해야만 한다. 타인에 대한 '연민'과 '공감'은 바로 여기에서 비롯한다.

조금 맥락은 다르지만 빅토르 위고의 『레 미제라블』(1862)에서 장발장은 "나도 모르는 사이에 나 때문에 그토록 불행해진 여자! 팡틴"이라고 말한다. 나도 모르는 사이에 나 때문에 불행해진 사람, 우리는 그 가능성에 늘 미안한 마음을 가져야 한다. 그것이 바로 인간으로서 대하는 최소한의 조건이자 예의다.

★ ★ ★ ★ ★ *1 9 9 3* ★ ★ ★ ★ ★

〈세 가지 색: 블루〉

: "꼭 해야 할 일이 남았어요. 버리는 거 말이에요"

1990년대에는 커피숍이나 맥줏집 벽에 영화 포스터를 거는 게 유행이었다. 당시 〈올리브 나무 사이로〉(아바스 키아로스타미, 1994), 〈흐르는 강물처럼〉(로버트 레드포드, 1992), 〈베티 블루〉(장 자크 베넥스, 1986), 〈세 가지 색〉(크쥐시토프 키에슬로프스키, 1993~1994), 〈향수〉(안드레이 타르코프스키, 1983), 〈안개 속의 풍경〉(테오 앙겔로풀로스, 1988), 〈러브 어페어〉(글렌 고든 캐런, 1994) 등의 영화 포스터가 벽에 걸리곤 했다. 그 가운데 〈베티 블루〉와 〈세 가지 색: 블루〉가 유독 기억에 많이 남는다. 영화 때문인지 그 당시에는 상호명에 특히 '블루'가 들어간 커피숍이 많았다.

'블루'라는 단어를 입으로 소리 내어 보자. 이 단어는 원순 모음으로 끝나기에 양 입술이 튀어나오며 동그랗게 말린다. 소리 는 짧게 끊기지 않고 길게 뻗어나간다. '블루'는 영어로는 blue, 불어로는 bleu로 철자가 다르다. 하지만 발음은 블루다. 우리말

'파란'도 어감이 좋지만 '블루'도 어감이 참 좋다. 그래서일까 '블루'라는 단어가 들어간 영화는 그냥 좋다. 〈베티 블루〉, 〈세 가지 색: 블루〉, 〈블루 벨벳〉(데이비드 린치, 1986), 〈그랑 블루〉(뤽 베송, 1988), 〈블루 재스민〉(우디 앨런, 2013), 〈가장 따뜻한 색, 블루〉(압둘라티프 케시시, 2013), 〈블루 아워〉(하코타 유코, 2019) 등등. 여담이지만 영화 〈베티 블루〉를 보고 나서는 '너무나 야해' 깜짝 놀랐던 기억이 있다.

'블루' 영화 중에서는 개인적으로 〈세 가지 색: 블루〉(이하 〈블루〉)가 기억에 많이 남는다. 〈퐁네프의 연인들〉(레오스 카락스, 1991) 때문인지 아니면 이 영화 때문인지 모르겠지만 쥘리에트 비노슈는 '블루'의 느낌으로 각인된다. 그래도 굳이 따지자면 〈세 가지 색: 블루〉의 기여도가 더 클 것 같다. 주지하듯 〈세 가지 색〉 연작 영화는 "안드레이 타르코프스키를 잇는 최후의 영화예술가"라는 극찬을 받는 크쥐시토프 키에슬로프스키의 예술 영화다. 그는 〈세 가지 색〉 연작을 통해 "영화로 철학을 표현할 수 있는 현대 서구의 유일한 영화예술가"라는 명성을 얻었다. 그는 도덕과 윤리, 선택, 운명 같은 철학적인 주제에 관심이 많았다. 철학적인 주제를 지적이면서도 은유적으로 그려내는 깊이 있는 연출은 그의 트레이드마크다.

키에슬로프스키의 〈세 가지 색〉은 비평과 흥행 모두에서 호평을 받았다. 〈블루〉는 베니스 영화제에서 황금사자상과 여우주연상을 수상했다. 국내에서 1994년에 개봉했을 때 서울에서

만 10만 명이 넘는 흥행을 기록했다. 이후 몇 차례 재개봉했다. 키에슬로프스키는 〈화이트〉로 베를린 영화제에서 감독상인 은 곰상을 수상했다. 〈레드〉는 칸 영화제에서 〈올리브 나무 사이로〉와 함께 가장 유력한 황금종려상 후보에 올랐지만 무관에 그쳐 논란의 중심이 되기도 했다.

주지하듯 프랑스의 삼색기는 파란색, 흰색, 빨강색으로 구성되어 있고, 각각 '자유', '평등', '박애'를 상징한다. 프랑스 역사에서 자유는 곧 정치적·사회적 자유를 가리킨다. 하지만 영화 〈블루〉에서 자유는 개인적인 자유, 즉 삶 자체의 자유를 지향한다는 점에 있어서 특별하고 특이하다.

정적만이 가득한 시골길에서 가족들과 함께 피크닉을 가던 줄리는 예기치 않은 교통사고로 유명한 작곡가 남편 파트리스와 다섯 살 난 딸 안나를 잃는다. 그녀는 병원에서 재활 치료를 받지만 창문을 깨는 등 불안 증세를 보이고 자살을 시도한다. 하지만 그녀는 마지막 순간 차마 약을 입에 넣고 삼키지 못한다. 그녀는 가족의 장례식에 참석하지 못하고 대신 장례식이 녹화된 비디오테이프를 보면서 눈물을 흘린다.

사랑하는 사람을 잃은 줄리는 가족과 함께했던 공간과 흔적들, 심지어 남편이 생전 작업하고 있던 작품을 모두 처분한다. 줄리는 그녀를 연모하고 있던 남편의 동료인 올리비에를 불러 함께 그와 하룻밤을 보내고 그에게 작별을 고한다. 그녀는 가족과 함께 살던 집을 정리하여 팔기 위해 내놓고 아무에게도 말하지 않은 채 파리에 한 아파트를 구해 떠난다. 줄리는 과거 기억과 인간관계로부터 자신을 단절시킨다. 알츠하이머 환자인 그녀의 어머니는 더 이상 그녀를 딸로 인식하지 못한다. 이는 과거로부터 단절하려 애쓰는 그녀의 의지를 더 부각시켜 준다. 그녀는 남편이 따로 맡겨 놓은 그의 미완성 유작, 즉 냉전 종식을 기념하고 유럽연합을 축하하는 작품의 남아 있던 악보를 찾아서 쓰레기차에 내다 버린다.

줄리는 모든 사람의 기억으로부터 잊히고 홀로 조용히 살기를 갈망한다. 하지만 그녀는 파리에서 지내면서 자신의 과거를 떠올리게 하는 요소들을 계속 마주치게 된다. 교통사고 직후 그녀와 가족들을 발견한 앙트완이라는 소년으로부터 연락을 받는다. 그는 차 안에서 발견한 십자가 목걸이를 주면서 그녀의 남편이 죽기 직전 한 말을 전한다. 그러자 줄리는 웃음을 터뜨리며 그 말은 남편이 즐겨하던 농담이었고 사고 직전에도 그 농담을 하며 함께 웃고 있었다고 답한다. 그녀는 앙트완에게 목걸이를 돌려받지 않겠다고 말하며 자리를 뜬다.

줄리는 새로 이사한 아파트의 입주민인 루실과 우연히 친구가 된다. 입주민들은 다른 이웃과 불륜 관계에 있는 루실을 쫓아내자고 서명 운동을 벌이고 있다. 사실 입주민들은 줄리가 이웃과 불륜을 저지른 것보다 그녀의 직업이 스트립 댄서이기 때문에 내쫓으려 한다. 하지만 줄리는 자신이 상관할 바가 아니라며 서명을 거부한다. 루실은 줄리에게 그 점에 대해 감사해하고,

그것 때문에 둘은 친구가 되었다.

줄리는 늦은 밤에 루실의 연락을 받아 그녀가 일하는 성인 클럽을 찾는다. 그곳에서 그녀는 TV로 파트리스의 미완성 유작을 마무리 짓겠다는 올리비에의 뉴스 인터뷰를 본다. 그녀는 그가 공개한 사진 한 장을 보는데, 파트리스가 어떤 젊은 여성과 함께 있는 사진이다. 그녀는 사진 속 여인이 남편의 내연녀일 것이라고 직감한다. 그녀는 올리비에가 남편의 유작을 완성시키려는 것을 막는 것과 동시에 남편의 내연녀를 추적한다. 그 과정에서 그녀는 잊으려 했던 자신의 과거에 한층 더 깊이 들어가게 된다.

줄리는 남편의 내연녀 상드린을 만나고 그녀가 아이를 임신하고 있음을 알게 된다. 줄리는 아이의 아버지가 파트리스임을 인정하고 아직 팔리지 않은 남편의 집을 상드린에게 준다. 줄리는 올리비에와 만나기 시작하고 그와 함께 남편의 유작을 완성한다. 마지막 시퀀스에서 줄리와 올리비에가 함께 완성한 음악이 흐른다.

〈블루〉에서 음악은 줄거리와 밀접하게 얽혀 있는 중요한 요소로 작용한다. 음악은 한 음으로만 이루어질 수 없고 여러 음이 모여 조화를 이루어야 제대로 된 구성을 이룰 수 있듯이, 줄리가 자신을 세상으로부터 고립시키고자 노력하지만 결국 세상과 더불어 살아가야 함을 상징한다. 음악은 사람들의 각각 다른 개성을 상징하기도 한다. 이는 줄리가 파트리스와 함께 작업한 음악과 올리비에와 함께 작업한 음악이 각각의 느낌이 다른 것으로 표현된다. 여기서 줄리와 올리비에의 음악이 더 다듬어지지 않은 느낌으로 묘사된다. 영화의 마지막 장면에서 줄리는 눈물을 흘린다.

〈블루〉에서 줄리는 삶의 전부라 할 수 있는 남편과 딸을 잃고 극한의 슬픔을 느낀다. 심지어 그녀는 목숨을 버릴 생각까지 했다. 하지만 그녀는 죽은 남편에게 내연녀가 있었다는 사실을 알게 된다. 그녀는 남편의 집을 내연녀에게 주고 진정한 삶의 자유를 느낀다. 자신에게 호감을 갖고 있던 올리비에를 자유롭게 만나고 헤어지고 또 만난다. 아마 또 자유롭게 헤어질 수도 있다. 전술했듯이 그녀는 마침내 삶의 자유를 얻었다. 엄밀히 말해서 삶을 자유에 정향시켰다. 사실 자유는 그렇게 거창하지 않다. 자유는 '자신의 의지대로 삶을 꾸려갈 수 있느냐, 아니냐'의 문제일 뿐이다.

『법구경』에는 이런 구절이 있다. "세상이 꺼지지 않는 화염에 휩싸여 있다면, 웃음과 기쁨이 존재할 수 있을까?" 세상이 고통과 좌절된 욕망이라는 '화염'에 휩싸일 때 우리는 행복을 찾을 수 없다. 자기 자신을 자유롭게 하는 유일한 방법은 이 화염을 놓아주는 것이다.

★ ★ ★ ★ ★ **1 9 9 4** ★ ★ ★ ★ ★

〈파리넬리〉

: "비참한 나의 운명이여 잃어버린 자유에 난 한탄하네"

가끔씩 유튜브로 조관우의 「울게 하소서」의 영상을 본다. 지금까지 백 번 이상 본 것 같다. 「울게 하소서」는 게오르크 프리드리히 헨델의 오페라 「리날도」 중 제2막 4장에 등장하는 아리아다. 우리나라에서는 '울게 하소서'라는 제목으로 알려져 있지만 제목 'Lascia Ch'io Pianga'를 정확하게 번역하면 '제발 나를 울게 내버려두오'이다. 그런데 그 제목이 '울게 하소서'든 '제발 나를 울게 내버려두오'든 중요하지 않다. 노래 제목을 떠나, 아니 가사 내용을 떠나 이 곡은 시간이 멈춘 듯 느껴지는 매혹적인 선율을 자랑한다. 18세기 바로크 시대에 만든 곡이라고 믿기지 않을 정도다. 사실 팝송을 비롯해 샹송, 칸소네, 파두 등 외국 음악들 중 제목과 가사를 몰라도 마음속 깊이 박히는 노래는 수없이 많다.

「리날도」는 11세기 제1차 십자군 원정을 배경으로 한다. 십자

군의 장군 리날도는 최고사령관의 딸 알미레나를 사랑한다. 적
진의 왕 아르칸테는 전쟁에서 승리하기 위해 자신의 애인인 마
법사이자 마녀인 아르미다의 힘을 빌려 알미레나와 리날도를
생포한다. 아르칸테는 잡혀 온 알미레나를 보고 첫눈에 반해
그녀에게 고백한다. 이때 알미레나가 부르는 노래가 '제발 나를
울게 내버려두오', 즉 '울게 하소서'다. "제발 나를 울게 내버려
두오/ 슬픈 운명에 나 한숨 짓네/ 자유를 위해 나 한숨 짓네"로
시작한다.

　「울게 하소서」가 널리 알려진 것은 영화 〈파리넬리〉(제라르
코르비노, 1994)를 통해서다. 주지하듯 이 영화는 변성기가 시작
되기 전 거세를 해 소년 시절에 지니는 고음역대의 목소리를
유지하는 가수 '카스트라토'의 삶을 다루고 있다. 18세기 이전에
는 여성이 무대에 설 수 없었기 카스트라토가 필요했다. 카스트
라토가 되기 위해서는 오랜 시간의 훈련이 필요했다. 카스트라
토로 좋은 기량을 선보일 경우에는 인기와 명성, 그리고 부를
이룰 수 있지만, 성공할 확률은 1퍼센트도 채 되지 않았다. 성공
하지 못할 경우에는 정상적인 남자로 살아갈 수 없고, 설령 성공
한다고 하더라도 거세 때문에 불행하고 비극적인 삶을 살아갈
수밖에 없다. 말 그대로 당시 카스트라토의 삶은 '성공을 위해
목숨을 건 고투'였다.

　카를로 혹은 파리넬리는 바로 그런 1퍼센트의 재능을 갖고
타고났다. 수많은 여성들이 그의 노래에 매료된다. 하지만 그에

게는 거세한 남자라는 자괴감이 늘 따라다녔다. 그는 아버지의 부탁 때문에 항상 형 리카르도가 작곡한 노래만 부른다. 사랑하는 여인이 있어도 거세한 신체 때문에 형이 그를 대신한다.

작곡가 헨델은 카를로를 카스트라토라고 모욕하면서도 그의 재능만큼은 인정하지 않을 수 없다. 그렇기에 카를로에게 영국으로 함께 갈 것을 제안한다. 하지만 그를 빼앗길지도 모른다고 느낀 리카르도가 그의 영국행을 단념시킨다. 유럽 순회공연에서 카를로와 리카르도 형제는 엄청난 성공을 거둔다. 하지만 카를로는 거듭되는 성공에도 가슴을 울리는 노래를 하지 못하는 것에 대한 예술적 결핍을 느낀다. 형에 대한 원망이 커지면서 결국 결별한다. 헨델의 음악을 동경하던 카를로는 훔친 헨델의 악보를 보고 연습한다.

공연이 있는 날 카를로는 형 리카르도로부터 자신을 끊임없이 괴롭히던 거세의 비밀에 대해 전해 듣는다. 즉 리카르도가 자신이 만든 음악만을 부르도록 하기 위해 파리넬리를 거세시켰던 것이다. 이 말을 들은 카를로는 절망하지만 진정한 음악을 갈구하는 열정으로 그의 모든 슬픔을 억누르고 「울게 하소서」를 부른다. 그가 부르는 「울게 하소서」는 관객들뿐만 아니라 작곡가인 헨델마저도 감동하게 한다. 시간이 흐른 뒤 리카르도는 카를로를 찾아가 거세하던 날 약속했던 오페라 오르페오를 전한다. 그리고 카를로가 사랑했던 알렉산드라를 통해 아이를 선물한다.

〈파리넬리〉를 보았던 게 1995년쯤이었던 것 같다. 간혹 「울게 하소서」의 영상을 통해 편집된 영화 영상을 보았을 뿐 그 후 이 영화를 처음부터 끝까지 제대로 본 적이 없다. 사실 줄거리도 가물가물했다. 솔직히 말해 헨델이 영화에 등장하는 것도 영화를 다시 보면서 알게 되었다. 이 영화에는 역사적 사실과 허구적 상상이 섞여 있다. 헨델은 말할 것도 없고, 나중에 파리넬리라는 예명으로 불리는 영화 속 주인공 카를로도 실존 인물이다. 그의 형과 스승도 실존 인물이다. 하지만 헨델과 파리넬리의 실제 관계가 영화 속 관계와 완전히 일치하지는 않는다. 다른 인물 사이의 관계 또한 마찬가지다. 이 영화에서 역사적 사실의 부합 여부는 영화를 감상하고 이해하는 데 전혀 중요하지 않다.

그보다도 〈파리넬리〉를 보면서 문득 삶과 예술의 관계에 대해 생각해 보게 되었다. 삶과 예술의 관계를 생각하니 〈파리넬리〉뿐만 아니라 여러 영화가 떠올랐다. 〈파리넬리〉에서 형 리카르도가 자신의 음악을 위해 동생을 거세시키는 장면에 〈서편제〉(임권택, 1993)와 〈패왕별희〉(천카이거, 1993)의 영화 장면이 겹쳤다. 〈서편제〉에서 유봉은 양딸 송화에게는 소리를, 친아들 동호에게는 북을 가르친다. 동호는 생활고 때문에 자신의 어머니가 죽었다는 사실을 알고 괴로움을 견디지 못해 아버지와 누이를 떠난다. 유봉은 송화가 자신을 떠날까 봐, 그리고 송화의 소리에 한을 심어주기 위해 그녀의 눈을 멀게 한다. 유봉은 시력을 잃어가는 송화를 정성스럽게 간호하지만, 죽기 전 송화에게 그 일을 사죄한다.

〈패왕별희〉에서 소년 두지의 삶은 시작부터 순탄하지 않다. 그는 홍등가에서 태어났고 손가락이 여섯 개다. 두지의 어머니는 홍등가에서 아이를 키우기 어렵다는 이유로 그를 경극단에 입단시키려 한다. "육손이는 배우가 될 팔자가 아니니 돌아가라"라는 극단장의 말에 그녀는 두지의 여섯 번째 손가락을 자른다. 여섯 번째 손가락이 잘리면서 경극단에서 삶을 시작하게 된 두지는 창녀의 아이라고 놀림 받는 자신을 챙겨주는 시투에게 크게 의지한다. '패왕별희'의 우희 역을 연습하던 두지는 가사 중 "본디 계집아이"라는 가사를 제대로 읊지 않고 "나는 본디 사내아이로, 계집아이도 아닌데"로 바꿔 부른다. 그는 극단장에게 폭행을 당하면서도 고집을 끝내 꺾지 않다가, 시투의 간청과 그의 진심을 받아들여 "본디 계집아이"라는 가사를 제대로 부르며 우희로 거듭난다. 하지만 패왕 시투는 우희 두지의 마음을 받아들이지 않는다.

서양 예술 사조 중 19세기 말 20세기 초에 유행한 '유미주의' 혹은 '탐미주의'가 있다. 넓은 의미에서 유미주의는 미적 향수 및 미적 형성에 최고의 가치를 두는 인생관 또는 세계관을 가리킨다. 프랑스에서 에드거 앨런 포의 영향을 받은 샤를 보들레르에 의해 구현되었고, 영국에서는 월터 페이터로부터 시작되어 라파엘 전파를 거쳐 오스카 와일드에 이르러 전성기를 맞이한다. 유미주의자라고 불리는 모든 예술가들의 주장이 모두 일치하는 것은 아니다. 하지만 대체로 그들은 정신보다는 감각을, 내용보다는 형식을, 현실보다는 공상을 중요시한다. 무엇보다도 미를 진과 선보다 중요하게 여긴다. 때로는 악을 통해서 미를 추구하고자 한다.

유미주의를 대표하는 작품으로 와일드의 소설 『도리안 그레이의 초상』(1890)을 들 수 있다. 화가 바질은 도리안 그레이라는 아름다운 청년의 초상화를 완성한다. 초상화에 담긴 모습은 그레이 본인이 보아도 감탄을 자아낼 정도이다. 우연히 바질의 집에 놀러 와 있던 헨리는 삶과 예술을 주제로 그레이와 짧은 대화를 나누게 된다. 헨리는 인간은 자신에 대해 탐구하고 자신의 욕망을 실천하는 삶을 살아야 한다고 주장한다. 그는 "욕망은 그 자체로 중요한 것이어서 설령 타인에게 해를 가하는 이기적인 욕망일지라도 실현해야 한다"고 주장한다. 탐미주의자인 헨리에게 절대적인 가치는 '아름다움' 그 자체다. 헨리의 말에 감화된 그레이는 바질의 초상화 속 완벽한 자신을 보면서 영원한 미모를 가질 수 있다면 영혼조차 포기할 수 있다고 말한다. 거짓말같이 그의 바람은 현실이 된다. 그레이는 영원한 아름다움을 얻은 뒤 아름다움을 지키기 위해 온갖 악행을 저지른다. 하지만 얼굴은 여전히 반짝반짝 빛이 난다. 반면 초상화 속 그레이는 추하고 악마 같은 형상으로 변한다. 아름다움을 위해 그는 악행을 멈추지 않는다.

〈파리넬리〉에서도 리카르도는 자신의 음악을 위해 동생 카를로를 거세시켜 카스트라토로 만든다. 〈서편제〉에서 유봉은 송화의 소리에 한을 심어주기 위해 그녀의 눈을 멀게 한다. 〈패왕별희〉에서 두지의 어머니는 두지를 경극단에 입단시키기 위해 그의 여섯 번째 손가락을 자른다. 『도리안 그레이의 초상』에서는 아름다운 외모를 위해 영혼을 포기하고 그 외모를 지키기 위해 끊임없이 악행을 저지른다. 조금씩 차이가 있지만 이 모든 행위는 '아름다움'을 위해서라고 '삶'을 포기했다고 말할 수 있다. 그런데 아름다움이 과연 삶보다 더 중요한지, 아름다움을 위해서 삶을 포기하는 게 정당화될 수 있는지 여전히 의문이다.

〈비포 선라이즈〉

: "모든 건 끝이 있어. 그래서 시간이 더욱 소중히 느껴지는 거야"

　　한때 사랑을 냉소적으로 바라본 적이 있었다. 철없던 그 시절 '지고지순한 사랑'은 존재하지 않는 단어였다. 그렇게 생각하는 게 멋있는 줄 알았다. 그렇기에 영화 〈편지〉(이정국, 1997)에 대해서 '신파'라고 무참히 독설을 날렸다. 아니 저주했다. 반면 김기덕과 홍상수의 영화에 대해서는 침이 마르도록 칭찬했다. 지금 생각해보면 다분히 젊은 날의 객기, 자학, 냉소에서 비롯되었던 것 같다. 많은 이들이 동의하지 않을 수도 있지만 김기덕과 홍상수의 초창기 영화는 대체로 '사랑 영화'로 수렴된다. 〈나쁜 남자〉(2002)에서 선화에 대한 한기의 사랑이 잘 예거하듯이 김기덕의 영화는 대체로 '지고지순한' 사랑 영화다. 혹시나 해서 말하지만 이 사랑을 인정하는 것도 아니고 이 영화의 윤리성을 옹호하는 것은 결코 아니다. 반면 홍상수의 영화는 사랑에 대한 낭만성을 여지없이 깨트리는 '현실적인' 사랑 영화다.

돌이켜보면 그때는 김기덕의 사랑 영화보다도 홍상수의 사랑 영화에 매혹되었다. 〈돼지가 우물에 빠진 날〉(1996)에서 민재는 효섭과 운명적인 사랑을 꿈꾸지만 현실은 민재의 짝사랑일 뿐이다. 효섭은 보경과 애틋한 사랑을 꿈꾸지만 현실은 불륜이다. 〈강원도의 힘〉(1998)에서도 지숙은 상권을 진정으로 사랑한다고 믿지만, 상권은 지숙에게 상처만 준다. 상권에게 지숙은 하룻밤을 보내는 소모품에 불과할 뿐이다. 지숙은 상권에게 받은 상처를 자신에게 호감을 느끼고 있는 경찰관에 화풀이하면서 치유하려 한다. 이들뿐만 아니라 홍상수의 영화 속 인물은 한결같이 '찌질하다' 아니면 '의뭉스럽다'. 그들의 사랑은 비루하고 남루하다. 그들의 사랑을 지켜보는 사람은 부끄럽다.

보통의 사랑 영화는 만남, 사랑, 이별의 과정을 거친다. 이별 뒤에 만남이 추가될 수도 있다. 하지만 홍상수의 사랑 영화는 만남과 이별보다는 사랑에 초점을 맞추기 때문에, 그의 영화에서 운명적인 만남이나 애틋한 이별은 발견되지 않는다. 영화 속에서 남녀는 주로 술 마시고, 욕하고, 싸우고, 섹스를 한다. 종종 이 순서가 바뀌기도 하지만 그들의 행동은 여기에서 크게 벗어나지 않는다. 그들이 하는 행동은 어쩌면 사랑이라는 단어가 적확하지 않을 수도 있다. 사랑보다는 그냥 '일상'에 가깝다.

반면 리처드 링클레이터의 영화는 사랑의 모든 과정을 담고 있다. 〈비포 선라이즈〉(1995)와 〈비포 선셋〉(2004)에서는 앞서 말한 만남, 사랑, 이별을 거친다. 두 영화의 차이가 있다면 〈비포 선셋〉에서는 이별이 빠져 있다. 만남도, 사랑도, 이별도 모두 두 번째다. 그런데도 결과는 비슷하다. 하지만 〈비포 선셋〉의 다음 이야기인 〈비포 미드나잇〉(2013)은 만남 뒤의 사랑만을 다루고 있다. 그런데 이 영화에서 사랑은 더 이상 둘의 가슴을 설레게 하지 않는다. 홍상수의 영화에서 그랬던 것처럼 둘의 사랑 또한 '일상'에 가깝다. '일상'으로서의 사랑은 〈보이후드〉(2014)까지 이어진다. 〈비포 미드나잇〉과 〈보이후드〉의 차이점을 꼽으라면 전자에서는 두 남녀의 사랑에 방점이 찍힌다면 후자에서는 그들의 아이들의 성장에 방점이 찍힌다. 그 아이들의 부모 또한 아이들의 성장을 통해 성장한다.

미국인 제시와 프랑스인 셀린은 기차에서 우연히 만난다. 제시는 미국으로 돌아가기 위해서 빈으로 가는 중이고 셀린은 파리로 가는 중이다. 둘은 대화를 나누다가 서로에게 호감을 느낀다. 제시는 셀린에게 빈에서 함께 내리자고 제안한다. 그들은 빈을 걸어서 돌아다니고 해 질 무렵엔 빈의 대관람차 꼭대기에서 키스를 한다. 그들은 도시 곳곳을 계속 배회하며 사랑, 인생, 종교, 빈에 대한 생각 등 다양한 주제로 대화를 나누게 된다. 그들은 서로에게 개인적인 이야기도 풀어 놓는다. 즉 셀린은 6개월 전에 남자친구와 헤어졌고 제시는 마드리드에서 공부하던 여자친구와 시간을 보내려고 유럽에 왔지만 도착한 직후 헤어졌다.

제시와 셀린은 다뉴브 운하를 걷는다. 그때 그들에게 한 남자가 다가와 그들이 원하는 단어를 안에 넣은 시를 써주겠다고 제안한다. 그들은 '밀크셰이크'라는 단어를 결정하고 「망상 천사」라는 시를 받는다. 제시와 셀린은 친구에게 전화를 걸어 지금 자신들이 만나고 있는 사람들에 대해 솔직하게 이야기한다. 제시는 여자친구와 헤어진 게 그다지 슬프지 않고 그가 원하는 건 자기 인생에서 탈출하는 거라고 한다. 셀린은 제시가 자신을 설득하기 전 이미 기차에서 내릴 준비가 되었다고 말한다.

제시와 셀린은 서로에 대해 끌리는 것을 인정하지만 아마 다시 만나지 못할 거라고 생각한다. 그들은 남은 시간을 최대한 활용하기로 하고 밤을 보낸다. 제시는 이별과 결혼 중 하나를 선택하라면 셀린과 결혼하겠다고 한다. 기차역에서 셀린이 탄 열차가 떠나려 할 때 그들은 어떠한 연락처도 교환하지 않고 대신 6개월 후 같은 장소에서 만나기로 약속한다.

9년의 시간이 흘렀고 제시는 소설가가 되었다. 9년 전 셀린과의 짧은 만남에서 영감을 얻어 쓴 소설은 베스트셀러가 된다. 그는 유럽 북 투어의 일환으로 파리의 '셰익스피어 앤드 컴퍼니' 서점을 방문하고 북 콘서트에 참석한 청중에서 셀린을 발견한다. 북 콘서트가 끝난 뒤 제시는 비행기를 타기 위해 공항에 바로 가야 한다. 그에게는 한 시간밖에 없다. 그들은 9년 전에 그랬던 것처럼 일, 정치 등 다양한 주제로 이야기를 나눈다. 그리고 첫 만남 뒤 6개월 후 만나기로 한 약속에 대해 이야기한다. 처음에는 서로 오지 않았다고 거짓말하지만 사실 두 사람 모두 빈에 왔었다. 하지만 두 사람은 그 당시 전화번호를 주고받은 적이 없어서 서로 연락할 방법이 없었다.

제시와 셀린은 파리 시내를 걸으며 9년 동안의 자신들의 지난 삶에 대해 이야기한다. 그러는 와중에 9년 전 그날의 기억과 감정들을 떠올린다. 제시는 자신의 책이 셀린과의 재회에 대한 희망에서 비롯되었다고 말한다. 셀린은 제시가 비행기를 놓치기 전 공항에 가야 한다고 말하지만 결국 그들은 셀린의 아파트에 도착한다. 제시는 셀린에게 기타로 왈츠 연주를 부탁하고 둘은 함께 춤을 춘다. 셀린은 제시에게 비행기를 놓치게 될 것이라고 말하고 제시는 "알았다"고 말하며 미소를 짓는다.

또다시 9년의 시간이 흐른다. 제시는 공항에서 아들 행크와 작별 인사를 나눈다. 제시는 행크에게 연주회에 꼭 가겠다고 약속하지만, 행크는 엄마가 싫어하니 오지 말라고 말한다. 심란한 마음으로 차로 돌아오는데 조수석에는 셀린이 타고 있고 뒷좌석에는 쌍둥이 여자아이들이 자고 있다. 9년 전 제시는 비행기를 타지 않고 파리에 남았다. 그는 전처와 이혼한 후 셀린과 재혼했고, 셀린은 쌍둥이 딸을 낳았다. 재혼해 미국에서 잠깐 살았지만 건강이 나빠진 셀린을 위해 프랑스에 머물고 있다. 행크는 아빠 제시를 만나기 위해 파리를 방문했고, 제시는 미국으로 돌아가는 아들을 공항까지 배웅한 것이다.

제시는 작가로서 성공을 거두었지만 셀린은 환경운동가로서의 기반이 약하다. 둘은 서로 여전히 사랑하고 있고 쌍둥이 딸들 덕분에 행복하다. 하지만 그들에게는 한 가지 고민거리가 있다. 제시는 고등학생이 되는 아들을 위해 미국으로 돌아가고 싶어 한다. 반면 셀린은 정부에서 운영하는 회사로부터 입사 제안을 받았다. 그들은 이 문제를 두고 계속 다투고 있다. 그 와중에 그들은 친구 패트릭의 초대를 받아 그리스에서 둘만의 시간을 보낸다. 그들은 연애 시절처럼 거리를 걸으며 많은 대화를 나눈다. 과거를 추억하며 서로에 대해 다시 생각하는 시간을 갖는다. 하지만 현실적인 문제로 다시 부딪힌다. 제시는 미국으로 돌아가 아들과 좀 더 가까이 있고 싶어 하고, 셀린은 육아 때문에 포기해야만 했던 자기 일을 다시 시작하려 한다. 서로의 감정이 극으로 치닫지만 그들은 현실을 깨닫고 지나온 시간을 묵묵히 떠올리며 현재 자신들의 모습을 돌아본다.

〈비포 미드나잇〉의 마지막 장면은 〈보이후드〉의 첫 장면 혹은 마지막 장면을 떠올리게 한다. 〈보이후드〉에서 엄마와 아빠는 준비가 되지 않은 상태에서 결혼해 사만다와 메이슨을 낳았고 얼마 후 이혼한다. 이혼한 후에도 그들은 또 싸운다. 엄마는 두 번의 결혼을 했지만 모두 실패로 끝난다. 대신 그녀는 그토록 원하던 대학교수가 된다. 아빠는 재혼을 해 아이를 낳고 행복한 가정을 꾸린다. 메이슨의 고등학교 졸업식 파티 때 엄마와 아빠는 지난 일들을 추억처럼 이야기한다. 만일 〈비포 미드나잇〉에서 제시와 셀린이 화해를 한다면 〈보이후드〉의 마지막 장면으로 연결되지만, 반대로 두 사람이 극단으로 치닫는다면 〈보이후드〉의 첫 장면으로 연결된다.

　어찌하다 보니 김기덕과 홍상수에서 시작된 이야기가 결국 〈보이후드〉까지 왔다. 내용 면에서도 그렇지만 논리상 보이도 잘 연결되지 않는다. 〈비포 선라이즈〉에서 시작해 〈보이후드〉까지 억지로 끌고 오면서 남녀 간의 사랑 이야기가 결국 가족 간의 사랑 이야기가 되어 버렸지만, 남녀 간의 사랑 이야기 또한 큰 틀에서 결국 가족 이야기라는 생각을 하지 않을 수 없게 된다.

〈첨밀밀〉

: "매일 아침 눈을 뜰 때마다 너를 보고 싶어"

한자로는 '향항(香港)'으로 쓰고 우리말로 '향기로운 항구'라고 풀이되는 홍콩은 우리에게 무척 '특별한 공간'이다. 즉 홍콩은 중국이면서도 중국이 아닌 특별한 공간이다. 홍콩은 '동양의 진주'라는 별칭으로 불릴 만큼 아름답고 화려한 도시다. 거대한 국제적 항구도시로서 무역, 금융, 교통의 중심지, 쇼핑과 관광의 천국이다. 하지만 개인적으로 홍콩은 언제나 영화의 도시다. 주지하듯 영화는 장소를 통해 환기된다. 1960년대부터 1990년대까지 홍콩 영화계에서는 무협, 권법, 쿵푸, 도박, 갱스터 등 다양한 종류의 많은 영화가 만들어졌다. 특히 1980년대 말에서 1900년대 초는 그야말로 홍콩 영화의 전성기였고 한국에서도 홍콩 영화의 열기는 대단했다.

1990년대에도 〈천장지구〉(진목승, 1990), 〈첩혈가두〉(오우삼, 1990), 〈종횡사해〉(오우삼, 1991) 등의 영화가 흥행하며 홍콩 누아르의 인기를 어어 나갔지만, 그 후 수많은 아류작이 쏟아지면서 예전의 어마어마했던 인기를 잃기 시작한다. 무협 영화도 〈황비홍〉과 〈천녀유혼〉 시리즈가 인기를 끌었지만 그 열기도 예전 같지 않았다. 즉 1990년대 중반을 기점으로 홍콩 영화는 서서히 빛을 잃기 시작한다. 바로 그때 왕가위, 관금붕, 진가신 등과 같은 새로운 감독들이 등장해 '홍콩 멜로'라는 하나의 장르를 형성했다. 특히 왕가위는 1990년대 중반 하나의 현상이 될 만큼 화제와 인기를 끌었다. 많은 이들이 〈아비정전〉(1990), 〈중경삼림〉(1994), 〈타락천사〉(1995), 〈동사서독〉(1994) 등 그의 영화에 열광했다. 소위 '왕가위 스타일'에 열광했다. 그런데 당시 개인적으로는 왕가위의 스타일리시한 영화보다도 진가신의 멜로 영화를 더 좋아했다. 그 정점은 〈첨밀밀〉(1996)이다. 참고로 지금은 왕가위 영화를 더 좋아한다.

〈첨밀밀〉은 두 남녀의 멜로 영화다. 만일 멜로의 어원을 '멜로디', 즉 '노래'에서 찾는다면 이 영화는 음악 영화이다. 왜냐하면 영화 전체에 걸쳐 음악이 흐르고 두 남녀의 사랑을 이어주는 매개체도 음악이기 때문이다. 그 음악은 다름 아닌 '등려군'의 노래다. 등려군은 대만 출신의 가수로서 1970년대부터 1990년대를 걸쳐 주로 타이완, 홍콩, 중국 등의 중화권 및 일본, 태국, 말레이시아 등 동아시아 대부분의 국가에서 절대적인 인기를 누렸으며 '아시아의 가희'로 불렸다.

〈첨밀밀〉은 1986년 3월 1일부터 1995년까지 시간적인 순서대로 진행된다. 그러다가 영화의 첫 장면인 1986년의 3월 1일에 끝난다. 소군과 이교는 중국에서 홍콩으로 건너왔다. 소군은 텐진 출신이고 이교는 광저우 출신이다. 하지만 이교는 소군에게 자신이 홍콩 출신이라고 속인다. 그들의 공통점은 두 가지다. 다름 아닌 중국 본토 출신으로 꿈을 이루기 위해 홍콩에 왔다는 것과 가수 등려군을 좋아한다는 것이다.

낯선 홍콩의 거리에 떨어진 소군과 이교는 길 잃은 유성처럼 서로 의지하고 사랑에 빠진다. 그들은 자신들의 미래에 대해 이야기한다. 하지만 두 사람의 기억은 불균형하다. 미래에 대한 이야기가 누군가에겐 너무나 소중하지만 누군가에겐 그저 가벼운 이야깃거리에 불과하다. 소군에게는 홍콩에서 돈을 벌면 결혼하기로 한 소정이라는 약혼녀가 있고, 이교에게는 돈을 벌어 호화로운 생활을 누리겠다는 야심찬 꿈이 있다. 이교는 등려군 노래가 해금 후 본토에서 폭발적 인기를 얻었다는 점을 떠올려 모은 돈을 자본금 삼아 소군과 함께 등려군 해적판 앨범을 판매한다. 그녀는 한몫 잡아보려 했지만 홍콩인들에게 이미 등려군은 유행이 한참 지난 '옛날 가수'다. 사람들은 등려군보다는 알란 탐의 앨범을 찾는다. 등려군을 듣는 건 본토 출신 촌뜨기들이라는 편견 때문에 본토 출신들마저 그들이 파는 앨범을 외면한다.

이교는 손해를 만회하고자 나머지 돈을 주식에 투자하지만 홍콩에 불어 닥친 경제 위기로 더 큰 손해를 입는다. 그녀는 악착같이 모은 돈 3만 달러를 다 날리고 빚까지 져 안마시술소에서 일하게 된다. 소군은 이교에게 힘이 되어 주고 싶지만, 이교는 너무나 순진하고 순박한 소군을 부담스러워한다. 이교는 소군 대신 돈 많은 암흑기의 보스 구양표, 즉 표형을 선택한다. 소군은 이교에게 삐삐로 연락을 보내보지만 이교는 소군의 연락을 받지 않는다. 소군 또한 그녀에 대한 마음을 접기로 하고 '안녕'이라는 메시지를 남긴다.

소정과 결혼을 앞두고 있는 소군은 이교에게 청첩장을 보낸다. 표형의 애인이 된 이교는 소군의 결혼식에 참석하고 둘은 삼 년 만에 재회하게 된다. 소군과 이교는 자신들이 예전에 함께 머물던 방에서 하룻밤을 보내고, 세월을 거스른 듯 서로의 감정이 변하지 않았음을 확인한다. 두 사람은 자신들의 사랑을 위해 새로운 곳으로 도피를 계획한다. 하지만 이교의 애인 표형이 경찰로부터 증인이 되어 줄 것을 요구받으며 추적을 당하게 되자 표형은 지인을 배신할 수 없어 대만으로의 밀항을 도모한다. 이교는 결국 표형과 함께 대만을 거쳐 미국에 밀입국한다. 이교가 떠나버렸지만 소군은 이교에게 했던 약속대로 소정에게 이교를 사랑함을 고백하고 소정과 헤어진다.

소군은 소정과 헤어진 후 미국 뉴욕에 정착해 차이나타운의 한 식당에서 일하고 있다. 반면 이교는 여섯 번이나 장소를 옮겨가며 도피 생활 중인 표형과 함께 뉴욕에 머물고 있다. 표형이 소군이 일하는 식당에서 음식을 포장해 가기도 하지만 소군과 이교는 서로 마주치지 못한다. 이교가 빨래방에 빨래를 되찾으러 간 사이 담배를 피우던 표형은 시비를 걸어온 무리에게 총을 맞고 사망한다. 이교는 표형의 죽음 이후 만료된 비자가 정부에 걸려 48시간 이내에 미국에서 추방을 당하는 상황에 처한다. 그녀는 이민국 직원들과 택시를 타고 공항으로 가던 중 자전거를 타고 지나가는 소군을 본다. 택시에서 도망쳐 소군의 뒤를 쫓지만 번화한 뉴욕 한복판에서 결국 그를 놓치고 만다.

시간이 흐른 후 이교는 뉴욕에서 중국인 관광객을 대상으로 여행 가이드 일을 하고 있다. 소군 역시 뉴욕에서 식당 일을 하며 살아가고 있다. 이교는 거리를 걷다가 가게에서 틀어놓은 TV를 통해 등려군의 사망 소식을 접하게 된다. 소군 또한 바로 그 옆에 서서 TV를 보고 있다 등려군의 음악이 흘러나오는 그 자리에서 두 사람은 운명적으로 재회한다. 둘은 마주보며 환히 웃는다.

영화는 다시 첫 장면으로 넘어간다. 기차는 이미 홍콩 구룡역에 도착했는데 소군은 아직도 잠들어 있다. 누군가에게 "그는 동지 빨리 일어나요, 역에 도착했어요"라고 말하며 그를 깨운다. 하지만 그 말에 잠을 깬 것은 그가 아니라 그와 머리를 앞뒤로 맞대고 잠들어 있던 한 여인이다. 그녀는 기차에서 내린다. 바로 그녀가 이교다. 이교는 소군 앞에서 항상 세상물정을 조금이나마 더 아는 척했지만 그녀 또한 소군과 마찬가지로 기차에서 내려 두리번거린다.

혹자는 〈첨밀밀〉을 정치적 은유로 읽기도 하지만 개인적으로는 이에 동의하지 않는다. 아니 그러고 싶지 않다. 전술했듯이 〈첨밀밀〉은 소군과 이교의 사랑 이야기인 동시에 가수 등려군을 기리는 음악 영화다. 영화의 제목이자 이 영화의 모티브는 그녀가 부른 노래 「첨밀밀」이다. 영화 전체에 걸쳐 이 노래가 흐른다. 노래 가사는 대략 이렇다. "달콤해요, 그대 미소는 달콤하지요/ 봄바람 속에서 꽃이 피는 것처럼, 봄바람 속에 피는 것처럼/ 어디에서, 어디에서 그대를 만났더라?/ 그대 미소는 이렇게 낯익은데, 도무지 생각이 안 나요/ 아, 꿈속에서였군요/ 꿈에서, 꿈속에서 그대를 만났군요/ 달콤한, 달콤한 그 미소/ 그대군요, 그대였어요, 꿈에서 본 사람이 그대였군요."

많은 사람들이 〈첨밀밀〉에서 가장 인상적인 장면으로 마지막 장면을 꼽는다. 이교는 거리를 걷다가 가게에서 틀어놓은 TV를 보다가 등려군의 사망 소식을 접하게 된다. 소군도 그 옆에 서서 TV를 보고 있다. 등려군의 음악이 흘러나오는 그 자리에서 두 사람은 운명적으로 재회하고 마주보며 환히 웃는다. 하지만 이 장면 외에도 이 영화에서 기억되는 장면은 또 있다. 소군이 이교의 손을 씻겨주고 수건으로 물을 닦아주는 장면도 기억에 남고, 길거리에서 등려군의 사인을 등에 받는 장면도 기억에 남는다. 하지만 이 영화에서 가장 기억에 남는 것은 등려군의 노래다. 개인적으로는 「첨밀밀」도 좋지만 「월량대표야적심」도 좋다. "저 달빛이 내 마음을 비춰줘요." 그렇기 때문에 〈첨밀밀〉은 내게 영원히 음악 영화다.

Sequence #06 1997~2001

★ ★ ★ ★ ★ **1 9 9 7** ★ ★ ★ ★ ★

〈부기 나이트〉

: "넌 그러니까 그 꼴로 사는 거야"

전설적인 영화감독 프란시스 포드 코폴라는 다음과 같이 말했다. "영화계에서 자신이 만들고 싶은 대로 만들 수 있는 영화감독은 쿠엔틴 타란티노도 아니고, 코엔 형제도 아니고, 바로 폴 토머스 앤더슨이다." 영국의 영화평론가 토니 레인즈도 이렇게 말했다. "폴 토머스 앤더슨과 데이비드 핀처는 할리우드 스튜디오를 운영하는 멍청이들을 설득해, 지적이고 도전적인 영화에 투자하도록 만드는 능력을 가진 유이한 사람이다." 이들의 설명을 종합해 보면 앤더슨은 미국의 할리우드 시스템 안에서 자신의 고유한 스타일을 유지하며 영화를 만들 수 있는 몇 안 되는 감독 중 하나다.

지극히 주관적인 기준으로 보자면 1990년대 미국 영화계의 '천재'를 이야기할 때 대부분의 사람들은 쿠엔틴 타란티노를 꼽을 것이다. 하지만 앤더슨 또한 타란티노에 버금가는 영화적 천재다. 주지하듯 타란티노의 천재성은 극단적인 폭력성, B급 성향, 찰진 대사, 과거 영화에 대한 오마주, 탁월한 음악 선곡 능력 등에서 빛을 발한다. 그 외에도 극단적인 성향의 캐릭터들의 충돌, 장황하지만 시시껄렁한 대사들, 서스펜스 넘치는 전개와 비선형적 서사 구조 등을 특징으로 가지고 있다. 타란티노가 특정 장르에 다양한 이야기를 담는다면, 앤더슨은 다양한 이야기를 담기 위해 특정 장르를 선택한다. 그렇기 때문에 앤더슨은 작품마다 스타일이 다르다. 그럼에도 공통적으로 유사 가족 관계, 폐쇄된 집단, 사이비 종교, 깊은 상처를 가진 캐릭터 등의 소재에 집중하는 편이다.

대부분의 사람들은 폴 토머스 앤더슨의 최고의 작품으로 〈마스터〉(2012) 아니면 〈데어 윌 비 블러드〉(2007)를 꼽는다. 참고로 영화평론가 이동진은 〈마스터〉를 입에 침이 마르도록 칭찬한다. 조금 드물게 〈매그놀리아〉(1999)나 〈펀치 드렁크 러브〉(2002)를 꼽는 사람도 있다. 하지만 〈부기 나이트〉(1997)를 그의 최고 영화로 꼽는 사람은 드물다. 필자 또한 마찬가지다. 개인적으로 앤더슨의 최고의 영화는 〈데어 윌 비 블러드〉다. 하지만 앤더슨의 영화 가운데 가장 기억에 남는 영화를 꼽으라면 단연 〈부기 나이트〉다.

앤더슨의 영화에는 마틴 스코세이지, 로버트 올트먼, 브라이언 드 팔머 등 영화적 거장의 그림자가 짙게 드리운다. 기술적인 부분에서는 스코세이지와 드 팔마, 이야기적인 부분에서는 올트먼의 영향이 읽힌다. 하지만 그는 영화 거장들의 그림자에 머물지 않고 한 걸음 더 나아간다. 많은 평자들이 말하듯이 그의 영화는 기술적으로 훌륭하다. 〈부기 나이트〉의 오프닝 시퀀스와 수영장 시퀀스의 복잡한 스테디캠 롱테이크는 입이 딱 벌어질 정도로 기념비적이다. 이 영화는 영화사적으로도 의의가 크다. 1970년대의 섹시 스타였던 버트 레이놀즈는 이 영화를 통해 많은 비평가협회 시상식에서 조연상을 수상하며 부활을 알렸고, 앤더슨 자신은 이 영화로 아카데미 각본상 후보에 오른다.

앤더슨은 마틴 스코세이지 감독의 〈레이징 불〉(1980)을 모델로 해서 로버트 올트먼의 영화들처럼 여러 등장인물들의 여러 가지 다층적인 이야기를 탁월한 연출력으로 아우르고 있다. 어느 평론가가 〈부기 나이트〉를 두고 "주인공이 〈레이징 불〉의 권투선수가 포르노배우로 바뀐 이야기일 뿐 두 영화는 똑같다"라고 비판하자 앤더슨은 이를 반박하지 않고 오히려 이를 자랑스럽게 여겼다. 실제로 〈부기 나이트〉는 〈레이징 불〉을 여러 면에서 오마주하고 있다. 특히 엔딩 장면은 〈레이징 불〉의 엔딩을 완벽하게 오마주하고 있다.

〈부기 나이트〉는 1970년대 말 미국을 배경으로 하고 있다. 이소룡과 셰릴 티그로의 사진으로 벽면을 도배하며 스타를 꿈꾸는 17세 청년 에디 아담스는 고등학교를 중퇴하고 나이트에서 접시닦이로 일하고 있다. 별 볼 일 없는 인생이지만 그에겐 '빅 스타'가 될 수 있는 희망과 짭짤한 부수입까지도 챙겨주는 특별한 물건이 있었으니, 그것은 바로 '33센티미터'를 자랑하는 그의 비정상적인 성기다. 포르노 영화업계의 대부 격인 영화감독 잭 호너는 그의 파트너 앰버와 함께 소문의 진상을 확인하기 위해 나이트클럽을 찾는다.

잭은 에디를 본 순간 그에게 함께 일할 것을 권하지만 에디는 선뜻 응하지 않는다. 하지만 특별한 물건을 썩히지 말라는 잭의 한 마디로 에디는 화려한 포르노배우 인생을 시작한다. '덕 디글러'라는 예명으로 포르노 영화배우의 길에 들어선 에디는 거대한 물건과 섹시한 외모로 순식간에 포르노 업계의 스타로 뜬다. 덕의 모든 출연작은 히트했고, 모두들 그와의 관계를 원했다. 그는 최고급 스포츠카와 호화스러운 파티를 벌이는 저택의 소유주가 되었다. 그는 포르노 영화인들의 영화상 시상식에서 4년 연속 주연상을 거머쥐는 대역사의 주인공이 된다.

하지만 행운은 거기까지다. 덕의 인생은 절정의 순간을 맛본 후 순식간에 사그라지는 그의 물건처럼 밑바닥 인생으로 치닫기 시작한다. 왜냐하면 포르노 영화의 시대가 가고 비디오 시대가 왔기 때문이다. 그는 마약과 술에 빠져 자기 물건도 제대로 세우지 못한다. 그가 재기를 꿈꾸며 다시 무대에 오르는 것을 마지막으로 영화는 끝난다. 〈부기 나이트〉에 나타난 앤더슨의 천재성은 이야기 구조의 병치에 잘 나타난다. 에디의 성공, 붕괴, 재기의 희망이라는 개인적 서사는 포르노 영화계의 성공, 붕괴, 재기의 꿈과 병치된다.

〈부기 나이트〉는 1970년대 포르노 산업을 배경으로 실존 인물 존 C. 홈스를 스토리의 원안으로 따왔다. 하지만 이 영화는 단순히 포르노 업계만을 보여주는 것이 아니라 꿈과 좌절, 1970년대 시대상을 영화 전반에 잘 녹여내고 있다. 특히 시대 묘사가 탁월해서 당대 유행하던 춤, 음악, 패션, 파티 분위기 등 실제 그 시대를 그대로 가져온 것처럼 재현하고 있다. 영화의 세세한 사건들 대부분은 감독 본인이 말한 것처럼 실제로 일어났던 사건들이다. 그렇기 때문에 이 영화는 거의 팩션 수준이다.

『에로티시즘과 영화』(1986)의 저자 다니엘 세르소에 따르면, 프랑스 영화는 1970년대 중반 검열이 마지막 베일을 내리게 되면서 그나마 조심스러워 보이거나 특정한 장르에만 국한되었던 누드 장면은 수많은 허구영화들에서 거의 빠짐없이 등장하는 장면이 되어 버렸다. 십여 년이 지나 흔히 X등급 영화라고 불리는 포르노 영화들은 수많은 극장 전면에 의미심장한 장면들을 내걸었으며 파리에서건 지방에서건 사랑하는 장면이 적나라하게 보이게 되었다. 여론은 동요했고, 정부가 법률을 정하면서 금욕주의의 물결이 프랑스에 쇄도한다. X등급 영화와 그 상영관은 무겁게 세금이 매겨졌고 다시금 타르튀프가 재등장하게 된다. 궁극적으로 그는 이 책에서 성이 왜 여러 세기 동안 평가절하되었고, 죄악시되었고, 처벌을 받아왔는지 의문을 제기한다. 그가 생각하기에 성은 원래 자연스러운 것이었다.

『에로티시즘과 영화』의 옮긴이도 성에 대해 저자와 비슷한 입장이다. 그는 다음과 같이 말한다. "영화는 자신이 탄생하는 순간 이미 에로티시즘을 잉태한 상태였으며 에로티시즘과 더불어 지금까지 성장해 왔다고 해도 과언이 아니다. 토머스 에디슨이 키네마스코프를 발명한 그 당시 사람들이 자신들의 눈앞에 전개되어 움직이는 영상들을 남몰래 훔쳐보며 느꼈을 즐거움은 오늘날 관객들이 어두운 극장 안에서 느끼는 감정과 근본적으로 크게 바뀐 것이 없어 보인다. 더구나 영화 내용에 오랫동안 주된 주제를 제공해준 것이 바로 '사랑'이라고 한다면 '모든 사랑은 결국 성적인 것이다'라고 했던 프로이트의 이론을 굳이 내세우지 않고도 모든 영화 속에서 에로틱한 요소들은 결코 간과될 수 없을 것이다. 물론 이 요소들이 암시적인가 아니면 '적나라'한가에 따라 그것이 다양한 파장을 불러일으키는 것은 사실이다."

〈부기 나이트〉를 처음 본 게 1999년 무렵이다. 그 당시에는 '비디오방'이라는 게 있었다. 집에서 보기 민망한 영화를 비디오 방에서 몇 명이 모여 보곤 했다. 아마 거기서 이 영화를 보았던 것 같다. 영화에 대한 아무 정보 없이 '야한 포르노배우 이야기'로 생각하고 보았다. 그런데 이 영화는 야한 장면이 더러 나오기는 하지만 예상한 그런 영화가 아니었다. 그래서 함께 영화를 본 몇몇은 낙담한 표정이 역력했다.

개인적으로 이 영화는 인생에 대해 많은 것을 생각하게 하는 영화였다. 에디는 최고의 자리에 오르겠다는 꿈을 꾸었고, 마침내 그 꿈을 이루었다. 하지만 화려했던 그는 추락하기 시작한다.

큰 잘못을 해서 추락하는 게 아니다. 그 추락을 멈추기 위해, 다시 오르기 위해 애쓰지만 추락은 멈추지 않는다. 그의 삶은 망가져 간다. 계속해서 잘못된 선택을 하고 주변 사람들은 모두 떠난다. 마침내 바닥까지 추락한다. 하지만 바닥에 이르렀을 때 그는 다시 시작할 용기를 얻는다. 어쩌면 우리들의 삶도 이와 비슷할지도 모른다. 우리는 바닥까지 추락했을 때 비로소 삶의 희망을 이야기한다. 돌이켜보면 〈부기 나이트〉는 예상과 전혀 다른 영화였지만 전혀 기대하지 않았던 인생의 깨달음을 준 영화였다.

⟨백치들⟩

: "이왕 할 거 제대로 하자구"

　가끔씩 '영화의 이해'라는 제목으로 영화 강좌를 진행한다.
강좌를 시작하기 전 청중들에게 '영화란 무엇인가?'라는 근원적
인 질문을 한다. 그런데 그 질문은 관객들이 영화에 대해 어떻게
생각하고 있는지 듣기 위해서 하는 질문이 아니라 사실 다음과
같이 말하기 위해 꺼낸 질문이다. '영화는 과학이고, 스토리고,
예술이고, 산업이고, 힐링이고, 소통이다.' 모든 영화가 다 그런
것은 아니지만 대부분의 영화는 이야기 구조를 갖고 있다. 영화
의 역사는 과학 기술의 역사와 함께했기 때문에 '영화는 과학이
다'라는 주장에도 수긍하게 된다. 또한 영화는 다양한 부가가치
를 창출하기 때문에 예술인 동시에 산업이다. 그런데 '영화는
힐링이고 소통이다'라는 주장에 대해서는 조금 망설여진다. 특
히 라스 폰 트리에의 영화를 생각하면 더욱 그렇다. 그의 영화는
힐링이 아니라 고통이고, 영화를 통해 소통하고 싶어지는 것이

아니라 영화와 단절하고 싶어진다. 그 정도로 그의 영화는 충격
적이고 그렇기 때문에 고통스럽다.

폰 트리에의 영화는 비주류 영화를 지향하면서도 대중적으로
도 비평적으로도 큰 성공을 거두었다. 〈브레이킹 더 웨이브〉
(1996)는 칸 영화제 경쟁 부문에 출품되어 심사위원 대상을 받았
다. 〈어둠 속의 댄서〉(2000)는 같은 영화제에서 황금종려상을
수상한다. 그는 칸 영화제와 인연이 깊다. 그의 영화는 그에게
비평적인 명성만큼이나 악명을 안겨주기도 한다. 특히 그의 영
화는 항상 '여성성'에 관련해 윤리적 논쟁의 중심에 있다. 많은
평론가들이 지적하듯이 〈브레이킹 더 웨이브〉에서 〈님포매니
악〉(2013)에 이르기까지 그의 대부분의 영화에서 여성은 남성
또는 가부장제 사회에 의해 희생당하거나 아니면 응시의 대상
이 된다. 그의 영화는 도덕적으로나 윤리적으로나 불편하고 혼
란스럽다.

그런데 〈백치들〉(1998)은 폰 트리에의 필모그래피에서 조금
특별하고 다른 지점에 놓여 있다. 그렇다고 해서 이 영화가 보기
편안하다는 말은 결코 아니다. 더 정확히 말하면 이 영화는 다른
지점에서 그의 다른 영화들보다 더 불편하고 혼란스럽다. 먼저
영화의 줄거리를 간단히 살펴보자. 스토퍼는 삼촌이 살던 호화
주택에서 일단의 젊은이들과 함께 백치 행위에 몰두하며 산다.
카렌은 아들 마틴의 장례식 전날 우연히 한 레스토랑에서 스토
퍼 일행을 발견한다. 처음에 그녀는 백치들의 행동에 연민을

느끼지만 그들의 백치 행위가 거짓된 행동임을 알고 난 후에는 흥분한다. 하지만 자신도 모르는 사이 점차 그들에게 동화된다. 스토퍼 일행은 온갖 악행과 기행을 저지르고 카렌은 그들의 행위에 동참하지 않지만 그들과 함께한다.

스토퍼의 생일 파티가 열리고 분위기가 무르익자 스토퍼는 난교 파티를 제안한다. 카렌, 요세핀, 예프를 제외한 나머지가 이에 동참한다. 예프와 요세핀은 다른 방에서 사랑을 나누고 카렌은 이를 지켜본다. 하지만 요세핀이 그녀의 아버지에 의해 끌려가자 사람들은 점점 백치 행위에 대해 흥미를 잃어간다. 그들은 위기의식을 느끼고 방안을 모색하지만 뚜렷한 대안을 찾지 못한다. 그때 스토퍼는 한 가지 제안한다. 그는 자신들의 백치 행동이 단순한 게임이 아닌 진실한 행동임을 증명하기 위해 가장 아끼고 사랑하는 가족들 앞에서 백치 행동을 하자고 제안한다.

모두 스토퍼의 제안에 동의했지만 몇몇은 시도를 포기하고 몇몇은 시도하지만 실패하고 만다. 그룹은 와해되고 멤버들이 떠나가기 시작한다. 이를 안타깝게 지켜보던 카렌은 멤버들에게 마지막으로 자신의 시도를 봐달라고 호소하며 참관자 수잔과 함께 가족들 곁으로 간다. 카렌의 가족들은 낯선 여자와 함께 집에 돌아온 그녀를 불편한 기색으로 맞이한다. 그녀는 남편 앤더스에게 마틴의 장례식 전날 말도 없이 오랫동안 사라진 것에 대해 사과하고 앤더스는 그녀의 사과를 마지못해 받아들인다.

커피와 케이크가 준비되자 카렌의 가족들은 아침 식사를 시작한다. 바로 그 순간 카렌은 가족들 앞에서 몸을 비틀어대고 케이크를 게걸스럽게 흘리며 먹는다. 안 그래도 불편했던 분위기는 순식간에 얼어붙는다. 분노한 앤더스는 카렌의 뺨을 후려치지만 카렌은 눈물을 흘리면서도 백치 행위를 멈추지 않는다. 보다 못한 수잔은 카렌에게 "이제 충분하다"고 말하며 그녀에게 함께 나가자고 제안한다. 둘이 집을 떠나는 장면으로 영화는 끝이 난다.

〈백치들〉에도 폰 트리에의 다른 영화에서처럼 난교와 성기 삽입 등 쉽게 넘어갈 수 없는 장면들이 여러 차례 등장한다. 실제로 우리나라에서 성기 삽입 장면 때문에 검열이 통과되지 않아 감독이 직접 검열 처리한 필름을 보내왔다고 한다. 그 외에도 이 영화는 불편함으로 가득하다. 혹자는 이 영화를 두고 남성 또는 가부장제 사회가 여성을 희생시키거나 응시의 대상으로 삼는다고 비평했지만 충분치 않아 보인다. 그보다는 이 영화가 중산층의 일탈, 허위의식, 허장성세를 비판한다는 설명이 더 설득력이 있다.

스토퍼는 "백치 행위만이 인간의 미래다"라고 주장하면서도 막상 진짜 다운증후군 환자들과의 파티에선 그들을 혐오하는 이중성을 드러낸다. 카렌의 가정은 가부장적인 노동자 계층이다. 멤버들이 전부 중산층 계급으로 그려지는 백치 그룹을 따라다니게 된 것도 자신의 현실에서 도피하고 싶어서였던 것으로 해석할 수 있다. 멤버들이 비싼 요리 재료인 캐비어로 장난을 치는 등의 상황에선 카렌이 이들에게 계급적인 거리감을 느끼고 있음을 보여주기도 한다. 이처럼 〈백치들〉은 다른 지점에서 불편하고 고통스러운 영화다.

폰 트리에의 〈백치들〉은 〈셀레브레이션〉(토머스 빈터베르, 1998)과 더불어 '도그마 95' 영화로 일컬어진다. 1995년 폰 트리에를 포함해 네 명의 젊은 덴마크 영화감독들은 영화제작에서 준수해야 할 열 가지 항목이 담긴 선언서를 발표한다. 이 선언이 바로 '도그마 95'다. 총 열 개의 문항으로 이루어진 '도그마 95'는 기존의 영화제작 방식이 사용하고 있는 여러 관습을 엄격하게 금지하고 제작 방식의 순수성을 강조했다. 한 마디로 '모든 인위적 극적 효과에 대한 거부'로 요약될 수 있다. 그래서 '도그마 95'는 당시 '청교도주의에 입각한 영화제작의 규약서'라고 조롱을 받기도 했다.

지나치게 엄격한 윤리 규약으로 창작의 자유가 훼손되고 무미건조한 작품이 만들어질 것이라는 예상과 달리 빈터베르와 폰 트리에는 민감한 소재를 과감하고 활기찬 방식으로 다루어 내며 국제 평단의 큰 호응을 이끌어냈다. 영화제작 현장에서 일상화된 특수효과 등을 모두 거부했던 '도그마 95'의 감독들은 새롭게 등장한 디지털카메라의 현장감과 미학적 효과를 누구보다도 먼저 선취했다. '도그마 95'는 유럽 각 나라에 모던 시네마 운동을 촉발했다. 모던 시네마 운동은 냉전시대 젊은이들의 자유주의와 혁명에 대한 열망을 내면화하고, 서로 영향을 주고받으며 연쇄적으로 일어나 모던 시네마의 정신과 형식을 완성했다.

1950년대 말에서 1970년대까지 유럽 영화 운동은 영화학교와 영화잡지, 시네 클럽이 배출한 영화광들과 자유를 갈망하는 시대적 분위기가 결합해 등장한 우연의 산물이었다. 네오리얼리즘, 누벨바그 등 오늘날 세계영화사에서 공식적으로 통용되는 명칭은 모두 우연히 붙여졌다. 반면 '도그마 95'는 자발적이고 인위적인 선언이었다. 하지만 뛰어난 작품의 등장과 함께 국제적인 시선을 끌었지만, 당대 영화계의 움직임을 효과적으로 반영하지 못했다는 한계도 지적된다. 그럼에도 불구하고 '도그마 95'는 최소한의 예산, 즉흥적인 표현의 방식, 진실에 대한 추구 등을 본령으로 삼으며 디지털 기술의 효과와 의미를 정당화했다. 또한 할리우드가 전 세계 영화 시장을 장악하고 있는 가운데 대안적이고 동 시대적인 영화 창작 방식을 새롭게 숙고하는 기회를 제시했다고 평가할 수도 있다.

전술했듯이 폰 트리에는 언제나 논쟁의 중심에 서 있고, 세계 영화사에서 가장 어두운 비전을 펼치는 감독 중 한 명이다. 혹자는 그의 비관적이고 암울한 영화적 세계와 여성에 대한 폭력성을 '사생아'라는 그의 삶의 궤적에서 찾기도 한다. 하지만 그는 자신이 여자들을 특별히 싫어하는 것도 이 인물들이 여자라서 이렇게 고통받는 것도 아니라고 항변한다. 오히려 여주인공들이 자신의 자화상 같다고 설명한다. 폰 트리에와 그의 영화에 대해서는 오해와 억측, 비난과 멸시가 난무한다. 하지만 불편한 것이 반드시 옳은 것도 아니지만 또 그렇다고 해서 그른 것도 아니다. 불편한 것은 단지 불편할 뿐이다. 불편함은 증오의 대상일 수 있지만 혐오의 대상이 되어서는 안 된다.

혐오는 약자를 대상으로 한 폭력이자 잘못된 과녁을 향한 원한이다. 혐오는 분노의 표출이지 정의의 수단이 아니다. 비겁한 혐오보다는 떳떳한 증오가 낫다. 증오는 구체적 잘못을 지닌 대상에 대한 실제적인 미움이다. 슬픔이 힘이 되듯이 증오는 부당한 현실을 공략하는 힘이 될 수 있다. 그렇기에 누군가는 혐오하지 말고 차라리 증오하라고 권한다. 얼마 전 어느 북 콘서트에서 이야기했듯이 원래 "예술은 불온하다". 폰 트리에의 영화는 '불온한 예술' 가운데 하나일 뿐이다.

★ ★ ★ ★ ★ **1 9 9 9** ★ ★ ★ ★ ★

〈매트릭스〉

: "진짜라는 게 뭐지?"

우리말에 '백문이 불여일견'이라는 표현이 있다. 그 뜻은 모두 다 알고 있듯이 '백 번 듣는 것보다 한 번 보는 게 낫다'이다. 영어에도 'To see is to believe'라는 비슷한 표현이 있다. 그 뜻은 '보는 것은 믿는 것이다'이다. 이 표현들에서 알 수 있듯이 사람들은 눈으로 보는 것을 그 무엇보다 더 중요하게 여긴다. 아니 마땅히 그렇게 여겨야 한다고 믿는다. 눈으로 본다는 것은 직접 경험한다는 것을 의미한다. 철학에서는 이를 '경험론'이라고 부른다. 경험론은 철학에서 감각의 경험을 통해 얻은 증거들로부터 비롯된 지식을 강조하는 이론으로 관념의 형성 과정에서 생득관념이나 관습보다도 경험과 증거, 특히 감각에 의한 지각을 강조한다.

철학사적으로 경험론은 관찰과 실험을 중시하고 연역적 추리보다 개별적 경험에 근거를 두는 귀납법을 강조한 로저 베이컨을 시작으로 토머스 홉스, 존 로크에 이르러 완성된다. 특히 로크는 "마음이란 백지 또는 암실이며, 모든 지식은 감각과 반성을 통하여 외적으로 주어지는 문자이며 빛"이라고 하였다. 로크의 철학은 조지 버클리와 데이비드 흄으로 계승되면서 '대륙의 합리론'과 대비되는 '영국의 경험론'이라는 확고한 철학적 전통으로 자리 잡는다.

영국의 경험론은 특히 현대 영미철학에 지대한 영향을 끼쳤다. 논리실증주의, 프래그머티즘, 분석철학 등은 대표적인 현대 경험론이다. 논리실증주의는 사실적 여건을 모든 경험과학 이론의 구성과 환원의 기초로 생각하고, 전통적으로 선천적 인식으로 간주되어 온 논리학과 수학 등의 필연성까지도 감각적 기호에 관한 약정에 뒤따르게 하고 있다. 프래그머티즘은 위의 이원론에는 비판적이며, 일원적 연속성과 행동심리학에 의한 인식의 동적인 파악을 강조하지만, 한층 철저한 경험론의 입장에서는 공통된 경향을 보인다.

그런데 영화 〈매트릭스〉(래리 워쇼스키·앤디 워쇼스키, 1999)는 '보이는 것이 전부가 아닐 수 있다'는 폭탄선언을 하며 이 경험론에 반기를 든다. 경험론에 반기를 드는 정도가 아니라 경험론을 바닥부터 무너뜨렸다. 〈매트릭스〉는 〈터미네이터〉, 〈스타워즈〉 등과 함께 대중문화계에 거대한 영향을 미친 전무후무한 영화사에 남을 걸작으로 평가받고 있다. 〈매트릭스〉는 흥행에서도 크게 성공하고 비평에서도 호평을 받으며 전 세계적으로

'매트릭스' 붐을 일으켰다. 2003년에 〈매트릭스 2: 리로디드〉와 〈매트릭스 3: 레볼루션〉이 개봉했다. 〈매트릭스〉 시리즈는 영화의 기술적인 측면뿐만 아니라 내용적인 측면에서 이룬 성취를 인정받아 미국 의회도서관 영구보존 자료로 선정되었다.

영화를 보면서 같이 보는 사람에게 질문해서는 안 되는 영화가 몇 편 있다고 하는데, 〈매트릭스〉는 그중 하나다. 사실 이 영화는 처음 보면 뭐가 실제 세계이고 뭐가 가상 세계인지 쉽게 구분되지 않는다. 일반적인 영화에서는 자막이나 등장인물의 외양 변화 또는 필름의 필터링 등과 같은 기술적인 방법을 통해 시간적 경계를 구분하지만 이 영화는 그런 장치가 따로 없다.

〈매트릭스〉 시리즈 줄거리를 요약하면 다음과 같다.

때는 2199년이다. 인공 지능이 인간으로부터 독립했다. 인간은 기계와 전쟁을 치렀지만 속수무책이었다. 인간은 기계의 에너지원인 태양을 차단하기 위해 하늘을 불태웠지만 기계는 인간을 사로잡아 생체 에너지를 뽑아낸다. 이제 인류는 발전소 속 고치 속에 웅크려 잠든 '전지'가 되었다. 기계는 인간의 뇌 속에 1999년의 세상을 프로그래밍해 주입했고 인간으로 하여금 그 속에 살고 있는 것처럼 느끼게 만들어 놓았다. 기계가 만든 그 가상 세계가 바로 '매트릭스'다. 프로그램 안에 있는 동안 인간의 뇌는 AI의 철저한 통제를 받는다. 인간이 보고 느끼는 것들은 항상 그들의 검색 엔진에 노출되어 있고, 인간의 기억 또한 그들에 의해 입력되고 삭제된다.

토머스 앤더슨은 낮에는 컴퓨터 프로그래머로 일하지만 밤에는 '네오'라는 아이디로 해킹을 하며 누군가를 찾고 있다. 세상이 뭔가 잘못되어 있다는 의심에 사로잡혀 있는 그에게 어느날 모피어스 일당이 연락을 한다. 그들은 발전소에서 깨어난 인간들이 지구 깊은 곳에 건설한 세계 '시온'에서 파견된 전사들이다. 그들은 폐쇄된 기계 시스템의 미로를 몰래 떠다니는 시온의 전함 느부갓네살호의 승무원들로 시시때때로 매트릭스 속으로 해킹해 들어와 구세주인 '그'를 찾고 있다. 네오는 예언자 오라클이 말한 '그'다. 모피어스는 네오에게 계속 잠들어 있을 것인지(파란약), 아니면 깨어날 것인지(빨간약)를 결정하라고 한다. 네오는 주저 없이 빨간약을 선택하고 그들의 동료가 된다. 그는 훈련을 통해 놀라운 기량을 쌓아간다.

그러던 중 느부갓네살호에서 내부 반란이 벌어진다. 사이퍼는 매트릭스로 되돌아가고 싶어 한다. 그는 꿀꿀이죽 같은 식사와 죽음의 공포만이 남은 기약 없는 삶에 지쳐 버린 것이다. 그는 뇌파 자극이 만든 환상일지언정 스테이크를 맛보며 인기 배우 '미스터 레이건'으로 살고 싶어 한다. 대원 몇 명은 사이퍼 때문에 죽고 모피어스는 스미스 요원에게 넘겨져 고문을 당한다. 결국 네오가 모피어스를 구출하고, 네오 자신은 스미스의 총탄에 맞아 죽게 된다. 하지만 네오는 연인 트리니티의 간절한 입맞춤으로 죽음에서 부활한다. 네오는 부활로 진정한 '그'가 된다.

하지만 이때 예상치 못한 변수가 발생한다. 스미스가 기계 제국으로부터 독립해 버린 것이다. 인간을 끔찍하게 혐오하는 것은 전과 다르지 않지만, 그는 인간의 자의식을 갖게 되었다. 스미스는 자신을 무한 복제하면서 기계 제국과 인간 모두를 위협하게 된다. 부활한 네오는 숱한 난관을 돌파하여 매트릭스의 설계자를 만난다. 그는 매트릭스의 아버지 격인데, 거기서 놀라운 사실을 듣게 된다. 예언자 오라클 또한 매트릭스 프로그램의 일부이며 매트릭스의 어머니 격이라는 것이다. 설계자는 네오에게 시온과 트리니티 중 하나를 택하라고 명령한다. 네오는 기계의 공격으로 위기에 빠진 시온 대신 연인을 구한다.

예언은 좌절되었고 모피어스는 절망한다. 시온을 향한 기계의 공격은 더욱 거세지고 인간과 기계의 최후 일전이 펼쳐진다. 결국 네오는 기계 제국의 심장부로 찾아간다. 그는 "이대로 가면 당신들도 결국 스미스들에게 패배할 수밖에 없다. 내가 스미스를 처단해 줄 테니 시온에 대한 공격을 중단하라"고 요구하며 협상을 한다. 네오가 스미스를 물리치면서 시온은 되살아나고 인류는 해방된다.

누구나 다 그렇겠지만 필자 또한 〈매트릭스〉 시리즈를 제대로 이해하기 위해 몇 번이나 보았다. 처음에는 비디오테이프로 나중에는 파일로 말이다. 수시로 정지 버튼을 누르며 줄거리도 정리하고 선문답 같은 영화 속 대사도 옮겨 적었다. 하지만 나중에 읽어보면 무슨 말인지 이해가 안 되기는 마찬가지였다. 그때 읽은 책이 『매트릭스로 철학하기』(2003)라는 책이다. 이 책은 슬라보예 지젝을 비롯해 열일곱 명의 현직 철학 교수들이 영화 〈매트릭스〉의 철학적 의미에 관해 쓴 15편의 원고를 뮤은 것이다. 저자들은 자신의 철학적 성향에 따라 〈매트릭스〉를 다양한 분석 틀로 읽어낸다.

〈매트릭스〉가 철학자들의 로르샤흐 테스트라는 지젝의 비유에 기대어 보면, 이 책은 철학자들의 로르샤흐 테스트 결과지를 모아서 엮은 셈이다. 철학자들은 이 책을 통해 영화가 제기하는 의문에 답하기 위해 고대에서 현대에 이르는 수많은 철학자들, 즉 플라톤, 아리스토텔레스, 아퀴나스, 데카르트, 칸트, 니체, 사르트르, 셀라스, 노직, 보드리야르, 라캉, 콰인 등을 인용한다.

『매트릭스로 철학하기』의 궁극적인 목표는 〈매트릭스〉를 통해 독자들을 대중문화에서 철학으로 안내하는 데 있다. 그 목표를 충분히 달성했다. 왜냐하면 〈매트릭스〉를 본 많은 이들은 그 목표대로 대중문화에서 철학으로 안내되었기 때문이다. 필자 또한 마찬가지였다. 당시 『매트릭스로 철학하기』는 영화 〈매트릭스〉 시리즈의 훌륭한 안내서이자 해설서였다. 이 책은 〈매트릭스〉에 넘쳐나는 온갖 철학과 종교에서 빌려온 명제와 은유들을 명쾌하게 설명해주었다.

그런데 시간이 흐른 뒤 과연 〈매트릭스〉가 그 정도로 심오한 철학적 텍스트인지 찬찬히 다시 생각해 보았다. 사람들이 이 영화에 과도한 의미 부여를 한 것은 아닌가, 하는 의구심도 품게 되었다. 사실 워쇼스키 형제(나중에는 남매, 그 후에는 자매)의 〈매트릭스〉 시리즈와 〈매트릭스〉 이전 영화 또는 〈매트릭스〉 이후의 영화를 비교해 보면 〈매트릭스〉가 그들의 필모그래피 가운데 다분히 예외적으로 철학적이라는 것을 알 수 있다. 그리고 최근 〈매트릭스: 리저렉션〉(2021)을 보면서 그 생각은 확신으로 굳어졌다. 필자에게 〈매트릭스〉는 '보이는 게 전부가 아니다'라는 한 문장으로 수렴된다. 그 이상도 그 이하도 아니다. 누군가의 말처럼 〈매트릭스〉를 철학 교본으로 읽자는 통념은 이제 교정되어야 한다. 그냥 영화로 보자. 그러면 보다 쉽게 다가갈 수 있다. 맞고 틀리고는 그렇게 중요하지 않을 수 있다.

★ ★ ★ ★ ★ **2 0 0 0** ★ ★ ★ ★ ★

〈레퀴엠〉

: "내일을 기대하게 만들어"

다시는 보고 싶지 않은 영화가 있다. 어느 블로거는 이 영화를 두고 '당신의 멘탈을 깨뜨릴 우울한 영화 Best 7' 가운데 1위로 꼽았다. 아마 이 영화를 본다면 그 순위에 이의를 제기하지 않을 것 같다. 이 블로거뿐만 아니라 많은 이들이 이 영화를 두고 비슷하게 말했다. 이 영화는 볼 때도 힘들지만 보고 난 후에는 더욱 힘들다. 개인적으로도 이 영화를 보고 난 후 며칠 동안 영화 속 장면들이 머릿속에 계속 떠올랐다. 이 영화에 대한 리뷰를 찾아보면 "보고 나서 며칠 동안 우울했다", "속이 울렁거려 구토할 뻔했다" 등 부정적인 이야기가 대다수를 차지한다.

개인적으로도 영화에 대한 정보 없이 〈블랙 스완〉(2010)의 감독이 만든 '훌륭한 영화'라는 입소문만 믿고 이 영화를 보았다가 호되게 당했다. 이런 영화에 내성이 있다고 자부했는데 큰코다쳤다. 많은 사람들이 이 영화를 두고 잔인하거나 폭력적인 장면이 없는 영화임에도 불구하고 '두 번 다시 보고 싶지 않은 공포 영화'라고 이야기한다. 설명이 길었는데 이 영화는 다름 아닌 〈레퀴엠〉(대런 애러노프스키, 2000)이다.

공포는 억압된 현재의 발견이다. 억압하고 있지만 그 사실조차 무의식과 관습에 묻혀 있는 것, 기존의 언어나 상징으로 미처 표기되지 못한 것, 그런 것 말이다. 바로 그것이 공포고, 그런 공포를 다루는 영화가 공포영화다. 공포가 의미가 있고 설득력이 있어야 공포를 준다. 그렇지 않은 공포는 웃음을 준다. 그런 면에서 〈레퀴엠〉은 진정한 공포영화다.

영화 〈레퀴엠〉은 휴버트 셀비 주니어의 소설 『레퀴엠 포 어 드림』(1978)을 원작으로 하고 있다. 영화 제목도 원래는 소설의 제목과 같다. 영화는 네 명의 마약 중독자들을 다루고 있다. 이 영화는 내용상으로는 누군가의 말처럼 '인간 막장의 극치'를 달리지만 기술적으로는 탁월하다 못해 위대하다. 현란하고 화려한 영상이 영화의 특장인데, 영상이 이렇게 현란하고 화려한 것은 영화가 재현하고자 하는 바가 '마약중독의 주관적 체험'이기 때문이다. 영화는 극 중 등장하는 네 명의 인물들의 심리 묘사와 그들의 마약 중독, 그것으로 인한 환각 등을 쉴새없이 보여준다.

〈레퀴엠〉은 해리, 그의 어머니 사라, 그의 여자친구 메리온, 그의 친구 타이론 이 네 명의 마약중독자의 이야기다. 브루클린의 여름 사라는 평소에 TV 다이어트 강의 프로그램 '태피 티본스 쇼'를 보는 게 유일한 낙이다. 그러던 어느 날 사라는 그 TV

쇼에 출연 섭외를 받고 들뜬다. 그녀는 자신이 TV 속에 서는 모습을 상상하며 행복해한다. 그녀는 남편과 함께 참석한 아들의 고교 졸업식 때 입었던 아름다운 빨간 드레스를 입은 자기 모습을 상상한다. 하지만 살이 찐 지금 그 드레스는 너무 작아 등 지퍼도 다 올라가지 않는다. 그래도 시청자들에게 빨간 드레스를 입은 자기 모습을 보여주겠다는 일념으로 결국 의사를 만나 암페타민을 복용하면서 위험한 다이어트를 감행한다.

해리가 이를 눈치채고 사라에게 암페타민 중독을 경고하지만 TV 쇼에 나갈 기회를 얻는 것이 삶의 낙인 그녀는 이를 무시한다. 하지만 몇 달을 기다려도 여전히 TV 쇼의 초대장은 오지 않는다. 사라는 어느새 약에 내성이 생겨 예전만큼 약이 주는 기분을 느끼지 못하게 된다. 결국 그녀는 복용량을 몇 배로 늘리고 암페타민에 의한 착란 증세는 점점 심해진다.

해리는 여자친구 메리온, 그리고 절친 타이론과 더불어 달콤하고 행복한 미래를 꿈꾸며 외부의 현실과는 단절된 채 살아간다. 그들은 모두 헤로인에 중독되어 있다. 어느 날 해리와 타이론은 불법 마약 유통을 시작하고 그것으로 많은 돈을 벌게 된다. 하지만 마약 유통과 관련된 갱의 살인 현장에 있다가 체포된 타이론의 가석방에 대부분의 돈을 써버리고, 설상가상으로 급등한 가격으로 헤로인 구매조차 힘들게 되자 그들의 유통 사업은 난관에 봉착한다.

해리는 여자친구 메리온에게 그녀의 정신과 의사에게 몸을 팔아 돈을 받아오라고 요구한다. 그녀는 해리의 요구대로 돈을 받아오지만 둘 사이의 관계는 예전과 달라진다. 그 돈으로 가격이 오른 헤로인을 구입해 다시 유통 사업을 시작하려던 해리와 타이론의 계획은 판매장에서 발생한 총격으로 실패로 끝나고 만다. 결국 둘은 약을 구하기 위해 판매자의 본거지인 플로리다로 떠난다. 떠나기 전 해리와 메리온은 크게 다툰다. 그는 헤로인을 제공하는 매춘 알선업자의 번호를 메리온에게 적어주고 그녀를 떠난다.

사라는 극심한 착란 증세를 겪으며 지하철을 통해 힘겹게 방송국을 찾아간다. 하지만 그녀는 약에 절어 헛소리를 내뱉다가 방송국 관계자가 부른 경찰에 의해 병원으로 보내진다. 그녀는 음식 섭취를 거부하다 뇌에 전기충격요법까지 받고 완전히 정신이 나가버린 후 정신병동에 들어간다. 사라의 소식을 듣고 찾아온 친구 둘은 완전히 폐인이 된 사라의 모습에 충격을 받고 울며 슬퍼한다.

해리는 지속적인 주사 투약으로 썩어버린 팔 때문에 병원을 찾는다. 그의 팔을 치료하던 의사가 해리의 팔이 마약 중독 때문에 그렇게 되었다는 사실을 눈치채고 경찰에 신고한다. 결국 해리와 타이론은 마약 소지죄로 체포되어 수감된다. 감옥 안에서 해리는 팔 때문에 고통스러워하다 병원으로 이송되지만 제때 치료를 받지 못해 결국 그의 팔은 절단된다. 타이론은 감옥에서 인종 차별을 일삼는 교도관들 밑에서 노역하며 헤로인 금단

증상으로 고통을 받는다.

메리온은 엄청난 재력의 아버지가 있지만 집에서 벗어나 남자친구 해리의 지원을 받아 패션계로 진출하기를 꿈꾼다. 하지만 해리로 인해 그녀의 꿈은 사라진 지 오래다. 그녀는 매춘 알선업자에게 몸을 팔아 헤로인을 얻으며 하루하루를 견딘다. 더 나아가 그녀는 그가 주도한 단체 난교 파티에 참가해 수많은 남성들이 지켜보는 가운데 테이블 위에서 다른 직업 창녀와 관계를 갖는다. 논란이 되는 바로 그 장면이다. 우리나라에서도 이 장면 때문에 기나긴 검열 전쟁이 벌어진다. 미국에서도 이 장면 때문에 NC-17등급 판과 R등급 판이 따로 존재한다.

갑자기 장면이 바뀌어 네 사람이 각각 태아처럼 누워서 몸을 웅크리고 있다. 또다시 장면이 바뀌어 붉은 드레스를 입고 TV 쇼에 출연한 사라와 깔끔한 정장 차림의 해리가 서로 사랑한다고 말하며 끌어안는 행복한 환상으로 영화는 끝이 난다.

〈레퀴엠〉은 2천 개 이상의 컷으로 구성되어 있는데, 이는 같은 상영 시간의 다른 영화보다 몇 배나 많다. 다른 모든 것을 차치하고 '편집 기법' 한 가지를 주제로 학술 논문이 쓰일 정도로 이 영화는 편집에서 독보적이다. 이 영화는 편집뿐만 아니라 촬영에서도 기념비적이다. 저속 촬영, 핸드헬드 카메라 등 온갖 촬영 기법이 다 동원되었다. 이 영화의 음악도 빼놓을 수 없다. 영화 속 음악은 대부분 레퀴엠, 즉 장송곡이다. 웅장한 장송곡은 영화의 분위기를 한층 어둡고 무겁게 만든다. 국내외 많은 영화평론가들이 이 영화의 기술적 측면을 상찬했다. 이 영화가 'BBC 선정 21세기 영화 100' 목록에 오른 것도 아마 그 이유가 클 것이다.

전술했듯이 〈레퀴엠〉은 다시 보고 싶지 않은 영화로 자리매김하고 있다. 이 글을 쓰기 위해 영화를 다시 보면서 왜 다시 보고 싶지 않은지 그 이유를 생각해보았다. 보통 영화를 보면 영화 속 등장인물의 행동과 감정에 이입되고 동화된다. 하지만 이 영화를 보면서는 그들에게 정서적으로뿐만 아니라 윤리적으로도 결코 동화될 수 없다. 그럼에도 정서적으로 윤리적으로 그들의 행동과 감정을 해석하려 시도한다. 불가능한 일을 가능한 일로 만들려고 하다 보니 감정의 소모가 발생하기 때문에 힘들고 고통스럽다.

선과 악은 감정의 소모가 크지 않다. 선한 인물에는 당연히 쉽게 동화될 수 있고, 악한 인물이라고 할지라도 어느 정도 납득될 수 있다. 주어진 표면적인 정보를 갖고 판단할 수 있다. 하지만 〈레퀴엠〉의 인물들은 선과 악으로 쉽게 재단되지 않는다. 그들의 생각과 행동을 판단하기 위해서는 '더 깊이 들어가야 한다'. 타인에게 더 깊이 들어가기 위해서는 감정적으로 윤리적으로 더 많은 에너지가 소모된다. 그런데 소모된 에너지에 상응하는 결과가 도출되는 것은 아니다. 그렇기 때문에 타인에게 더 깊이 들어가는 것을 망설이게 된다. '이해'는 쉬워도 '공감'이 어려운 이유도 바로 이 때문이다.

〈로얄 테넌바움〉

: "건성으로 한 말인데 뱉고 나니까, 그게 사실이었다는 걸 깨달았다"

영화감독 웨스 앤더슨의 영화 세계를 한 마디로 어떻게 말해야 할까? 그의 영화는 일단 영상이 화려하고 캐릭터도 입체적이다. 그런데 캐릭터가 입체적이기는 하지만 뭔가 모자라고 부족하다. 아니면 정반대로 차고 넘친다. 극과 극을 오가기 때문에 비현실적으로 느껴진다. 이야기는 허무맹랑한데 지나치게 순수하고 낭만적이다. 그래서 그의 영화는 어느 면에서는 요르고스 란티모스의 영화 같기도 하고 또 어느 면에서는 팀 버튼의 영화 같기도 하다.

물론 앤더슨의 영화에는 그들과 차별되는 지점이 있다. 누군가는 앤더슨의 영화 스타일에 대해 "조숙과 유치함이 공존하는 별난 캐릭터들을 인공적인 미장센으로 풀어낸 짐 자무시 스타일의 무덤덤한 표정을 가장한 낭만적인 인디 코미디"라고 규정했다. 조금 어려운 말이지만 그의 영화를 가장 잘 설명하는 문장

중 하나다. 그의 영화는 '별남'과 '낭만'에 방점이 찍힌다. 그는 영화에 대한 자기 색깔과 비전이 확고하다. 그의 영화는 각본이 매우 구체적이고 세부적이다. 그는 완벽주의자이며, 영화 철학이 뚜렷하여 배우들에게 즉흥 연기를 대체로 허용하지 않는다. 통제된 상황에서 구상한 장면을 구현하는 스타일리스트다. 자신만의 독특한 미학을 관객들에게 관철하는 것으로 유명하다.

많은 사람들이 앤더슨 영화의 진수이자 정점을 〈그랜드부다페스트 호텔〉(2014)로 꼽고 있다. 개인적으로도 그렇게 생각한다. 그의 대부분의 영화가 그런 것처럼 처음 이 영화를 볼 때 '뭐 이런 영화가 다 있지' 하는 생각이 들었다. 1917년 제1차 세계대전이 한창이던 어느 날, 세계 최고 부호 마담 D.는 그랜드부다페스트 호텔에 다녀간다. 하지만 그녀는 얼마 지나지 않아 의문의 죽음을 맞이한다. 그녀는 유언을 통해 가문 대대로 내려오던 명화 〈사과를 든 소년〉을 호텔 지배인이자 자신의 연인인 구스타브 앞으로 남긴다. 마담 D.의 유산을 노리고 있던 그녀의 아들 드미트리는 구스타브를 제거하고 그림과 호텔까지 차지하기 위해 무자비한 킬러 조플링을 고용한다. 졸지에 유력한 용의자가 된 구스타브는 충실한 호텔 로비 보이 제로와 함께 누명을 벗기 위한 기상천외한 '모험'을 시작한다. 이 영화는 '모험'이라는 한 단어로 모든 게 설명이 된다. 다시 말하지만 그의 영화 속 인물은 특이하고 별나다.

그런데 영화 속 등장인물의 특이하고 별난 것으로 따지자면

〈로얄 테넌바움〉(2001)도 〈그랜드부다페스트 호텔〉에 못지않
다. 원제가 'The Royale Tenenbaums'인 이 영화는 문법에 맞게
해석하면 '로얄 테넌바움 가족'의 이야기다. 로얄 테넌바움을
중심으로 그의 어머니, 그의 자식들, 그의 자식들의 자식들의
이야기다. 거기에 그와 직간접으로 관련된 인물들이 등장한다.
즉 테넌바움 일가에서 벌어지는 일들을 그린다. 원제로 보면
테넌바움 일가가 대단한 것처럼 보인다. 실제로 초반에는 그렇
게 보이기도 한다.

　로얄 테넌바움과 그의 아내 에슬린 테넌바움에게는 세 명의
아이, 채스, 마고, 리치가 있다. 그들은 태어날 때부터 천부적인
재능을 가지고 있다. 장남 채스는 투자의 귀재다. 쥐를 교배시켜
이미 어린 시절에 큰돈을 벌었다. 10대 초의 나이에 부동산 투자
전문가가 됐고 국제금융에 관해서도 믿기 어려울 정도로 해박
한 지식을 갖고 있다. 입양된 딸 마고는 극작가이며 15세의 나이
에 브레이버만 그랜트상과 부상으로 5만 달러를 받은 경력이
있다. 그녀는 훗날 퓰리처상까지 수상한다. 둘째 아들 리치는
주니어 테니스 챔피언으로 3년 연속 US 오픈 타이틀을 획득한
경력이 있다.

　하나같이 천재였던 세 남매의 어린 시절은 20여 년에 걸친
배신과 실패 그리고 비극적인 사고로 인하여 그들의 기억 속에
서 모두 사라져버린다. 채스는 가정을 이뤘지만 비행기 사고로
부인을 잃고 불안장애를 겪으며 불행한 삶을 살고 있다. 마고는

우울하다. 그녀는 극작가로 데뷔하여 흥행작을 한 편만 썼다. 하지만 그녀는 복잡한 연애 끝에 현재는 자신보다 나이가 훨씬 많은 남편과 결혼한 후 욕조에 틀어박혀 TV만 보고 있다. 리치는 테니스 경기에서 큰 사고를 친 뒤 무의미한 삶을 살고 있다. 그들이 천재성이 꽃을 피우지 못한 것은 모두 그들의 아버지 탓이었다. 더 정확히 말하면 부모의 별거 때문이다.

채스, 마고, 리치의 아버지 로얄 테넌바움은 가정을 버렸고 현재는 파산 상태에 처해 있다. 그의 아내 에슬린 테넌바움은 부유한 흑인 사업가 헨리의 구애를 받고 있다. 아내가 헨리와 재혼하려고 하려는 것을 감지한 테넌바움은 그걸 막기 위해 거짓으로 암에 걸려 시한부 인생을 사는 것처럼 꾸미고 그런 상황에서 가족을 모이게 된다. 그들은 서로에게 말 못하는 혹은 말하지 않은 비밀을 갖고 있다. 이처럼 테넌바움 가족사는 비밀과 오해로 점철되어 있다.

이렇게 보면 〈로얄 테넌바움〉은 흔하디 흔한 가족 휴먼드라마다. 즉 이 영화는 오랜 세월이 지난 후 다시 화해하고 가족의 참사랑을 느끼는 따뜻한 이야기라고 예상된다. 하지만 이 영화는 애초에 시작부터 우스꽝스럽고 비현실적인 내용으로 진행되는 블랙코미디 형식이다. 그렇기 때문에 전형적인 가족 신파나 휴먼드라마 대신 웃기고 삐딱한 내용으로 시종일관 전개되고 있다.

물론 가족이 다시 모이고 사랑을 되찾는 뭐 그런 내용도 분명 전개되기는 한다. 다만 관객에게 전달하는 방식이 다르다. 매우 과장스럽고 우스꽝스럽고 황당하며 삐딱하기까지 하다. 심각한 장면에서 웃기기도 하고 슬픈 장면에서 유쾌하기도 하다. '인생 뭐 있어? 웃기고 자유로우면 되지, 어차피 한 번 살다 갈 건데 규범이나 관습에 지나치게 얽매일 필요도 없고 심각할 필요 없 잖아'라고 항변하는 느낌이다. 코미디인데 심각해 보이기도 하 고, 심각한 것 같은데 웃기기도 하고, 웃기는 것 같은데 짠하기 도 하고, 휴먼 드라마 같은데 삐딱하다.

〈로얄 테넌바움〉은 스토리의 설명보다는 전개 방식과 전달 방식 등을 직접 보고 느껴야 하는 영화다. 스토리 자체는 사실 단순하고 별거 없다. 민폐 덩어리 노인이 가짜로 아픈 척 하면서 가족들에게 얹혀 가려는 내용이다. 그 와중에 진짜 인간적인 내용들이 슬쩍슬쩍 전개된다. 왜 이런 일을 벌였냐고 묻자 그는 "존경을 받기 위해서"라고 대답한다.

로얄은 경제적으로 파산한데다가 아내는 자신과 이혼하고 재 혼하려 한다. 그래서 그는 자신이 위암에 걸려 앞으로 6주밖에 살지 못한다고 가족들에게 사기를 치고 얹혀살려고 한다. 하지 만 철저하지 못한 계획 때문에 그의 계획은 실패로 끝난다. 그는 "지난 6일은 내 생애 가장 행복했던 날들이었어"라고 엉겁결에 말한다. 그리고 "건성으로 한 말인데 뱉고 나니까, 그게 사실이 었다는 걸 깨달았다"라는 내레이션이 이어진다. 진짜 그는 계획 이 실패로 끝난 후에야 그동안 제대로 하지 못한 가장의 역할을 한다. 자식들의 고민도 들어주고, 심지어 아내의 재혼을 위해 이혼한 후 행복을 빌어준다. 자식들과 아내의 삶이 제자리를 찾은 후 그는 심장 발작으로 갑작스러운 죽음을 맞이한다. 채스가 유일하게 그의 임종을 지켜본다.

앤더슨 영화가 대체로 그렇듯이 이 영화에도 수많은 배우들이 등장한다. 벤 스틸러, 귀네스 펠트로, 루크 윌슨이 각각 채스, 마고, 리치로 분하고 그들의 부모로 진 해크먼과 앤젤리카 휴스턴이 나온다. 그 외에도 빌 머리, 오언 윌슨, 대니 글로버 등이 등장한다. 영화의 내레이터는 알렉 볼드윈이다. 영화의 설정 때문에 배우들은 대체로 과장되고 우스꽝스런 연기를 한다. 그럼에도 그들의 연기는 튀지 않고 서로 조응한다. 특히 로얄로 분한 진 해크먼의 연기가 눈에 띈다. 그는 못되고 음흉한 노인네 연기를 시침 뚝 떼고 한다. 그리고 이 영화에는 예쁜 척, 잘생긴 척하는 배우가 없다. 매우 인간적인 사이코들의 경연 같은 작품이다. 그럼에도 불구하고 결국 '가족'이라는 소재 때문에 영화가 따뜻해진다. 억지로 유발하고 강요하는 인간다움이 아니라 그냥 솔직하고 삐딱한 그 자체가 인간답고 따뜻하다. 어쩌면 앤더슨의 영화이기에 이 모든 게 가능했는지도 모른다.

Sequence #07 2002~2006

〈무간도〉

: "내가 가고 싶어"

많은 사람들이 1990년대 초반부터 서서히 빛을 잃어가던 홍콩 누아르의 불꽃이 1997년 홍콩의 중국 반환을 계기로 완전히 꺼졌다고 말했다. 실제로 홍콩 반환을 전후로 홍콩 영화의 인적·물적 영화 자산이 해외로 빠져나갔다. 그런데 우리 속담 '꺼진 불도 다시 보자'는 말처럼 완전히 꺼지기 전까지는 꺼진 게 아니다. 뒤집어 말하면 이는 불씨를 잘 간수하면 크게 타오를 수 있다는 말이기도 하다. 실제로 어느 영화평론가가 홍콩 누아르에 대해 그렇게 말한 바 있다. 꺼져가던 홍콩 누아르는 마침내 불꽃이 다시 타올랐다. 그 시작은 두기봉이었다. 그는 〈암전〉(1999)과 〈미션〉(1999)을 시작으로 〈흑사회〉(2005)를 거치면서 새로운 스타일의 홍콩 누아르를 선보였다.

두기봉의 누아르는 예전의 홍콩 누아르를 대표했던 오우삼의 누아르와는 사뭇 다르다. 두기봉의 누아르에는 오우삼의 영화

의 트레이드마크라 할 수 있는 피 튀기는 총격전, 격한 감정의
과잉 분출 등이 도드라지지 않는다. 대신 한 편의 추리극을 보는
듯한 영화 분위기는 시종일관 긴장감을 유지하고 내러티브는
군더더기 없이 깔끔하다. 간단히 말해서 두기봉의 영화는 악의
물리적인 대결보다는 숨 막힐 것 같은 심리전에 초점을 맞춘다.
그는 어떤 특정 공간에 인물을 배치시키는 것으로도 자신만의
색깔을 유감없이 드러낸다. 총만 들고 있을 뿐인데도 미장센이
되고, 그 순간 팽팽한 긴장감이 형성되면서 관객들을 숨죽이게
만든다.

두기봉의 영화 스타일은 새로운 홍콩 누아르의 표준으로 자
리 잡았다. 다시 새로운 홍콩 누아르에서는 낭만적인 영웅주의
를 그리지 않는다. 선과 악이 구분되지 않고 그들이 누구이며
누구를 위해 무엇을 위해 행동하는지도 중요하지 않다. 그렇게
두기봉에서 시작된 홍콩 누아르의 '아르 누보'는 마침내 〈무간
도〉(유위강·맥조휘, 2002)에서 정점을 이룬다. 이 영화는 '홍콩 누
아르의 화려한 부활'이라는 찬사를 받았다. 그런데 다른 한편으
로 이 영화는 홍콩 반환 후 홍콩인들이 느끼는 분열증을 솔직하
게 고백하는 영화이기도 하다.

〈무간도〉는 경찰의 스파이가 된 폭력 조직원과 폭력 조직의
스파이가 된 경찰의 이야기다. 그들은 한 번의 선택으로 인생이
뒤바뀌고, 그것 때문에 피할 수 없는 운명적인 만남을 겪게 된다.
그들은 바뀐 운명으로 '영원한 고통'을 받게 된다. 그들이 있는

곳 혹은 그들이 가고 있는 길은 '가장 고통이 극심한 지옥, 죽지 않고 고통이 영원히 지속되는 공간인 무간지옥'으로 이르는 길, 곧 '무간도'다.

10년 전 삼합회 하급 단원 유건명은 보스 한침의 명령을 받고 경찰학교에 입교하고, 경찰학교 우등생 진영인은 황지성 국장의 지령을 받고 가짜 퇴학 후 삼합회에 스파이로 잠입한다. 경찰학교에서 퇴소당하는 진영인이 뒤를 돌아보자 유건명이 진영인을 쳐다보며 "내가 가고 싶어"라고 쓸쓸하게 말한다. 10년 뒤 두 사람은 각각 경찰과 삼합회 내에서 스파이로 활약한다. 유건명은 오디오 가게에서 가게를 대신 봐주고 있던 진영인을 처음 만나게 되는데 그때는 서로 누구인지 알지 못한다. 경찰학교의 육 교장이 사망하면서 진영인이 경찰이라는 사실을 아는 사람은 이제 황 국장밖에 남지 않았다.

유건명과 진영인은 태국 마약 거래 사건에서 처음으로 격돌하게 된다. 한침은 태국 마약상과 거래를 하려 한다. 부하들과 함께 있던 진영인은 거래 정보를 황 국장과 직통으로 연결된 수신기에 모스 부호로 알린다. 황 국장은 요원들에게 아강을 비롯한 접선책이 어디로 가는지 미행시킨다. 한침 역시 유건명의 도움으로 경찰의 무전 주파수를 도청하며 접선책으로 하여금 주변을 빙빙 돌게 한다.

경찰 무전이 새고 있다는 것을 눈치챈 황 국장은 미행을 중지시키고 한침은 여유만만하게 거래를 이어간다. 막판에 위치를 알아낸 진영인이 거래 관련 정보를 모스 부호로 보낸다. 하지만 황 국장이 스파이와 모스 부호로 서로 연락한다는 사실을 깨달은 유건명은 해당 지역의 모든 핸드폰에 메시지를 보내 거래를 중단하라 알린다. 경찰이 거래 현장을 덮치는 순간 유건명으로부터 연락을 받은 아강이 마약을 바다에 버리는 바람에 한침은 마약 거래에 실패하고 황 국장은 한침 체포에 실패한다. 한침이 자신들 때문에 헛고생했다며 황 국장을 비웃자 황 국장은 자신들 덕분에 거액을 날렸다고 한침을 조롱한다.

이 일을 계기로 황 국장과 한침은 서로에게 스파이가 있다고 확신한다. 한침은 진영인을 불러 "난 너를 가장 믿고 있다"라고 말하며 조직 내 숨어 있는 첩자를 찾아내라고 지시한다. 황 국장은 유건명에게도 경찰 자료를 조사해서 첩자를 찾아내라고 명령한다. 유건명은 한침에게 첩자를 찾아내기 위해서는 조직원들의 인적 사항이 필요하다고 부탁한다. 한침은 보험 가입을 이유로 조직원들의 인적 사항을 수집한다. 조직원 아강이 인적 사항을 기재할 때 글자를 틀리게 쓰자 진영인은 서류 봉투에 글자를 써서 제대로 가르쳐 준다.

유건명은 극장에서 한침을 만나 삼합회 조직원들의 인적 사항이 담긴 봉투를 건네받는다. 진영인은 미리 극장에 잠복해 있다가 유건명을 미행한다. 하지만 그에게 가까이 다가서는 순간 진영인의 전화벨이 울리면서 미행은 실패로 끝난다. 진영인은 한침의 신임을 받아 더 깊은 범죄 속으로 들어가고 유건명

또한 서장으로부터 신임을 얻어 내사과 발령을 명령받는 동시에 승진까지 보장받는다.

유건명은 한침에게 황 국장과 조직 내 첩자가 만나는 장소를 알려준다. 한침은 황 국장과 첩자를 처리하기 위해 자신의 부하들을 보낸다. 황 국장과 진영인은 한침의 부하들에 의해 포위된다. 황 국장은 진영인을 탈출시키지만 자신은 한침의 부하에게 잡히고 결국 옥상에서 떨어져 죽는다. 뒤이어 도착한 경찰과 삼합회 조직원들 간에 총격전이 벌어지고 진영인은 아강과 함께 차를 타고 도망친다. 아강은 총격전 때 입은 총상 때문에 결국 차 안에서 과다출혈로 사망한다. 하지만 그는 죽어가면서 진영인에게 신분이 탄로가 나지 않도록 조심하라고 말한다.

황 국장의 죽음으로 진영인이 경찰이라는 사실을 아는 사람은 이제 아무도 없다. 오직 경찰 기록만 남아 있을 뿐이다. 유건명은 황 국장을 죽음에 이르게 했다고 팀원들로부터 비난을 받고 있다. 유건명은 한침에게 황 국장을 죽일 필요까지 있었냐고 불만을 토로하자 한침은 "너무 집요하게 조여서 그놈을 안 죽였으면 우리가 죽었어. 그래서 죽였다."라고 말하며 그의 불만을 일축한다. 유건명은 이제 한시름 놓았으니 다음 거래를 적극적으로 돕겠다고 말한다. 하지만 한침은 황 국장을 죽이는 동안 이미 거래는 끝났으니 첩자를 찾는 일이나 열심히 하라고 한다.

유건명은 황 국장의 유품을 조사하다 그의 휴대전화에 남아 있던 번호로 전화를 건다. 진영인은 황 국장이 죽었다는 것을 알기에 받지 않는다. 그 점을 더 수상하게 여긴 유건명은 계속 전화를 건다. 진영인이 받자 그는 모스 부호로 신호를 보내고 신영인은 전화를 끊어 버린다. 진영인이 유건명에게 전화를 걸어 합동 작전을 요청한다. 경찰은 차에서 죽은 아강이 경찰 소속의 조직 내 첩자였다고 거짓 정보를 흘린다. 진영인은 한침의 아지트로 돌아와 한침에게 "배신자를 숙청하고 왔다"고 말하며 그의 의심을 누그러뜨린다.

한침은 다시 마약 거래를 시작한다. 유건명은 황 국장의 죽음 때문에 자신을 믿지 못하는 팀원들을 설득해 마약 소탕 작전을 수행한다. 그의 팀은 진영인으로부터 들은 정보를 바탕으로 마약 거래 장소인 주차장을 덮친다. 진영인은 한침의 명령이라며 중간에 내려 체포를 피한다. 지하 주차장에서 도주하던 한침은 상황을 타개하려고 유건명에게 전화를 건다. 그 순간 전화벨 소리가 주차장에서 울리고 유건명은 한침을 총으로 쏜다.

유건명은 경찰서로 복귀해 삼합회 사건을 잘 해결했다고 동료들로부터 박수와 환호를 받는다. 그는 사무실에서 진영인을 대면한다. 그들은 서로 "당신이었어?"라고 말하며 놀란다. 진영인은 유건명에게 원래의 경찰 신분을 되찾게 해달라고 부탁한다. 유건명은 진영인으로부터 파일의 암호를 듣고 그의 기록을 인쇄하러 간다. 진영인은 유건명의 사무실 물건을 보던 중 서류 더미 사이에서 자신이 아강에게 틀린 글자를 가르쳐주며 쓴 글자가 적힌 삼합회의 인적 사항 봉투를 발견한다. 그는 유건명이 자신의 경찰기록을 인쇄하며 서류를 오른쪽 다리에 탁탁 치는 모습을 보고 유건명이 경찰 내 첩자라고 확신한다.

자리에 돌아온 유건명은 진영인이 사라진데다가 삼합회의 인적 사항 봉투가 들춰진 흔적을 발견하고 자신의 정체가 탄로났다고 생각해 진영인의 경찰 기록을 삭제한다. 진영인은 자신이 위험에 처했다는 것을 깨닫고 자신을 치료해준 이심아 박사에게 간다. 그는 자신이 그녀에게 예전에 털어놓았던 비밀을 기억해 달라고 부탁한다. 사실 그는 정신과 치료를 받을 때 그녀에게 자신이 경찰이라고 털어놓은 적이 있다. 하지만 그녀는 그때 그 말을 농담으로 받아들였다.

진영인은 자신이 직접 유건명을 체포하고 진상을 밝히려 한다. 그는 유건명의 뒤에서 총을 겨눈 채 임국평에게 유건명은 삼합회 두목 한침의 첩자이고 자신에게 그 증거가 있다고 말한다. 하지만 임국평은 진영인의 말을 믿지 않는다. 임국평은 진영인에게 총을 버리라 말하지만 진영인은 이미 경찰을 불렀다며 당당하게 앞으로 나아간다. 진영인은 유건명을 인질로 삼아 엘리베이터로 향하고 임국평은 계속 그를 따라간다. 진영인이 유건명을 데리고 엘리베이터에 타려는 순간 임국평이 진영인을 쏜다. 유건명이 무슨 상황인지 이해를 못하자 임국평은 그의 수갑을 풀어주며 사실 자신 또한 한침의 첩자였다고 고백한다. 하지만 임국평이 방심한 사이 유건명은 임국평까지 제거한다.

진영인은 6개월 뒤 경찰로 신분이 확인되어 경찰 묘지에 안장

된다. 그의 장례식에는 경찰 외에 그가 황 국장을 만나러 갈 때 우연히 만난 전 여자친구 메이, 그녀의 딸, 이심아 박사가 참석한다. 안장식에서 유건명은 맨 앞에서 진영인의 사진을 보고 경례를 한 뒤 눈을 감는다. 다시 도입부 장면으로 돌아가 경찰학교에서 퇴소당하는 진영인이 뒤를 돌아보자 유건명이 진영인을 쳐다보며 "내가 가고 싶어"라고 쓸쓸하게 말한다.

다시 말하지만 〈무간도〉는 1980년대와 1990년대 유행했던 홍콩 누아르에서 한 발짝 떨어져 있다. 비장미, 우정, 의리, 사랑 등을 줄기차게 내세웠던 기존의 누아르와 달리 서로의 생존을 위해 상대를 무너뜨리려는 냉정한 현실을 따라가며 모든 감상을 배제한다. 영화를 이끌어가는 것은 진영인과 유건명의 심리에 대한 세밀한 묘사다. 신분을 위장한 채 적진에 잠입한다는 설정은 〈무간도〉 이전에도 있었고 〈무간도〉 이후에도 있었다. 하지만 대부분의 영화에서 처음에는 반목하지만 나중에는 서로를 이해하고 동화되는 모습을 보인다. 하지만 〈무간도〉에서는 심리적 혼란을 겪으며 정신과 치료를 받을지언정 서로를 이해하기 위해 노력하거나 우정으로 갈등을 겪지 않는다.

〈무간도〉가 나온 그 이듬해 두 편의 속편 〈무간도 II: 혼돈의 시대〉와 〈무간도 III: 종극무간〉이 나왔지만, 두 편의 속편은 속편이 1편을 넘기 어렵다는 속설을 그대로 예증했다. 〈무간도〉는 2006년도에는 마틴 스코세이지에 의해 〈디파티드〉라는 제목으로 리메이크되었고, 이 영화는 아카데미 시상식에서 작품상, 감독상, 편집상, 각색상을 수상한다. 국내에서도 〈신세계〉(박훈정, 2013)와 〈불한당: 나쁜 놈들의 세상〉(변성현, 2017) 등으로 변주되기도 했다. 하지만 개인적으로 〈무간도〉는 〈무간도〉일 때가 가장 좋다. 아무리 영화가 기술적으로 뛰어나고 내러티브가 매끄럽다고 하더라도 앞서 언급한 새로운 홍콩 누아르의 분위기와 정서, 즉 '시종일관 긴장감을 유지하고, 선과 악이 구분되지 않고, 그들이 누구이며 누구를 위해 무엇을 위해 행동하는지도 중요하지 않은 이야기'의 〈무간도〉를 재현하지 못했다.

〈미스틱 리버〉

: "아주 사소한 결정 하나가 인생 전체를 바꿀 수도 있다는 생각해봤어?"

우리말에 '서늘하다'는 단어가 있는데 주로 '간담이 서늘하다' 는 관용어구로 쓰인다. 국어사전에서 그 뜻을 찾아보니 '몹시 놀라서 섬뜩하다'로 되어 있다. 영화 〈미스틱 리버〉(클린트 이스 트우드, 2003)를 처음 보았을 때 들었던 느낌이 바로 그 '서늘함' 이었다. '서늘하다'와 뜻은 비슷하지만 어감은 조금 다른 '싸늘 하다'라는 단어도 있다. 그런데 〈미스틱 리버〉는 싸늘하기보다 는 서늘하다. 처음 보았을 때도 서늘했고 다시 보았을 때도 서늘 했다.

〈미스틱 리버〉는 미국의 '진보', 즉 '진짜 보수'라고 부를 수 있는 명배우 클린트 이스트우드가 감독한 영화 중 하나다. 배우 라고 소개했지만 이스트우드는 배우로서뿐만 아니라 감독으로 서의 필모그래피도 어마어마하다. 그는 아카데미 시상식에서 감독상을 두 번이나 받을 정도로 감독으로서도 뛰어난 역량을 보여주었다. 그는 〈용서받지 못한 자〉(1992)와 〈밀리언 달러 베이비〉(2004)로 아카데미 감독상과 작품상을 수상한다. 비록 〈미스틱 리버〉가 그에게 감독상을 안겨준 작품은 아니지만 개인적으로는 그가 연출한 영화 중 가장 좋아한다. 그 이유는 전술한 것처럼 시종일관 '서늘하기' 때문이다.

〈미스틱 리버〉는 데니스 러헤인의 동명 소설 『미스틱 리버』 (2001)를 원작으로 삼고 있다. 영화는 운명을 뒤바꾼 악몽 같은 사건 때문에 평생의 트라우마를 가진 데이브, 그로 인해 마음속 깊이 죄책감을 숨긴 지미와 션의 비극적인 이야기를 다루고 있다. 이 영화로 이스트우드는 감독상과 작품상을 수상하지 못했지만, 지미 역의 숀 펜과 데이브 역의 팀 로빈스는 아카데미 시상식에서 각각 남우주연상과 남우조연상을 수상했다. 그들의 연기는 말할 것도 없고 케빈 베이컨, 로렌스 피시번, 마샤 게이 하든, 로라 리니 등의 연기도 너무 좋다.

지미, 데이브, 숀은 미국 보스턴의 허름한 동네에서 함께 자란 절친한 친구들이다. 열한 살의 그들은 그 나이 때의 여느 아이들과 다르지 않다. 그들은 양생되지 않은 시멘트에 자신들의 이름을 새기는 등의 장난을 친다. 그때 한 낯선 남자가 그들에게 다가온다. 그들은 그 남자가 형사라고 생각해 주눅이 들어 있다. 그 남자는 집이 가장 멀리 있는 데이브를 차로 데려다주겠다며 데이브를 자신의 차에 태우고 떠난다. 하지만 그 남자는 소아성애자였고 데이브는 그에게 성폭행을 당한다.

이 사건은 지미, 데이브, 숀의 삶을 송두리째 바꿔놓는다. 그들은 그날의 사건을 잊으려는 듯 서로를 멀리한다. 비록 서로 각기 다른 곳에서 다른 삶을 살고 있지만, 모두의 가슴속에는 똑같은 상처를 안고 살아간다. 이십오 년의 세월이 흘렀고, 그들은 각자 가정을 꾸리며 살고 있다. 즉 한때 범죄자였던 지미는 현재 아내, 그리고 딸 케이티와 겉으로 보기에는 평범하게 살고 있다. 하지만 그는 여전히 범죄와 가까운 삶을 살고 있다. 데이브 역시 아내, 그리고 아들과 평범하게 살고 있다. 형사가 된 숀은 임신한 아내와 따로 살고 있다. 그들은 열아홉 살 된 지미의 딸 케이티가 살해되면서 뜻하지 않게 재회한다.

그런데 데이브는 케이티가 살해되기 전 술집에서 케이티를 우연히 본다. 그날 밤 새벽 세 시 데이브는 피범벅이 된 채 집에 들어온다. 그의 아내 셀레스트가 걱정하자 그는 강도를 만나서 격투가 벌어졌을 뿐 큰일이 아니라고 안심시킨다. 한 소녀의 시체가 발견되는데 숀이 그 사건을 맡는다. 그 소녀는 다름 아닌 지미의 딸 케이티다. 지미는 케이티의 시신을 보고 오열한다.

경찰 발표에 따르면 케이티는 폭행을 당한 후 두 발의 총에 맞아 죽었다. 이 사건은 뉴스에 대대적으로 보도되었다. 그런데 데이브의 아내 셀레스트는 이상하게 생각한다. 왜냐하면 남편이 격투를 벌였다고 말한 강도는 죽었을지도 모르는데 뉴스에 전혀 나오지 않기 때문이다. 그녀는 혹시 남편이 케이티를 죽였을지도 모른다고 불안해한다. 하지만 남편은 아무 일도 없었다는 듯 태연하게 아들과 놀고 있다.

한편 숀은 케이티의 차에서 라스베이거스로 가려던 흔적을 발견한다. 그녀는 남자친구 브레든과 도망가서 결혼하려고 했던 것이다. 션은 브레든을 취조하지만 그에게서 별다른 혐의점을 발견하지 못한다. 지미는 숀에게 브레든의 아버지 레이에 대해 험담을 늘어놓는다. 사실 지미와 레이는 예전부터 사이가 좋지 않다. 레이가 범죄를 저지른 후 자신의 죄를 덮기 위해 지미를 고자질했고, 지미는 그것 때문에 감옥에 갔다 왔다. 지미는 숀에게 바로 그 때문에 자신이 케이티가 브레든을 만나는 것을 반대했다고 말한다. 케이티를 살해하는 데 쓰인 총이 레이의 총이었다는 사실이 드러나며 사건은 더욱 미궁 속으로 빠져든다.

그런데 수사가 진행되면서 뜻밖에도 데이브가 살인사건의 용의자로 지목된다. 데이브는 경찰 조사를 받게 되고 그 정보가 지미의 부하들에게 알려진다. 그리고 레이 또한 어디론가 사라져버린다. 숀은 지미가 레이를 살해했다고 생각하고 데이브의 아내 셀레스트는 남편이 케이티를 죽였다고 생각한다. 경찰은 레이의 아들 브레든을 찾아가 레이의 총의 출처를 묻는다. 그는 경찰에게 모른다고 말했지만 사실은 천장에 숨겨 놓고 있었다. 하지만 경찰이 가고 난 뒤 그는 총이 사라졌다는 것을 알게 된다.

한편 케이티의 살해 용의자로 지목되었던 데이브는 풀려나 술집에 있다. 거기에 부하들과 나타난 지미는 데이브를 폭행하면서 자신의 딸을 죽였다고 자백하라고 강요한다. 그런데 사실 데이브가 죽인 사람은 케이티가 아니라 아동 성추행범이다. 그는 자신의 인생을 비관하며 지미가 강요하는 대로 자신이 케이티를 죽였다고 자백한다. 데이브는 성추행에 대한 상심 때문에 자포자기한 상황인데, 지미는 복수심으로 그를 살해하고 만다. 그러고는 그의 시체를 강에 던진다. 그 강의 이름이 바로 영화의 제목이기도 한 '미스틱 리버'다.

　다음 날 숀은 지미를 찾아와 케이티를 살해한 범인을 잡았다고 말한다. 그리고 데이브가 죽인 아동 성추행범의 시신도 찾아냈다고 말한다. 숀의 말을 들은 지미의 눈동자는 흔들린다. 숀도 지미가 데이브를 죽였을 것이라고 짐작하지만 그를 체포하지 않는다. 그때 숀에게 한 통의 전화가 걸려온다. 그의 아내는 그에게 아기와 함께 집으로 가고 있다고 말한다. 장면은 갑자기 마을에서 벌어지는 퍼레이드 장면으로 바뀐다. 숀이 지미를 향해 총 쏘는 시늉을 하고 지미는 쓴웃음을 짓는다.

　〈미스틱 리버〉는 죄책감에서 벗어나기 위해 자기 합리화하려는 인간이 얼마나 이중적인 존재인가를 잘 보여준다. 지미는 레이를 죽여 놓고도 그의 집에 생활비를 보내준다. 숀은 지미에게 지나가는 말로 "셀레스트에게도 매달 500불씩 보낼 건가?"라고 반문한다. 딱히 대답을 들으려고 하는 질문은 아니다. 사실 지미와 숀은 '아무 일이 없지 않았지만 아무 일 없었던 것처럼' 살아가려고 애쓴다. 반면 당사자인 데이브는 그렇게 할 수가 없다. 그는 이렇게 말한다. "모르겠어? 이건 흡혈귀와 같아. 한 번 물리면 영원히 남아."

〈미스틱 리버〉에서 가장 기억에 남는 대사는 "그 차를 내가 타지 않았다면"과 "그때 우리 셋은 다 그 차에 탔던 거야"이다. 앞 대사의 주체는 데이브이고 뒤 대사의 주체는 숀이다. 즉 데이브는 모든 비극과 불행은 자신이 그 차를 탔기 때문이라고 생각한다. 그가 자신의 선택을 후회하는 것인지 아니면 자신의 불행을 원망하는지 단언할 수 없다. 하지만 그는 비극과 불행에서 벗어나지 못한다. 그렇기 때문에 그는 자포자기하듯 지미에게 자신이 케이티를 죽였다고 거짓 자백을 한다.

반면 숀은 그날의 비극과 불행이 데이브의 삶만 빼앗고 무너뜨린 게 아니라 자기 삶도 빼앗고 무너뜨렸다고 말한다. 어쩌면 지미 또한 그렇게 생각하는지도 모른다. 숀은 지미에게 이렇게 말한다. "현실 속의 우리는 아직도 우리에 갇힌 11살 소년들 같아. 우리에서 탈출하면 어떤 인생을 살지 걱정하는." 겉으로 보았을 때 숀과 지미의 삶은 평온을 되찾았다. 하지만 어쩌면 그들은 비극과 불행에서 영원히 벗어나지 못할지도 모른다. 서늘한 삶을 살아가야 할지 모른다. 그런데 생각해보면 영화 속 지미와 숀뿐만 아니라 우리들도 마찬가지다. 우리들의 삶은 늘 '위태롭고' 그렇기 때문에 '서늘하다.'

〈세상의 중심에서 사랑을 외치다〉

: "너는 너의 시간을 살아줘"

멜로 영화, 즉 멜로 드라마란 각별했던 순간을 추억하는 자와 추억할 수 없는 자, 추억하지 않는 자 사이의 거리를 활용하는 장르다. '일본 멜로'라는 하위 영화 장르로 분류할 수 있을 정도로 일본 멜로 영화는 정말 많고, 또 정말 많은 사람들이 일본 멜로 영화를 본다. 일본 멜로 영화는 역사가 아주 긴 것 같지만 그렇게 길지 않다. 대신 그 길지 않은 기간 동안 정말 많은 일본 멜로 영화가 쏟아져 나왔다. 예전에 어느 글에 이야기한 것 같은데 일본 멜로 영화의 본령은 '마음'에 있다. 그 마음은 첫사랑일 수도 있고, 첫사랑은 아니지만 잊지 못하는 사랑일 수도 있다. 아니면 그와는 다른 층위의 사랑일 수도 있다. 아무튼 일본 멜로 영화는 '마음'으로 수렴된다.

일본 멜로 영화의 시작은 〈러브 레터〉(이와이 슌지, 1995)다. 이 영화는 일본 멜로 영화뿐만 아니라 일본 영화의 시작이라고 해도 과언이 아니다. 〈러브 레터〉는 국내에서 1999년이 되어서야 극장에서 정식으로 개봉되었지만 그에 앞서 대학가를 중심으로 비디오테이프로 이미 유통되었다. 개인적으로는 1996년에 조악한 비디오테이프로 〈러브 레터〉를 보았던 것 같다. 배급사에서도 바로 그 점을 걱정하고 영화 개봉을 망설였다고 한다. 하지만 그런 걱정과 망설임을 비웃기라도 하는 듯이 이 영화는 소위 '대박'을 터뜨렸다. 이 영화는 '오겡끼데스까'라는 명대사를 남겼고 그 뒤 몇 번이나 재개봉을 했다. 거듭 말하지만 이 영화는 일본 멜로 영화의 시작을 알렸다.

일본 멜로 영화는 〈4월 이야기〉(이와이 순지, 1998)와 〈철도원〉(후루하타 야스오, 1999)를 통해 잠깐 숨 고르기를 한 뒤 2000년대 들어 물밀듯이 쏟아져 들어온다. 〈냉정과 열정 사이〉(나카에 이사무, 2001), 〈조제, 호랑이 그리고 물고기들〉(이누도 잇신, 2003), 〈세상의 중심에서 사랑을 외치다〉(2004), 〈지금 만나러 갑니다〉(도이 노부히로, 2004) 등이 〈러브 레터〉의 계보를 이었다. 참고로 〈조제, 호랑이 그리고 물고기들〉, 〈세상의 중심에서 사랑을 외치다〉, 〈지금 만나러 갑니다〉는 국내에서 리메이크가 될 정도로 큰 인기를 끌었다.

이 가운데 카타야마 쿄이치의 동명의 로맨스 소설을 원작으로 하고 있는 〈세상의 중심에서 사랑을 외치다〉는 일본 멜로 영화의 '정점'이자 '극강'이라 할 수 있다. 참고로 로맨스는 일본 특유의 문학 형식으로 '슬프고 순정적인 사랑 이야기'를 가리킨다. 작가 앤소니 스토의 말을 빌리면 사랑은 "목적지를 향해 희망에 부풀어 길을 떠나지만 절대 목적지에 도달하지 못하는 여행"이다. 그런 점에서 일본 멜로는 슬픈 결말이 예정되어 있다.

결혼을 앞두고 있는 리츠코는 어느 날 이삿짐 속에서 오래된 카세트테이프 하나를 발견하고 약혼자인 사쿠타로에게 짧은 편지 한 장만을 남겨두고 갑자기 사라져 버린다. 사쿠타로는 리츠코의 행선지가 시코쿠라는 것을 알고 그녀의 뒤를 쫓는다. 사실 시코쿠는 사쿠타로의 고향이자, 첫사랑 아키와의 추억이 잠들어 있는 곳이다. 고등학교 2학년 여름 사쿠(사쿠타로)는 얼굴도 예쁘고, 공부도 잘하고, 운동도 잘해 모든 남학생들이 동경하던 아키와 하굣길에서 우연히 마주친다. 아키는 천연덕스럽게 사쿠의 스쿠터에 올라탄다. 그 후 사쿠와 아키는 라디오 심야방송에 응모엽서를 보내고, 워크맨으로 음성 편지를 주고받는 등 둘만의 사랑을 키워나간다.

사쿠와 아키는 단 둘이 무인도에서 여행을 떠난다. 하지만 여행을 마치고 집으로 돌아가던 중 아키는 갑자기 쓰러진다. 아키는 병원에 입원해서도 그녀 특유의 쾌활함을 잃지 않는다. 사쿠는 그런 그녀의 곁에서 애정을 듬뿍 쏟아주지만, 그녀가 처한 현실에서 자신이 할 수 있는 일이 아무것도 없음을 깨닫고 큰 슬픔에 빠진다. 사쿠는 점점 약해져만 가는 아키를 위해 아키가 늘 꿈꾸던 '세상의 중심'이라 불리는 호주의 울룰루(에어즈

락)에 그녀를 데려가기로 마음먹고 그녀를 병원에서 몰래 **빼내**지만, 태풍에 발이 묶여 비행기를 타지도 못한 채 아키는 공항 로비에서 쓰러진다.

사쿠타로는 리츠코를 찾으러 시코쿠로 떠났지만 그곳에서 자신의 추억 속에 **빠져든다**. 추억 속에 **빠져든** 사쿠타로와 자신의 기억을 더듬어 과거를 좇고 있던 리츠코는 추억 저편 한구석에 숨겨져 있던 진실과 마주하게 된다. 그리고 오래전 전달되지 못했던 아키의 마지막 음성 편지가 사쿠타로에게 전해진다.

〈세상의 중심에서 사랑을 외치다〉는 일본 멜로 영화에서 흔히 볼 수 있는 모든 영화적 장치들과 일본 멜로 영화가 환기하는 정서의 최대치를 보여준다. 〈러브 레터〉가 그러했듯이 '죽어도 잊지 못하는 사랑'을 소재로 하고 있고, 두 남녀의 사랑을 이어주는 매개체는 편지다. 차이가 있다면 〈러브 레터〉에서는 손편지인 데 반해 〈세상의 중심에서 사랑을 외치다〉에서는 카세트테이프로 녹음된 음성 편지다. 두 영화는 공통적으로 한 번쯤 사랑해 본 이들의 깊은 곳에 잠자고 있던 과거의 기억을 소환하고 환기한다.

누군가의 말처럼 〈세상의 중심에서 사랑을 외치다〉는 "일본도 최루성 멜로를 만들 수 있음을 명명백백 외치는 영화"다. 이 영화에는 첫사랑, 백혈병, 죽음, 남은 자의 슬픔 등 눈물샘을 자극하는 요소로 **빼곡하다**. 그 가운데 압권은 역시 백혈병에 걸려 무균실에 격리된 아키에게 혼인신고서를 들고 달려가 외

치는 사쿠타로의 눈물이다. 투명 비닐을 사이로 둘은 입맞춤을
한다. 또 평소 잘 아는 사진사 아저씨의 도움으로 둘은 결혼사진
을 찍는다.

마지막 장면에서 사쿠타로와 리츠코는 아키가 그렇게 가고
싶어 했던 '세상의 중심'에 가서 아키의 재를 날린다. 마침내
아키는 그토록 원했던 세상의 중심에 서고, 리츠코는 사쿠타로
와 아키의 사랑을 어긋나게 했다는 죄책감에서 벗어나고, 사쿠
타로는 옛사랑을 마음속에 간직한 채 새로운 사랑을 시작할 수
있다고 생각한다. 화룡점정은 히라이 켄의 「눈을 감고」라는 노
래다. 이 모든 것들이 다소 오그라들 수 있는 설정일 수 있지만
'정서'가 압도한다. 어쩌면 이 정서는 일본인들에게만 통하는
문화적 DNA인지도 모른다. 사랑이라는 단어로는 부족하다. 가
브리엘 마르셀의 말처럼 상대를 의심 없이 존속해야 할 존재로
경험하는 것이다. '영원에의 약속'과 결속된 상대가 죽음으로
소멸된다는 건 끝내 동의되지 않는 절망이다.

인터넷으로 검색해보면 '일본 멜로 3대 영화', '우리가 사랑한
일본 멜로 영화', '찬 바람이 불면 생각나는 일본 멜로 영화' 등
일본 멜로 영화와 관련된 수많은 제목의 블로그나 게시물들을
볼 수 있다. 〈세상의 중심에서 사랑을 외치다〉를 포함해 앞에서
언급한 영화들 대부분이 그 글들에서 언급된다. 영화를 다 보지
않고 소개하는 내용만 읽어보더라도 일본 멜로 영화의 큰 흐름
을 따라갈 수 있다.

일본 멜로 영화에서는 주로 안타까움과 그리움의 정서, 즉 '마음'이 영화를 지배한다. 하지만 우리나라 멜로 영화에서는 직유와 은유를 통한 '말'이 사랑과 이별의 감정을 촘촘하고 섬세하게 전달한다. 〈봄날은 간다〉(허진호, 2001)에서 은수가 상우에게 하는 "라면 먹을래요?"와 상우가 은수에게 하는 "사랑이 어떻게 변하니"라는 대사는 사랑의 시작과 끝에서 피어오르는 정서를 잘 담아내고 있다. 허진호 영화는 "정서의 분출이 아닌 절제의 미학을 추구한다"고 평가되는데, 이는 허진호의 영화에만 국한되지 않는다.

그렇다면 〈파랑주의보〉(전윤수, 2005)라는 제목으로 리메이크된 우리나라판 〈세상의 중심에서 사랑을 외치다〉가 흥행과 비평에서 모두 실망스러운 결과를 남긴 게 어찌 보면 당연할지도 모른다. 〈파랑주의보〉보다는 결과가 좋았지만 동명 제목으로 리메이크된 〈지금 만나러 갑니다〉(이정훈, 2017)와 〈조제, 호랑이 그리고 물고기들〉을 리메이크한 〈조제〉(김종관, 2020) 또한 큰 틀에서 보면 크게 다르지 않다.

참고로 홍콩 멜로 영화에서는 일본 멜로 영화의 '마음'이나 우리나라 멜로 영화의 '말'보다는 화려한 이미지와 감각적인 음악이 영화를 지배한다. 이를 보이는 몸짓과 보이지 않는 몸짓으로 명명할 수도 있다. 주지하듯 〈화양연화〉(왕가위, 2000)의 경우 배우가 아무 말을 하지 않아도 영화 속 흐르는 음악과 동작만으로도 관객들은 그들의 사랑과 이별의 정도를 감지할 수 있다.

이처럼 멜로 영화는 비슷비슷한 것 같지만 자세히 보면 미세하게 다르다. 그 미세한 차이는 곧 미세한 감정의 결이다.

〈폭력의 역사〉

: "당신은 지금 그냥 떠나는 게 더 좋을 것 같은데"

누구나 이런 믿음을 갖고 있다. '이 세상 모든 사람들이 나를 믿지 않아도 가족만은 믿어줄 것이다. 모든 사람이 나에게 등을 돌리고 배신해도 가족만은 영원히 내 편이 되어 줄 것이다'라는 믿음 말이다. 그런데 여기에는 한 가지 전제가 있다. 즉 가족 간에는 결코 비밀이 없어야 한다. 우리는 가족 간에 비밀이 없는 것을 당연하게 생각한다. 그런데 만일 지금까지 몰랐던 비밀을 알게 된다면 어떻게 될까? 가족을 계속해서 믿을 수 있을까? 아니 계속 믿어야만 할까? 영화 〈폭력의 역사〉(데이비드 크로넨버그, 2005)는 바로 그 '가족 간의 믿음'이라는 문제를 다루고 있다.

미국에서 가족은 종교이자 이념이자 신념이다. 그래서인지 어떤 시기를 막론하고 미국 영화에서 행복이나 신성함은 늘 가족의 몫이다. 하지만 가족만큼 궁색한 변명도 없다. 그런 예는 셀 수 없을 만큼 많고 차고 넘친다. 사실 가족이 행복의 중심이 된 것은 근대 이후로 생각보다 그 역사가 길지 않다.

〈폭력의 역사〉는 그래픽 노블을 원작으로 삼고 있고, 작품의 주요 소재이자 주제가 제목처럼 '폭력'이기 때문에 그냥 흔하디흔한 가벼운 오락 영화로 생각하기 쉽다. 하지만 그와 다르게 이 영화는 시종일관 무겁고 철학적이다. 영화 제목 '폭력의 역사'는 협의로는 단어 그대로 '폭력에 관한 역사'이기도 하지만, 전과 기록, 폭력적인 인류의 역사, 미국의 역사 등 다층적이고 포괄적인 의미를 함의한다.

영화 〈폭력의 역사〉는 미국의 한적한 시골에서 시작된다. 두 남자가 어느 집에 들어간다. 그들은 일가족을 참혹하게 살해한다. 어린 여자아이가 밖으로 나오자 그녀 또한 잔인하게 총으로 쏴버린다. 장면이 바뀌어 한 여자아이가 악몽에서 깨고 가족들이 달려와 그녀를 달래준다. 그녀는 톰과 에디의 딸 사라다. 톰과 에디는 마을에서 작은 음식점을 운영하며 성실하게 살아가고 있다. 그들에게는 아들 잭과 딸 사라가 있다. 그들은 결혼기념일을 맞이해 딸을 옆집에 맡기고 로맨틱한 밤을 보낸다.

톰과 에디 가족은 행복 그 자체다. 그 가족 중에 유일하게 걱정거리를 안고 있는 사람을 꼽으라면 아들 잭이다. 잭은 학교에서 학교 패거리들로부터 괴롭힘을 당하고 있다. 하지만 그는 자신의 걱정거리를 부모에게 말하지 않고 나름 현명하게 대처한다. 그는 학교 패거리들과의 싸움을 피한다. 그런데 어느 날 밤 잭은 데이트를 하다가 그들과 마주친다. 그들은 톰의 가게에 들이닥친다.

톰은 큰 사건이 되지 않도록 자신이 가지고 있는 돈을 다 준다. 하지만 그들은 계속 난동을 피우고 급기야 종업원까지 강간하려 한다. 결국 톰은 직접 나서서 그들을 간단하게 제압한다. 그는 강도를 죽이고 사람을 구한 '마을의 영웅'이 되어 매스컴에 대서특필된다. 이 사건이 TV로 방송되면서 그는 졸지에 유명인사가 된다. 그를 인터뷰하기 위해 방송국에서 그의 가게로 찾아오고, 가게는 그의 소문을 들은 사람들로 넘쳐난다. 톰은 그때까지 작은 해프닝 정도로 생각했다. 이 소소한 일이 자신의 가족에 엄청나게 큰 비극적 사건이 될 것이라는 것을 톰은 결코 예상하지 못했다.

애꾸눈 칼 포가티가 선글라스를 끼고 톰의 가게로 찾아온다. 그런데 그는 계속 톰을 조이 쿠삭이라고 부르며 시비를 건다. 톰이 그를 외면하자 포가티는 에디에게 남편은 조이 쿠삭이라는 사람이며, 분명히 자신을 알고 있는데 모른 척한다고 말한다. 에디가 참지 못하고 경찰에 신고한다. 알고 보니 그는 동부 마피아의 거물이다. 톰은 불안감에 가족들에게 달려간다. 일단 아무 일 없이 무사히 잘 넘어갔지만 그 후에도 검은 차는 에디와 사라를 미행한다. 학교에서 괴롭힘을 당하던 잭은 참지 못하고 결국 싸움을 한다. 하지만 톰은 그를 감싸주기보다는 싸움한 것에 대해 그를 혼낸다.

포가티는 톰을 계속해서 괴롭힌다. 킬러였던 그가 다른 사람으로 사는 게 역겹다며 아들 잭을 인질로 삼는다. 결국 톰은 자신의 본색을 드러내며 놀라운 솜씨로 포가티의 부하들을 순식간에 제압한다. 지금까지 포가티를 모른다고 했던 그의 정체가 드러나고 말았다. 하지만 그는 포가티의 총을 맞고 쓰러진다. 톰은 이제 죽을 위기에 처한다. 그때 아들 잭이 뒤에서 포가티를 쏴 죽인다. 하지만 잭은 포가티를 쏴 죽였다는 것보다 아버지가 마피아였다는 사실에 더 큰 충격을 받는다.

결국 톰의 가정은 엉망이 되고 만다. 그는 에디에게 자신의 과거를 솔직히 털어놓는다. 그는 그녀를 만난 뒤 다시 태어났다고 항변한다. 하지만 에디는 살인을 일삼던 톰의 과거를 받아들이지 못한다. 가족들 모두 그를 피하며 그는 가족들과 점점 거리가 멀어진다. 경관이 포가티 일당의 죽음 사건을 조사하러 톰을 찾아온다. 경관은 톰을 의심한다. 하지만 에디는 남편을 감싼다. 그럼에도 불구하고 가족 간의 간격은 좁혀지지 않는다. 그녀는 앞으로 톰을 믿어야 할지 혼란스럽다.

그때 톰에게 한 통의 전화가 온다. 그는 전화를 받고 가족이 위험에 처했다고 직감하고 필라델피아로 향한다. 그는 그곳에서 친형 리치 쿠삭을 만난다. 톰은 킬러로서의 삶을 청산하기 위해 형과 이십 년 동안 연락을 끊고 살았다. 형 리치는 거의 최고 자리까지 올라왔는데 동생 톰이 포가티를 죽이는 바람에 자신의 계획이 실패로 끝났다고 말한다. 그는 자신의 부하에게 톰을 죽이라고 명령한다. 하지만 톰은 그 위기를 모면한다. 형 리치마저 죽이며 자기 가족을 위협하는 모든 요소를 일소한다.

톰은 킬러로서의 삶을 청산하고 이십 년 동안 착하게 살려고 노력했다. 하지만 단 며칠 만에 그의 노력은 물거품이 되고 만다. 그는 킬러로서의 삶으로 다시 돌아갔다. 가족을 지키기 위해서라고 하지만 그는 포가티 일당을 죽였고 형마저 죽였다. 그는 모든 일을 끝마치고 가족의 품으로 돌아온다. 그들은 오랜만에 식탁에 마주 앉는다. 에디는 톰과의 관계가 서먹서먹했지만 그러면서도 톰에게 음식을 건넨다. 여전히 가족이라는 것을 보여주며 이 영화는 끝이 난다.

프랑스의 소설가 에밀 졸라는 자연주의의 창시자로 일컬어진다. 그는 인간이 특별한 환경에 던져졌을 때 어떻게 변하는지에 관심을 가졌다. 그는 인간의 본성은 불변의 것으로 상정하지 않았다. 오히려 환경에 따라 얼마든지 바뀔 수 있다고 믿었다. 그가 기획한 자연주의는 인물들을 난폭한 환경에 던져두고 그들의 행동을 면밀하게 관찰한 기록이다. 그런 점에서 〈폭력의 역사〉는 현대적인 자연주의적 기획의 일환이라고 할 수 있다.

전술했듯이 〈폭력의 역사〉는 흔하디 흔한 범죄 영화를 떠올리기 쉬운 설정과 스토리를 갖고 있다. 하지만 이 영화가 진짜로 다루고 있는 주제는 '가족'이다. 특히 '가족 간의 믿음'이라는 문제를 주제화한다. 톰이 예전에 킬러였다는 진실이 밝혀진 뒤 톰에 대해 아내 에디가 느끼는 두려움과 아들 잭이 갖는 거부감 등이 핵심 포인트다. 이 영화는 그 가족이라는 핏줄의 울타리 안에서 인간의 폭력이 어떻게 계승되어 삶을 잠식하고 파멸에 이르게 하는지 잘 예거한다. 특히 주인공의 소심하고 착한 아들 잭이 아버지의 비밀이 밝혀지는 과정에서 발현되는 폭력성은 그 폭력의 역사성을 상징한다.

크로넨버그는 데이비드 린치, 데이비드 핀처와 함께 '쓰리 데이비드'라고 불릴 정도로 세계적인 영화 거장이다. 참고로 이들은 할리우드라는 주류 영화 세계 속에서도 자신만의 독특한 영화 세계를 견지한다. 크로넨버그는 중산층 유대계 집안 출신이다. 하지만 멀쩡한 출신과 다르게 그의 영화는 인체 개조물이라 해도 무방할 정도의 '신체 변형'과 '그로테스크함'의 극단으로 악명이 높았다. 따로 찾아서 본 것은 아닌데 어찌하다 보니 그의 영화를 꽤 많이 본 것 같다. 〈비디오 드롬〉(1983)을 시작으로 〈플라이〉(1986), 〈M. 버터플라이〉(1993), 〈크래쉬〉(1996), 〈익스텐즈〉(1999), 〈스파이더〉(2002), 〈이스턴 프라미스〉(2007), 〈데인저러스 메소드〉(2011) 등의 영화를 보았다. 크로넨버그의 영화 세계를 관통하는 두 개의 키워드를 꼽으라면 바로 '폭력'과 '그로테스크'다. 이 두 단어를 빼면 설명할 길이 없을 정도다.

크로넨버그가 단순히 극단에만 탐닉한 것은 결코 아니다. 〈비디오 드롬〉, 〈플라이〉, 〈크래쉬〉 등의 예에서 알 수 있듯이 그는 극단적인 신체 변형을 통해 인간이 만든 테크놀로지의 폭력성과 인간 본연에 대한 진지한 고찰로 영화계에서 독보적인 위치를 차지하고 있다. 〈스파이더〉를 기점으로 그로테스크함은 줄어들고 대신 인간의 정신적인 변형, 폭력성과 섹슈얼리티에 집중하는 모습을 보여주고 있다.

앞서 살펴본 것처럼 〈폭력의 역사〉는 미국 역사를 비판하며 폭력의 역사를 일별한다. 〈이스턴 프라미스〉에서는 한결 성숙하고 지적인 작품들을 감독하여 호러 외의 장르에도 '거장'의 칭호를 달게 된다. 〈이스턴 프라미스〉는 〈폭력의 역사〉의 속편처럼 느껴지기도 한다. 이 영화는 표면상으로는 일기의 전말을 알아가는 것이지만 수면 아래에 벌어지고 있던 일들이 막판에 정리되고 해소되면서 극적 재미가 배가된다.

크로넨버그 영화를 보면서 이야기와 스타일의 조합에 대해 생각해 보게 된다. 사실 어떤 영화는 이야기 자체가 너무 도드라지고, 또 어떤 영화는 이야기가 약한 대신 스타일이 너무 도드라진다. 더 정확히 말하면 스타일이 너무 튄다. 반면 크로넨버그의 영화를 보면 초창기 영화나 현재의 영화나 시종일관 '충격적인 비주얼'과 자신이 하고자 하는 이야기가 따로 놀지 않는다. 언제나 둘은 잘 붙어 있다. 개인적인 생각에 크로넨버그 영화의 장점은 바로 여기에 있다. 아무리 영화가 훌륭해도 스타일과 이야기가 따로 논다면 그 영화는 외면을 받기 마련이다.

〈바벨〉

: "우리는 잘못한 게 없지만 저 사람들은 우리가 잘못했다고 생각해"

영화 〈바벨〉(알레한드로 곤잘레스 이냐리투, 2006)은 이렇게 시작된다. 모로코의 외딴 사막에서 짐승들을 키우며 문명과 동떨어진 삶을 살아가는 한 가족이 자칼로부터 염소들을 보호하기 위해 총 한 자루를 구입한다. 염소 떼들을 지키던 두 형제 유세프와 아흐메드는 먼 길에서 달려오는 버스를 조준하며 사격 연습을 한다. 그런데 그 버스에 타고 있던 미국 관광객 수전이 우연히 그 총에 맞아 중상을 입는다. 국제 사회는 이 '우발적인' 총기 사고를 미국인을 노린 '계획적인' 테러 행위로 규정하고 정치적으로 해결하려 한다.

결국 수전과 그녀의 남편 리처드는 미국으로 돌아오지 못하고, 그들의 자녀는 아들의 결혼식에 참석하기 위해 멕시코에 가야만 하는 유모 아멜리아를 따라서 국경을 넘었다가 사막에서 실종된다. 아멜리아는 불법체류자 신분이 탄로나 추방당하게 된다. 모로코의 사냥 가이드에게 총을 선물로 주었던 일본인 아버지와 단 둘이 살고 있던 청각장애 여고생 치에코는 엄마를 잃은 슬픔으로 마음의 문을 닫는다.

〈바벨〉을 연출한 이냐리투는 기예르모 델 토로, 알폰소 쿠아론과 함께 미국에서 활동하는 멕시코 출신의 영화감독이다. 세 명 모두 아카데미 감독상을 수상했고 오랜 기간 동안 친분 관계를 유지하고 있는 것으로 알려졌다. 하지만 영화 스타일은 서로 다르다. 〈셰이프 오브 워터〉(2017)가 잘 예거하듯이 델 토로의 영화는 동화적 상상력을 특징으로 한다. 〈그래비티〉(2013)에서 알 수 있듯이 쿠아론의 영화는 기술적인 부분에서 탁월하다. 반면 이냐리투의 영화는 확고한 주제의식과 무겁고 진지한 영화 분위기를 특징으로 한다.

이냐리투는 〈버드맨〉(2014)과 〈레버넌트〉(2015)로 아카데미 시상식에서 연속으로 감독상을 수상한다. 〈바벨〉은 〈아모레스 페로스〉(2000)와 〈21그램〉(2003)과 함께 이냐리투의 '소통 3부작'으로 불린다. 이 영화들은 공통적으로 여러 인물들의 여러 이야기가 교차·병행되며 전개된다는 데 그 특징이 있다. 특정 사건을 계기로 그때까지 흩어져 있거나 혹은 서로 관련이 없어 보이던 사소한 일들이 서로 연결되고 큰 사건으로 발전한다. 그리고 그 사건은 예기치 않은 중대한 결과를 초래한다. 〈바벨〉에서 특정 사건이 총기 사고라면 〈아모레스 페로스〉와 〈21그램〉에서는 교통사고다.

이냐리투의 감독으로서의 인식 범위는 일반적인 한계를 뛰어 넘는다. 4개국을 넘나드는 로케이션 촬영에서 보여준 탁월한 선택이 그랬고, 브래트 피트와 케이트 블란쳇과 같은 할리우드 의 유명 배우로부터 모로코의 무명 배우들에 이르기까지 연기 경력 유무를 넘나드는 적절한 캐스팅이 그랬다. 물론 그가 미국 적 시각의 한계를 뛰어넘지 못했다는 비판도 있다. 또한 개발국 가와 저개발국가라는 이분법적 도식으로 영화를 구성했고, 그 때문에 경제적 이데올로기의 한계에 부딪혔다는 지적도 있다. 나름대로 일리 있는 비판이고 지적이다. 하지만 만일 그가 처음 부터 미국적 한계와 이분법적 도식을 의식적으로 뛰어넘으려 시도했다면 이 영화는 그의 생각대로 만들어지지 못했을지도 모른다. 그는 〈바벨〉에서 이분법적 도식을 통해 '진실'과 '소통' 의 문제에 천착했다.

따라서 〈바벨〉에 대한 영화 이야기는 이분법적 도식에서 출발 해야 한다. 영화가 진행되는 동안 관객들을 불편하게 만드는 것은 진실이 소통되지 않는 여러 답답한 상황들이다. 이 영화는 네 개의 서로 다른 내러티브들이 옴니버스 구성으로 엮여 있다. 결과적으로 한 가지 사건과 모두 연결되고 그 사건으로 수렴되지 만 큰 의미가 없다. 즉 이 영화가 말하고자 하는 본질적인 내용이 아니다. 영화는 특별한 설명 없이 모로코의 외딴 사막에서 시작 해 일본 도쿄의 도심 한복판에서 끝난다. 중간에 멕시코의 한 시골 마을에서 진행되는 결혼식과 그 문화적 풍경에 할당된다.

무엇보다도 이 영화는 네 개의 독립된 내러티브를 통해 진실이 소통되지 않는 현대사회의 단면을 예거하고, 바로 그것이 궁극적으로 해결되어야 하는 절대적 과제임을 역설하고 있다.

전술했듯이 미국인 관광객이 모로코에서 총격으로 피습되자 미국은 이를 테러범의 소행으로 간주한다. 국제사회에 알리고 모로코 정부를 움직여 테러범 소탕에 나서게 한다. 그런데 테러리스트로 지목된 이들은 외딴 사막에 살고 있던 평범한 유목민들이다. 그들은 자신들을 테러범으로 단정하고 학대하는 경찰들 앞에서 진실을 이야기한다. 하지만 공권력 앞에서 그들의 진실, 즉 '모로코 소년이 사격 솜씨를 뽐내기 위해 장난으로 쏜 총알이 우발적으로 미국인에게 상해를 입혔다는 사실'은 전해지지 않는다. 우발적인 사건은 테러로 규정되고 정치적으로 왜곡되고 결국 총을 쏜 소년의 형이 죽는다. 이냐리투 감독은 권력을 가진 자들이 진실에 대한 호소를 폭력으로 답하는 사회를 바벨로 규정한다. 소통의 부재가 해결되지 않는 한 우리 사회는 바벨일 수밖에 없다. 현재 우리가 살아가는 사회에서는 권력이 진실에 우선한다. 이냐리투 감독은 권력보다 진실이 우선해야 한다고 주장한다. 진실이 권력에 우선할 때 우리 사회에 바벨이라는 혼란이 없어진다.

세계 곳곳에서 테러가 발생한다. 테러리스트들은 권력에 굴하지 않고 진실을 알리기 위해서는 테러가 불가피하다고 말한다. 그들은 진실이 권력에 우선하고 진실이 통한다면 테러를 벌이지 않았을 것이라고도 말한다. 그들이 벌인 테러 행위는 결코 정당화될 수 없지만 어쩌면 바벨화된 사회가 만들어낸 광기였는지도 모른다. 진실은 상대적이고 다층적이다. 진실이 폭력과 야만을 정당화하지 않는다. 권력 앞에서 무기력하게 매질 당하고 수갑을 차고, 총에 맞아 죽어가는 모습은 문명사회의 야만적 양상을 단적으로 보여준다. 권력이 진실에 앞서는 모습이 바로 야만이고, 야만은 약육강식의 문화를 내면화한 결과다.

다시 영화 〈바벨〉로 돌아가자. 아멜리아는 리처드와 수전 부부의 두 아이를 태어날 때부터 돌봐주었다. 그녀는 자신의 아들의 결혼식에 가야만 한다. 하지만 리처드 부부가 총격 사고로 모로코의 수도인 카사블랑카의 한 병원에서 수술을 받게 되어 돌아오지 못하자 그녀는 아이들을 데리고 미국-멕시코 국경을 넘었다. 그녀는 아들의 결혼식에 참석한 뒤 늦은 밤 미국으로 돌아오지만 불심 검문을 당하고 멕시코의 사막에서 아이들은 실종된다. 그 과정에서 그녀는 불법체류자의 신분이 드러나 결국 미국에서 추방당한다.

미국-멕시코 국경을 넘는 검문소에서부터 아멜리아는 소통의 부재를 경험하게 된다. 미국이라는 거대한 나라의 법 앞에 아멜리아의 진실은 아무 소용이 없다. 그녀는 리처드와 수잔 부부의 두 아이를 태어날 때부터 돌봐왔지만 유모임을 입증하는 서류가 없다는 이유로 진실을 인정받지 못한다. 이 장면을 통해 우리는 법이 진실에 우선하는 바벨화된 사회의 현상을 목도하게 된다. 다시 말하지만 법 앞에서 진실은 아무 소용이 없고 이는 당연하게 받아들여진다.

현대 법체계의 근간은 로마법이다. 로마는 법이 중시되고 모든 것이 법을 중심으로 운영되는 사회였다. 로마법의 근간은 자연법으로 자연법이 실정법보다 우월하였다. 하지만 현대의 법체계는 그 숭고한 법의 정신을 잃어버렸다. 다시 말하면 실정법이 자연법을 우선한다. 과격하게 말하면 자연법은 더 이상 작동되지 않는다. 우리 사회에서 법은 진실에 우선하고 진실은 소통되지 않는다. 이냐리투 감독은 법 앞에서 진실이 소통되지 않는 사회를 바벨로 규정한다.

그런데 법과 진실의 관계뿐만 아니라 도덕과 진실의 관계 또한 〈바벨〉에서 중요한 영화적 화두로 작용한다. 엄마의 자살 이후 마음의 문을 닫아버린 청각장애 여고생 치에코는 자기 내면의 문제를 해결하지 못해 고민한다. 만일 엄마가 살아있다면 그녀는 신체 변화로 인한 문제들을 해결할 수 있는 정신적 소통이 가능했을 수도 있다. 하지만 엄마의 자살로 모든 소통이 차단되었다. 어쩌면 그녀 스스로 차단했는지도 모른다. 하지만 인간의 본성적 욕망마저도 막을 수는 없었기 때문에 그녀는 자기만의 소통 방식을 택했다.

사실 완벽하고 온전한 소통은 불가능하다. 치에코가 원했던 소통은 도덕적 관념이나 사회적 윤리와 상충한다. 그녀의 소통 방식은 사회적으로 금기시된다. 하지만 그녀는 왜 금기되어야 하는지 잘 알지 못한다. 그 욕망을 해소할 수 있는 방법 또한 정확히 알지 못한다. 그녀는 그냥 자신의 내면에 있는 진실을 드러내고 소통하고자 했을 뿐이다. 치에코는 진실이 도덕보다 우선한다고 생각했고 이를 실천하려 했다. 하지만 그녀의 외침은 사회에 반향을 일으키기에는 금기의 벽이 너무 높았다. 사회는 점점 더 성적인 혼란과 문란 속으로 빠져든다.

즉 세계는 바벨이 되어 간다. 이냐리투 감독은 권력, 법, 사회적 관습 앞에서 진실이 소통되지 못하는 우리 사회를 바벨로 규정한다. 더 나아가 그는 바벨의 사회를 깨뜨리기 위해 우리가 무엇을 할 수 있는지, 무엇을 해야 하는지 질문한다. 그는 우리가 진실과 소통하지 못한다면 우리 또한 바벨의 세계를 방황하는 영혼이 되고 말 것이라고 예언한다. 진실이 소통되는 사회를 꿈꿔야 한다. 그래야만 또 다른 테러가 발생하지 않는다. 여기서 말하는 테러는 개인적인 것에서부터 국가적인 것에 이르기까지 다층적이다. 개인이 사회와 소통할 수 있다면, 그가 진실이라고 생각했던 것이 사회에서 받아들여진다면, 테러의 가능성은 훨씬 줄어들 것이다. 그렇기 때문에 우리는 진실이 소통되는 사회를 더욱 소망하게 된다.

우리는 영화를 통해 과거를 소환하기도 하고 현재를 반성적으로 고찰하기도 한다. 하지만 아직 경험하지 못한 일들을 준비하거나 간절히 바라는 일들이 실현되기를 소망하기도 한다. 이를 판타지라고 부를 수도 있다. 하지만 원래 영화는 판타지를 실현하고 욕망을 해소한다. 우리는 아직 오지 않은 미래를 영화를 통해 엿보고 준비한다. 앞서 살펴 본 것처럼 이냐리투는 확고한 주제의식과 무겁고 진지한 영화 분위기를 특징으로 한다. 하지만 〈바벨〉에서 알 수 있듯이 그의 영화에는 델 토로의 무한한 상상력도 쿠아론의 음울한 세계관도 관통한다.

Sequence #08 2007~2011

⟨노인을 위한 나라는 없다⟩

: "당신이 가야 할 길은 처음부터 정해졌어"

김봉곤의 단편소설 「데이 포 나이트」(2018)에는 다음과 같은 구절이 나온다. "2008년 봄, 나는 좀 많이 들떠 있었다. 내 주변을 둘러싼 모든 사람이 그랬다. 우리가 입학한 해에 ⟨노인을 위한 나라는 없다⟩와 ⟨데어 윌 비 블러드⟩를 함께 개봉한 것은 미친 일이라고, 이건 영화사에서 길이길이 남을 사건이라고, PTA 촬영팀이 피워 올린 먼지바람 때문에 코언 형제의 영화 촬영이 중단된 것만큼이나 이건 운명적인 일이라고 동기들은 호들갑을 떨었다."

⟨노인을 위한 나라는 없다⟩(2007)와 ⟨데어 윌 비 블러드⟩(2007) 모두 너무나 훌륭하고 너무나 압도적인 영화이기 때문에 우열을 가리는 것은 큰 의미가 없다. 그래도 군이 따지자면 김봉곤의 소설에서 학생들은 ⟨데어 윌 비 블러드⟩에 조금 더 우호적인 것 같다. 솔직히 말해 개인적으로도 ⟨데어 윌 비 블러드⟩에 조금

더 우호적이었다. 어쩌면 〈노인을 위한 나라는 없다〉가 아카데미 시상식에서 작품상과 감독상을 받아서 이에 대한 반발 심리로 〈데어 윌 비 블러드〉에 더 우호적이었는지도 모르겠다.

예전의 책에서 다음과 같이 쓴 바 있다. "〈데어 윌 비 블러드〉는 '야망과 탐욕, 폭력과 사랑, 성공과 실패의 대서사시!'라는 영화의 타이틀이 영화의 모든 것을 말해준다. 이 영화는 19세기 말의 혼란스럽고 냉혹한 미국 현실을 지독하고 무섭게 비판한다." 한 마디 더 보태자면 이 영화는 '우아하다'. 우아함이란 어마어마한 고통과 수고를 다했음에도 불구하고 타인에게 그 수고가 느껴지지 않을 정도의 안정감이다. 일상에서 우아함은 쉽게 발견되지 않는다. 왜냐하면 우아한 일상은 완벽한 도덕적 삶만큼이나 어렵기 때문이다.

그런데 최근에 〈노인을 위한 나라는 없다〉를 보고 난 뒤 그 생각이 조금 바뀌었다. TV 예능 프로그램에서 안톤 시거를 조금 웃기고 과장되게 묘사해서 그렇지 이 영화는 결코 '우스운' 영화가 아니다. 내용 자체도 상당히 묵직하다. 또 정말 무섭다. 개인적으로 가장 무서운 영화 다섯 편을 꼽으라면 거기에 포함될 정도로 이 영화는 정말 무서운 영화다. 〈데어 윌 비 블러드〉보다도 미국 현실을 훨씬 더 지독하고 무섭게 비판한다. 〈노인을 위한 나라는 없다〉는 그들의 다른 영화가 그렇듯이 조엘 코언과 에단 코언 형제가 공동 연출한 영화다.

필자에게 영화 보기는 코언 형제의 영화 보기와 함께 한다고 해도 과언이 아니다. 코언 형제의 영화는 상당히 특징적이어서 사전정보가 없는 상태에서도 그들의 영화임을 쉽게 알아차릴 정도다. 〈애리조나 유괴사건〉(1987), 〈허드서커 대리인〉(1994), 〈파고〉(1996) 등에서 보듯이 상황은 어색하고 등장인물들은 어딘가 부족해 보인다. 오해가 겹치면서 블랙 코미디적인 파국을 보여준다. 코언 형제의 영화의 그 냉랭하고 건조한 대사와 배우들의 시선은 쿠엔틴 타란티노나 로버트 로드리게스의 영화와 비슷해 보이기도 하지만 훨씬 더 절제되어 있다.

코언 형제의 영화는 음향, 조명, 소품 등 영화적 장치를 이용해 느린 호흡 속에서도 긴장을 이끌어내는 것으로 유명하다. 그들은 초기 작품에서부터 최근 작품에 이르기까지 일관된 영화 제작 방식을 고수하고 그렇기 때문에 균질한 영화를 내놓는다. 그들은 촬영 시 스토리보드를 적극적으로 활용하여 필요한 신 장면만 정확히 찍는다. 배우들의 애드리브를 허용하지 않기 때문에 완성된 영화와 각본과의 차이가 거의 나지 않는다고 한다.

〈노인을 위한 나라는 없다〉는 2005년도에 출간된 미국 현대 문학을 대표하는 소설가 코맥 매카시의 동명의 원작 소설을 바탕으로 하고 있다. 이 소설의 제목은 아일랜드의 시인 윌리엄 버틀러 예이츠의 시 「비잔티움으로의 항해」(1928)의 첫 구절 "노인을 위한 나라는 없다"에서 가져온 것이다. 그런데 이 구절을 우리말로 정확히 옮기면 "노인을 위한 나라는 없다"가 아니라 "거기는 노인이 살아갈 만한 나라가 아니다"이다. 시인은 이렇게 노래한다. "늙은이는 그저 하나의 하찮은 물건,/ 막대기에 걸쳐놓은 다 해진 옷, 만일/ 영혼이 손뼉을 치며 노래 부르지 않는다면,/ 유한한 옷의 조각조각을 위해 더욱더 소리 높여/ 노래 부르지 않는다면,/ 또한 거기엔 영혼의 장려한 기념비를 공부하는/ 노래 학교만이 있다./ 그래서 나는 바다 건너/ 성스러운 도시 비잔티움으로 항해해 왔다."

세상이 많이 바뀌고 험악해지며 자신이 이해할 수 없게 변했거나 돌아가기 때문에 거기는 노인을 위한 나라가 아니다. 노인은 '오래된 지혜를 가진 현명한 생각의 소유자'다. 만약 노인의 경험과 지혜대로 예측 가능하게 흘러가는 사회라면 그곳에서 노인들은 대접을 받는다. 그러나 현실은 지혜로운 노인이 예측한 대로 흐르지 않는다. 우연을 통해 인생이 송두리째 바뀌고, 누군가 선한 의도로 행한 일이 곧 악몽이 되어 찾아오며, 시시때때로 묻지마 범죄가 일어나고, 도저히 이해할 수 없는 결과가 매일 일어나는 곳이 우리가 사는 세계인 것이다. 소설은 이러한 부조리한 세상의 이치를 매우 담담한 시선으로 그리고 있고, 영화는 안톤 시거라는 재앙을 통하여 '모든 사람은 혼돈이 지배하는 세상으로부터 완전히 안전할 수 없다'는 가혹함을 보여준다.

영화 〈노인을 위한 나라는 없다〉는 1980년 여름 미국 텍사스주를 배경으로 한다. 사막 한가운데서 사냥 중이던 베트남전 참전 경력의 베테랑 저격수 르웰린 모스는 사냥감을 뒤쫓다가 우연히 총격전이 벌어진 현장을 발견한다. 현장 주변에는 십여 명이 죽어 있고, 차 안에서 살아남은 한 명은 총상으로 죽어가면서 모스에게 물을 달라고 애원한다. 트렁크에서 대량의 마약을 발견한 모스는 사건에 개입되고 싶지 않았기에 서둘러 자리를 뜬다. 그는 다른 흔적을 따라 사망자 한 명과 이백만 달러가 들어 있는 돈 가방을 발견하고 트레일러 주택으로 돌아온다.

모스는 이 행운이 있기 전에는 꽤 가난하게 살았던 것으로 추정된다. 그는 매우 초라한 트레일러에서 아내와 함께 지낸다. 젊은 아내는 바가지를 긁는다. 그는 평소대로 잠들려고 하지만 죽어가는 생존자의 요청을 거절한 게 내심 꺼림칙했던지 물통을 가지고서 새벽녘에 현장을 다시 방문하지만 때마침 사건 현장에 도착한 갱단에게 쫓기는 신세가 되고 만다. 갱단은 총격전을 피해 간신히 달아난 모스의 차량 번호판을 조회해서 그를 추적한다. 그들은 그를 추적해 돈을 찾기 위해 킬러 시거를 고용한다.

시거는 독특한 헤어스타일의 무표정하고 무심한 살인청부업자이자 연쇄살인마다. 그는 의뢰를 받아 목적을 달성하기 위한 살인과 그저 본인이 하고 싶은 살인을 가리지 않고 저지른다. 그는 대화의 문맥을 잘 짚지 못하고 자신의 논리 안에 강하게 속박되어 '타인에 대한 공감과 이해 능력 부족'을 드러낸다. 그는 살상의 대상을 가리지 않으며, 어떠한 대화도 통하지 않고, 언제나 예측불허이며, 운으로 인해 생사가 결정되는 등 재앙 또는 재해와 일치한다. 시거는 오직 자신의 논리만이 세상을 설명할 수 있다고 생각하기 때문에, 다른 사람들의 논리나 생각 따위는 전혀 중요하지 않다고 생각한다. 그 때문에 타인을 조금도 이해하지 못하고 이해하려는 시도조차 하지 않으며, 남들도 항상 자신과 같은 것이라고 생각한다.

노련한 보안관 에드 톰 벨이 끼어들면서 추적 이야기는 혼돈과 폭력의 결말로 치달아간다. 그는 부친에 이어 보안관이 된 인물로 마을 내에서 명망이 높다. 그는 젊은 보안관과 함께 사건을 추적한다. 희생자들의 몸에 총상으로는 보이지 않는 구멍이 뚫려 있다는 것과 사건 현장에서 탄피가 발견되지 않았다는 점 때문에 수사는 미궁에 빠진다. 그는 이 사건에 모스가 연관되어 있다는 사실을 간파하여 시거의 추적에 나선다. 결국 그는 모스의 시체를 발견한다. 모스의 살해 현장에 찾아온 시거를 잡을 기회가 있었지만 결국 시거를 잡지 못한다. 아니 안 잡는다.

사건이 흐지부지 끝난 후 벨은 은퇴하여 부인과 자택에서 식사를 하는 도중 지난 밤 꾸었던 꿈 이야기를 하는 것으로 영화는 끝난다. 그에게는 제2차 세계대전의 참전용사로 전쟁에 대한 트라우마가 있다. 영화에는 나오지 않지만 소설에서는 딸이 하나 있었는데 사망한 것으로 서술된다. 제목처럼 벨은 현명하고 신중한 노인을 상징하지만 영화에서는 내내 무력하다. 비합리적이고 잔인하게 변해 버린 세상은 현명하고 신중한 나이 든 보안관으로서는 아무것도 할 수 없는 감당하기 어려운 세계이기 때문이다. 영화의 결말을 보면 작금의 현실은 '노인을 위한 나라가 아니다'는 것을 실감하게 된다. 또 '노인을 위한 나라는 없다'는 제목도 틀리지 않다는 것을 씁쓸히 깨닫게 된다.

★ ★ ★ ★ ★ **2 0 0 8** ★ ★ ★ ★ ★

〈더 리더: 책 읽어주는 남자〉

: "중요한 건 우리의 감정이 아니야. 우리의 행동이지"

　지난해 독일에서 100세 노인의 재판이 화제가 된 적이 있다. 그는 제2차 세계대전 당시 나치 강제수용소에서 유대인 학살에 관여한 혐의로 법정에 섰다. 그는 변호사를 통해 고령으로 재판을 받기 힘들다고 주장했지만 희생자 지원단체는 "정의에는 유효기간이 없다"며 그의 단죄를 촉구했다. 그가 근무한 작센하우젠 수용소에서는 1936년부터 1945년까지 약 20만 명 이상의 수용자가 감금돼 강제노동과 생체실험, 학대 등을 겪었고 절반 이상이 목숨을 잃었다.

　제2차 세계대전 전범 국가 독일은 전쟁이 끝난 지 76년이 지났지만 나이와 성별을 불문하고 나치 부역자들을 끝까지 찾아내 법의 심판을 받도록 하고 있다. 나치 치하 폴란드에 있었던 슈투토프 강제수용소에서 비서로 일했던 96세 여성은 재판을 앞두고 있다. 그녀는 1만 1천 명의 수용자 살해에 연루되었다는 혐의를 받고 있다. 같은 곳에서 경비원으로 근무했던 95세 남성도 유죄 판결을 받았다. 독일 검찰이 최근 들어 사법 처리에 속도를 내고 있다. 왜냐하면 나치 부역자와 피해자 모두 고령이기 때문이다. 한 유대인 인권 단체에 따르면, 2001년부터 2018년까지 최소 105명의 나치 부역자가 북미 또는 유럽에서 유죄 판결을 받거나 추방당했다. 친일파를 제대로 청산하지 못한, 또 해방 이후 과거사 사건들의 진상 규명을 끝마치지 못한 한국 사회가 곱씹어 볼 대목이다.

'과거 청산'은 너무나 오래전 일이고 너무나 많이 들었기 때문에 이미 끝났다고 생각하지만 '끝날 때까지는 끝난 게 아니다'. 과거 청산은 현재 진행형이다. 동의하든 동의하지 않든 간에 한나 아렌트의 『예루살렘의 아이히만』(1963)은 기념비적인 책이다. 아렌트가 명명한 '악의 평범성'이라는 용어는 차치하더라도, 이름을 바꾸고 아르헨티나에서 숨어 지내던 나치 전범 아이히만을 체포해 법정에 세웠다는 게 더 놀라웠다. 물론 영화 〈한나 아렌트〉(마르가레테 폰 트로타, 2012)와 〈아이히만 쇼〉(폴 앤드루 윌리엄스, 2015)가 잘 보여주듯이 아이히만과 그의 재판을 두고 서로 다른 말들이 오간다. 올리비에 게즈의 『나치 의사 멩겔레의 실종』(2017)에서는 알려지지 않았던 아이히만의 실체가 드러나기도 한다.

스티븐 달드리의 〈더 리더: 책 읽어주는 남자〉(2008) 또한 나치 부역자의 이야기를 다루고 있다. 이 영화는 베른하르트 슐링

크의 1995년 동명의 소설을 원작으로 한 로맨스 영화다. 하지만 이 영화는 단순히 로맨스로 그치지 않고 로맨스 그 이상의 깊은 울림을 전한다. 참고로 이 영화의 제작자인 앤서니 밍겔라와 시드니 폴락이 영화의 개봉을 앞두고 세상을 떠났기 때문에 이 영화는 영화뿐만 아니라 영화 외적으로도 여러모로 안타깝다.

나치 독일이 패망하고 시간이 지난 1958년의 서독 노이슈타드의 어느 날, 고등학생 소년 마이클은 수업이 끝나고 하교하던 중 길거리에서 쓰러진다. 지나가던 여인 한나는 그를 부축하여 집으로 데려다준다. 집에서 한동안 앓아누운 마이클은 며칠 뒤 건강을 회복하고 한나에게 감사 인사를 전하기 위해 그녀의 집을 찾아 나선다. 그는 그녀의 집을 찾아갔다가 우연히 그녀와 동침하면서 관계를 이어나간다.

한나의 집을 드나들며 마이클과 한나의 관계는 깊어지고 한나는 마이클에게 책을 읽어달라고 부탁한다. 마이클은 한나에게 여러 책을 읽어주고, 한나는 책을 들으며 공감하기도 하고 격분하기도 한다. 한나의 직업은 전차 검표원이다. 그녀는 관리직으로 승진하게 되지만 어찌된 일인지 돌연 직장을 그만두고 마이클과의 관계도 정리한다. 그녀는 마이클과 마지막 하룻밤을 보내고 아무 말 없이 사라진다. 마이클은 한나가 사라지자 허탈감과 배신감을 느낀다.

8년이 흐른 1966년, 법대생이 된 마이클은 같은 과 친구들과 함께 나치 전범 재판을 방청하게 된다. 그런데 그곳에 한나가 피고인 중 한 명으로 불려나와 있었다. 한나는 과거 제2차 세계대전이 끝날 때까지 아우슈비츠에서 유대인을 감시하는 친위대 교도관으로 일을 했던 죄로 재판에 회부된 것이다. 검찰에 따르면, 한나는 어린 유대인 수감자들을 불러 모아 간식을 주면서 밤마다 그녀 옆에서 책을 읽게 했다. 그녀는 수용소에 자리가 없을 때는 자신이 돌보던 수감자들을 우선적으로 선발해 다른 수용소로 보냈다. 그녀는 수용소에 불이 났을 때 수감자들을 풀어주지 않았고 그것 때문에 수많은 유대인들이 죽었다.

한나는 검찰 측의 기소를 반박하지 않는다. 오히려 그녀는 "그것이 나의 직무였기 때문이다"고 말하며 자신이 했던 행동을 정당화한다. 그녀의 당당한 태도에 재판관, 배심원, 방청객 모두 경악을 금치 못한다. 마이클 또한 큰 충격을 받는다. 한나와 함께 기소된 다른 전범들은 한나의 순진함을 악용해 그녀에게 모든 죄를 덮어씌우고자 "이 일은 전부 한나가 보고서로 지시하고 서명한 일이었다"고 거짓 증언을 한다. 그런데 한나는 이 부분에 대해서는 억울함을 호소한다. 재판관은 사실 여부를 확인하기 위해 그녀의 글씨체와 보고서의 글씨를 비교해야겠으니 한나에게 글을 써보라고 한다.

하지만 한나는 이를 받아들이지 않는다. 마이클은 한나의 이런 행동과 예전의 상황들과 종합하여 그녀가 문맹인 것을 알아차린다. 문맹임을 알리고 싶지 않았던 한나는 보고서가 자신이 쓴 것이라 거짓말을 한 것이다. 결국 한나는 수많은 사람들의 저주를 들으며 무기징역을 선고받고 교도소에 수감된다. 마이클은 한나가 문맹이라는 사실을 알리려 한다. 하지만 한나의 행동은 자신의 자존심을 지키기 위해 한 결정에서 비롯된 것이라고 생각하고 포기한다.

세월이 흘러 마이클은 결혼을 했고 딸 하나를 두었다. 어느 날 그는 한나를 떠올리고 수감되어 있는 그녀를 위해 책을 녹음해 소포로 보낸다. 한나는 그를 통해 글을 배워 그와 편지를 주고받는다. 그녀는 모범수로 조기 출소를 앞두고 있다. 교도소 측에서는 한나가 가족도 친구도 없는 고아 출신이기에 출소 후에 갈 곳이 없다며 마이클에게 한나의 향후 거취를 도와달라고 요청한다. 마이클은 한나의 출소를 며칠 앞두고 면회를 통해 수십 년 만에 그녀와 재회한다.

할머니가 된 한나는 다 늙은 아저씨가 된 마이클을 여전히 '꼬마'라고 부르며 반가워한다. 둘은 잠시 재회의 감격을 나눈다. 하지만 마이클은 그녀가 글을 깨쳤음에도 나치 시절 자신이 한 일들에 대해 부끄러워하지 않는 것을 깨닫고 실망한다. 한나는 마이클과의 대화를 통해 큰 깨달음을 얻는다. 그녀는 여태까지 단순히 벌어 먹고살기 위해 어쩔 수 없이 했다고 생각한 일들이 사람을 죽이는 일이었고 그 사람들을 되살릴 수는 없다는 사실을 깨닫는다.

한나는 자신과 추억을 공유했던 상대이자 유일한 지인으로 남은 마이클마저도 자신에 대한 실망감을 드러내자 크게 좌절하고 끝내 자살을 선택한다. 출소하는 한나를 마중나간 마이클은 그녀의 자살·소식을 알고 애통해한다. 마이클은 한나의 유언대로 그녀가 재판받을 당시 증인으로 섰던 유대인 여성을 찾아간다. 그는 한나가 사실 문맹이었으며 당시 판결이 잘못되었음을 알린다. 하지만 아우슈비츠에서 한나를 잘 따랐던 소녀들 중 한 명이었던 그녀는 "그래서 뭐 어쩌자는 거죠? 불쌍하니까 이젠 용서하자고? 카타르시스를 원하시면 다른 곳에 가세요"라고 일갈한다. 그녀는 한나가 문맹이었다 한들 그녀의 행동이 수많은 유대인을 죽였다는 사실은 변하지 않는다고 말한다.

마이클은 한나의 유언대로 그녀의 유품을 유대인에게 건네주는데, 그것은 그녀가 그동안 모아놓은 약간의 돈이 담긴 상자였다. 한나는 참회의 뜻으로 자신의 돈을 아우슈비츠 피해자들에게 기부해 달라고 유언을 남겼다. 상자를 본 그 유대인 여성은 매우 놀라워하며 "내가 어린 소녀일 적에 가지고 있던 상자랑 흡사하네요"라고 말한다. 그녀는 상자에 담긴 돈을 꺼내 마이클에게 돌려주며 "이 돈은 받을 수 없어요. 대신 이 상자만 받죠."라고 말하며 뒤돌아선다. 결국 마이클은 그녀와 합의해 그 돈을 문맹들을 위한 교육단체에 기부하기로 한다. 유대인 여성은 비록 한나의 죄는 용서할 수 없지만, 그 죄가 한나의 악함이 아니라 학식 및 사회화의 전무, 순진함에서 기인한 것으로 여긴다.

사실 아렌트가 아이히만 재판을 보면서 지적한 게 바로 이 부분이다. 지극히 선의로 보면 아렌트는 아이히만을 옹호한 게 아니다. 그녀가 말한 '악의 평범성'은 악 자체가 평범하다는 것을 의미하는 게 아니라 사회화되지 않으면, 즉 스스로 생각하지 못하면 누구나 악인이 될 수 있다는 말이다. 맥락은 조금 다르지만 "나는 생각한다. 고로 존재한다"는 르네 데카르트의 말 역시 마찬가지로 생각 또는 의심의 중요성을 일깨운다.

마이클은 한나를 이해하게 되고, 이는 마이클에게 타인과 진정한 소통을 하게 되는 계기가 되어 딸을 한나의 무덤에 데려가 묘비를 보여준다. 한나를 궁금하게 생각하는 딸에게 그는 한나와 있었던 일을 들려주는 등 가족과의 관계를 회복해 나가는 모습으로 영화는 끝난다.

영화와 직접적인 관련은 없지만 문득 독서에 대해 생각해 본다. 독서에는 두 가지 종류가 있다. 다름 아닌 쌓는 독서와 허무는 독서다. 쌓는 독서가 내가 내 세계를 만들어가는, 즉 내 관심사에 맞는 책, 내가 되고 싶은 사람이 될 수 있게 해주는 책을 읽는 독서라면 허무는 독서는 내가 갖고 있던 고정 관념을 깨거나 다른 생각을 받아들이게 하는 독서다. 쌓는 독서를 게을리하면 '내 것'이 안 생기고 허무는 독서를 안 하면 내 세계가 좁아진다. 그렇다면 한나의 독서는 어떤 것이었을까? 그리고 그녀에게 독서는 어떤 의미였을까?

〈하얀 리본〉

: "저를 죽일 기회를 줬어요"

철학 사전에서는 인간의 본성을 두고 '성선설'과 '성악설'이라는 서로 상대적인 개념으로 설명한다. 성선설은 맹자에 의해 주장되었다고 알려졌다. 그 내용은 "인간에게는 천성적인 양지양능이 갖추어져 있고, 이것에 의해 '인의예지'의 사단을 가지게 되며, 또 이 사단을 확충할 능력이 있다"는 것이다. 즉 인간의 본성은 원래 선한 것인데, 이 선한 본성에 악이 생기는 것은 인간이 외물에 유혹되기 때문이다. 외물에 유혹되지 않기 위해서는 사단을 확충해야 한다.

반면 성악설은 순자의 도덕 사상의 중심 개념을 이룬다. 그는 인간의 도덕성이 선천적이란 것을 부정하며, "사람의 성은 악한 것이고, 선은 인위적인 것이다"라고 주장했다. 즉 "성은 선천적인데, 그것이 이기적인 욕망이며 위라는 것은 작위이며, 즉 후천적인 노력이라고 하면서 사람들은 이 후천적 노력을 통해 예를 따르도록 힘써 선을 발휘하지 않으면 안 된다"고 주장했다. 그런데 성선설과 성악설의 본령이자 핵심은 인간의 '본성'이 아니라 '교육'에 있다. 즉 교육이 뒷받침되지 않으면 본성이 선하더라도 선할 수 없고, 반대로 교육이 뒷받침되면 본성이 악하더라도 선할 수 있다. 본성과 교육은 유전과 환경이라는 과학적 맥락의 단어로 대체될 수 있다.

'타불라 라사'라는 단어가 있다. 타불라 라사는 라틴어로 '깨끗한 석판'을 의미하고, 영어로는 '빈 서판'이라고 부른다. 이 이론에 따르면, 인간의 본성은 태어날 때는 마치 비어 있는 서판과 같으며, 이후 각종 경험으로부터 서서히 마음과 지성이 형성된다. 일반적으로 빈 서판 이론은 영국의 경험론자 존 로크의 사상에 기원을 두고 있다고 말한다. 로크는 『인간지성론』(1690)에서 "인간은 정보를 처리할 능력을 가지고 있지 않은 채로 태어나며, 정보를 처리할 능력은 오직 감각적 경험으로 인해서 후천적으로 형성된다"고 주장했다.

하지만 스티븐 핑커는 『빈 서판: 인간은 본성을 타고나는가』(2002)에서 현대 생물학과 실험 심리학 연구를 바탕으로 빈 서판 이론을 반박한다. 그는 지적 능력의 차이뿐만 아니라 성격의 차이까지 상당 부분 유전자에 의해 결정되고 환경적 영향은 사람들의 생각하는 것보다 작다고 주장한다. 그에 따르면 인간은 자연이 우리에게 프로그래밍이 가능하도록 허락한 범위 안에서만 환경의 영향을 받는다. 하지만 사람들은 결정론을 받아들이는 것을 두려워하고 의도적으로 외면한다. 특히 폭력성의 경우 더욱 그렇다.

핑커는 빈 서판 이론이 논리적으로 결함이 있을 뿐만 아니라 사회 도덕적인 문제를 야기할 수 있다고 주장한다. 가령 살인이 폭력적인 본성에 기인한 것이 아니라 오로지 환경에 의한 것이라고 주장하면, 가해자는 '교육받지 않았다'는 이유로 형벌을 피하게 되고, 오히려 피해자라는 논리가 성립된다. 그렇게 풀려난 가해자는 또 다른 범죄를 저지를 수 있다. 인간의 '마음'이 환경으로부터 형성된다는 빈 서판 이론은 인간의 모든 면을 통제하려는 전체주의적인 교육을 불러올 수 있으며, 집과 같은 모든 환경을 천편일률적으로 똑같이 만들려는 시도를 낳게 되고, 단순히 남보다 더 많이 가졌다는 이유로 박해를 받는 사회를 만들 수도 있다. 역사적으로 이를 '파시즘'이라고 하고, 가장 극단적인 형태로 발현된 파시즘이 바로 '나치즘'이다.

많은 이들이 영화 〈하얀 리본〉(마키엘 하네케, 2009)을 두고 "파시즘의 태동을 예고했다"고 극찬했다. 혹자는 "파시즘을 개인 단위에서 통찰하고 규명한 탁월한 미시적 보고서"라고도 했다. 개인적인 생각에도 이 영화는 어떤 면에서 보아도 '마스터피스'라고 불러도 결코 아깝지 않은 영화다. 보통 걸작이라고 부르는 영화들은 뛰어난 내용을 평범한 방식으로 전달하거나, 아니면 평범한 내용을 뛰어난 방식으로 전달하거나, 이 둘 중 하나다. 이 영화는 후자다. 이 영화는 촬영, 음악, 조명, 편집 등 기술적인 화려함은 거의 찾아볼 수 없다. 흑백 영화인 데다가 중간에 남작부인과 교사가 연주하는 음악을 제외하면 음악도 거의 없다. 화면도 황량하기 그지없다. 그럼에도 불구하고 이 영화는 꽉 찬 느낌을 준다. 그것은 하네케의 영화적 힘에서 비롯된다.

〈하얀 리본〉은 당시 마을의 학교에서 근무하던 교사가 내레이션으로 과거를 회상하는 방식으로 전개된다. 그는 이렇게 시작한다. "이 이야기가 사실인지도 모른다. 일부는 전해 들은 이야기로 많은 것들이 애매하고 의문이 남는다." 영화는 기이하고 끔찍한 사건과 그에 따른 마을 사람들의 반응으로 구성되어 있다. 즉 말을 타던 의사는 누군가 매어 놓은 줄에 걸려 부상을 입고, 농부의 아내는 썩은 마룻바닥 아래로 떨어져 죽고, 한밤중에 헛간이 불에 타고, 장애를 가진 아이의 눈이 도려내진다.

이처럼 〈하얀 리본〉에서는 기이하고 끔찍한 일이 계속 발생한다. 이 영화는 누가 그런 끔찍한 일을 저질렀는지 범인을 추적해 나가는 일종의 추리극이다. 이 영화에서는 교사가 그 일을 주도적으로 해나간다. 영화 마지막에 이르면 그는 마을에서 일어난 일련의 끔찍한 사건들의 용의자로 아이들을 의심한다. 그 의심의 증거도 상당히 구체적이다. 하지만 범인의 정체는 끝내 밝혀지지 않은 채 영화는 끝난다. 사실 사람들도 거기에 주목하지 않는다. 마을에 범인이 있다는 사실만으로도 공포심을 유발하고 동요시키기에 충분하다. 이 영화의 핵심은 영화평론가 이동진의 말처럼 "누가 범인이냐?"보다도 "왜 저질렀느냐?"에 있다.

과학의 언어가 법칙이고, 종교의 언어가 율법이라면 도덕은 그 가운데서 구제 받지 못한 인간들의 합의다. 도덕은 타인에게 고통을 줄 만한 일은 하지 않는다는 공감과 약속에서 출발한다. 타인의 불행이 나의 고통이므로 우리는 서로 고통 받지 않기 위해 윤리와 도덕을 세우고 지켜 나간다. 하지만 영화 속에서는 타인에게 고통을 주었고 윤리와 도덕은 무너진다.

많은 이들이 〈하얀 리본〉의 일련의 기이하고 끔찍한 사건들을 파시즘의 전조로 파악한다. 영화의 시공간에 대한 보다 자세한 설명, 즉 '1913년 독일의 어느 마을'은 전거가 되기에 충분하다. 1913년이 영화의 시대적 배경인 것은 결코 우연이 아니다. 이 당시 독일은 산업혁명 이후 계급 질서가 몰락하고 농업과 수공업 구조를 탈피하면서 산업경제 질서에 기반을 둔 시민사회로 접어드는 과도기였다. 하지만 영화의 배경이 되는 한적한 시골 지방은 여전히 중세 봉건적인 공동체 질서가 잔존했다. 영화는 남작, 목사, 농민, 의사 등 네 가족을 중심으로 전개된다. 그들은 각각 귀족, 성직자, 농노, 부르주아로 봉건적 잔재가 남아 있던 근대 초기 유럽 시골 공동체를 구성하던 네 계급의 전형을 상징적으로 보여준다.

남작은 마을 사람들에게 권위적이고 남작 부인은 특권의식에 사로잡혀 있다. 목사 또한 권위적이고 가부장적이다. 그는 저녁 시간을 지키지 않았다고 딸의 종아리를 회초리로 때리고 사춘기 아들의 손을 밤새도록 침대에 묶어 놓는다. 농부는 이중적인 태도를 보인다. 그는 아들이 세상이 너무 불공평하다고 불평하자 그의 뺨을 때린다. 하지만 그는 남작의 권위에 절대적으로 복종한다. 의사는 환자들 앞에서는 합리적이지만 실은 위선적이고 부도덕하다. 죽은 아내 대신 아이들을 돌보아주고 산파로서 자신의 일도 도와주는 과부와 부적절한 관계에 있다. 심지어 그는 딸을 성적으로 학대하기도 한다. 정도의 차이가 있지만 큰 틀에서 보면 모두 비슷하다.

목사는 자신의 아이들에게 하얀 리본을 팔에 완장처럼 채우면서 "하얀 리본은 순결을 상징한다!"고 말한다. 그의 이런 행동은 자신들도 믿지 않는 윤리 규범을 자식들에게 강제하는 기성세대의 허위를 잘 보여준다. 이처럼 이 영화에는 기성세대와 신진세대의 대립과 갈등이 노정된다. 이 영화에서 신진세대의 중심은 목사의 큰딸 클라라다. 다른 아이들도 그녀를 따른다. 교사는 "아이들이 흩어지지 않고 클라라 옆에 모여 가는 게 이상하다"고 말한다. 실제로 의사가 말에서 떨어져 다쳤을 때도 장애아가 다쳤을 때도 클라라와 아이들은 사건이 벌어진 곳을 방문한다. 걱정이 되어서 왔다고 말하지만 그들의 표정에서는 진심 어린 걱정보다는 섬뜩한 광기가 느껴진다.

클라라는 기성세대에 저항하는 신진세대의 중심이다. 그녀는 겉으로는 아버지에게 순종하는 것처럼 보이지만 실제로는 그에게 저항한다. 그녀를 중심으로 아이들은 기성세대에 저항한다. 기성세대의 굴복은 마을을 떠나는 것으로 상징된다. 의사는 아무런 말도 없이 아이들을 데리고 마을을 떠난다. 장애 아이의 엄마 바그너 부인 또한 자전거를 타고 마을을 떠난다. 남작 부인은 남작에게 마을을 떠나겠다고 말한다. 표면적으로는 그녀는 이탈리아에 머무르는 동안 자신에게 구애한 남성 때문이라고 말하지만, 실은 그 마을의 "악의, 시기, 무관심, 폭력, 학대, 협박, 뒤틀린 복수" 때문이다. 사실 이는 파시즘의 본령이기도 하다.

빅토르 위고는 한 사람의 선의가 매우 중요하지만 그것이 곧 세상의 모순과 어려움을 해결하는 근본적인 방법이라고 말하지 않는다. 개인의 선의가 구조적인 문제를 해결할 수 없기 때문이다. 그래서 그는 혁명을 말한다. 개인의 선의에 대한 믿음을 바탕으로 한 구조적·법적인 변화가 바로 혁명이다. 하지만 혁명은 무규칙적이다.

1913년의 아이들은 정확히 20년 후 1933년에 나치즘을 맹신하며 히틀러를 당선시킨다. 영화 속에서 어쩌면 아이들이 몰래 저지른 악행은 유대인 학살, 장애인 절멸 등으로 공공연하게 이루어지고 공권력이라는 이름으로 정당화된다. 따라서 이 영화의 열린 결말은 파시즘의 발흥과 제2차 세계대전을 예고하기 때문에 더욱 섬뜩하다. 목사는 하얀 리본이 순수와 순결을 의미한다고 말하지만 아이들 입장에서는 통제와 훈육의 도구일 뿐이다. 폭력과 잔혹함이 깃든 하얀 리본은 아이들을 통제하거나 훈육할 수 없다. 이미 더럽혀진 하얀 리본은 아이들의 폭력과 복수심을 촉발할 뿐이다. 그렇다면 이 영화를 통해 우리는 '악은 선천적으로 내재화되었다기보다는 후천적으로 학습화된'고 결론을 내릴 수 있을 것이다. 하지만 또 그렇게 단언하기도 어렵다. 우리는 선천적으로 악을 내재화하는 경우를 너무나 많이 봤고 이에 대해서 너무나 잘 알고 있다.

★ ★ ★ ★ ★ **2 0 1 0** ★ ★ ★ ★ ★

〈그을린 사랑〉

: "함께하는 것보다 더 아름다운 것은 없다"

전혀 모르고 봤을 때와 조금 알고 봤을 때 느낌이 사뭇 다른 영화가 있는데 개인적으로는 〈아라비아의 로렌스〉(데이비드 린, 1962)가 바로 그런 경우다. 이 영화를 처음 본 게 언제인지 정확히 기억나지는 않는다. 찾아보니 이 영화는 국내에 1970년에 개봉했고, 1989년에 〈아라비아 로렌스〉로 비디오로 출시되었고, 1998년에 재개봉했다. 그리고 1994년에는 성우들의 더빙으로 TV에서 방영했다. 아마도 TV로 이 영화를 본 것 같다. 제1차 세계대전 당시 영국은 오스만튀르크 제국의 영토였던 중동 지역의 수복 혹은 교란을 위해 현지 토착 부족들을 부추겨 반란을 일으키려 했다. 그 계획의 일환으로 영국군 중위 토머스 에드워드 로렌스를 파견했다. 이 영화는 로렌스의 일대기를 그리고 있는, 말 그대로 '대작 영화'다. 버전마다 러닝 타임이 차이가 있기는 하지만 오리지널 버전의 경우 러닝 타임이 무려 227분이

나 된다.

〈아라비아의 로렌스〉는 너무나 길고 길기 때문에 줄거리를 요약하는 게 쉽지 않지만 그래도 요약하면 다음과 같다.

제1차 세계대전이 한창이던 1918년 영국과 오스만튀르크 제국은 수에즈 운하를 둘러싸고 서로 대치한다. 영국은 아랍인들의 참전 및 지원을 요구하기 위해 정보국 소속의 로렌스 중위를 중동에 파견한다. 로렌스는 영국의 기대 이상으로 아랍인들을 위해 헌신해 분열된 아랍군을 통합하고 마침내 오스만튀르크 제국의 중동 거점인 다마스쿠스를 점령한다. 그는 아랍인들로부터 '아라비아의 로렌스'라는 별칭으로 불린다. 그는 다음과 같은 정보를 남겼다. "아랍 반란은 우리의 당면 목표와 부합하고 이슬람 블록의 붕괴와 오스만튀르크 제국의 패배와 붕괴로 이끌 것이기 때문에 우리에게 이익이다. 오스만튀르크 제국을 여러 아랍 국가들로 분할하는 것은 우리에게 해롭지 않다. 적당히 다루어진다면 아랍인들은 정치적인 분열 상태, 서로 분쟁하는 매우 작은 모자이크 공국들의 집합체로 남을 것이다."

하지만 전쟁이 계속되면서 로렌스는 심신이 피폐해지고 전투 중 오스만튀르크 제국에 포로로 잡힌다. 그는 오스만튀르크 제국 장교로부터 강제로 추행당하며 완전히 무너지고 만다. 게다가 오스만튀르크 제국의 몰락이 가시화되며 중동 국가의 독립을 논의할 때가 다가오자 영국과 프랑스는 독립의 약속을 저버리고 분할 점령을 기도한다. 로렌스는 이에 대해 영국 정부에 항의하고 아랍 민족들에게는 단결을 호소한다. 하지만 아랍 민족들 또한 탐욕에 눈이 멀어 단결하지 않는다. 결국 로렌스는 영국 정부로부터 소환 명령을 받고 돌아가지만 계속해서 중동에 보내달라고 요청한다. 하지만 중동 문제는 이미 영국과 프랑스를 비롯한 열강과 현지 기득권 세력 간의 정치적 합의로 끝났기 때문에 로렌스가 돌아갈 자리는 어디에도 없다. 결국 로렌스는 오토바이를 타고 가다가 교통사고로 사망하고 만다. 영화의 시작도 그가 오토바이 사고로 사망하는 장면으로 시작된다.

예전에는 로렌스에 감정에 이입해 〈아라비아의 로렌스〉를 보았다. 당시의 정치적 맥락은 잘 알지도 못했고 크게 관심도 없었다. 그런데 다시 볼 때는 예전에 크게 신경 쓰지 않았던 부분들이 보이기 시작했다. 영화 중간에 '사이크스-피코 협정'이라는 용어가 등장한다. 사이크스-피코 협정의 핵심은 오스만튀르크 제국의 분할을 결정한 협정으로 투르크의 영토였던 시리아, 이라크, 레바논, 팔레스타인을 프랑스와 영국 관할지역으로 분할한다는 것이다. 협정 당사자인 영국의 마크 사이크스 경과 프랑스의 조르주 피코의 이름을 따서 사이크스-피코 협정으로 불린다.

영국은 오스만튀르크 제국의 영토 안에서 아랍 민족의 반란을 부추기기 위해 아랍 세계 실력자인 하심 가문의 후세인에게 전후 칼리파 국가 영토를 약속했다. 영국의 약속을 믿은 하심가는 로렌스가 이끄는 오스만튀르크 제국 해체 작전에 열정적으로 참여했다. 그러나 연합국의 승리로 전쟁이 끝난 뒤, 칼리파 국가 영역은 이스라엘, 요르단, 이라크, 레바논, 시리아, 쿠웨이트, 사우디아라비아, 예멘 등 12개 나라로 반듯하면서도 아주 잘게 쪼개졌다. 지금까지 지속되는 중동 분쟁의 기본 구조가 이때 만들어졌다고 해도 과언이 아니다.

흔히 중동 국가를 생각할 때 당연히 종족은 아랍족이고 종교는 이슬람교라고 생각한다. 그런데 레바논은 '모자이크 국가'라는 별칭이 붙었을 만큼 종족과 종교의 구성이 매우 다양하다. 혈통으로는 아랍계와 아르메니아계가 주축을 이룬다. 종교는 기독교와 이슬람교 17개 종파가 공식으로 인정된다. 즉 기독교는 마론파, 그리스 정교, 아르메니안 정교 등 12개 분파로 나뉘고 이슬람교는 시아, 수니, 드루즈, 알라위 등 5개 분파가 있다. 레바논의 다양성은 평화로운 시기엔 교류와 유연성이라는 장점이 발휘될 수 있지만, 외세의 간섭이 많고 폭력이 빈번한 중동에서는 오히려 최대 약점이 될 수 있다.

1975년부터 1990년까지 기독교계와 이슬람교계가 벌인 장기 내전과 2006년 이스라엘과 친이란 헤즈볼라의 교전은 모두 주변국의 정세에 휘말린 레바논의 비극적 단면이다. 레바논의 비극은 종족과 종교의 다양성에서 비롯되었다. 레바논이 중동에서 유일하게 기독교와 이슬람이 절반씩 섞인 혼합 국가가 된 것은 전술한 것처럼 영국과 프랑스가 비밀리에 맺은 '사이크스-피코 협정'이 그 기원이라고 할 수 있다.

영화 〈그을린 사랑〉(드니 빌뇌브, 2010)은 내전 시기 레바논의 비극적인 역사를 잘 예거한다. 이 영화의 원작은 레바논 태생의 캐나다 극작가 와즈디 무아와드가 쓴 희곡『화염』(2003)으로 알려져 있다. 이 작품은 1970년대부터 1990년대까지 이어지는 레바논 내전의 상처를 중심으로 전반적인 스토리가 전개되고 있으며, 비극적인 운명의 실타래를 풀어야 하는 한 가족의 뿌리와 정체성에 관한 질문으로 휴머니즘의 보편성에 대해 성찰하게 한다. 국내에서도 연극으로 상연된 바 있다. 이를 원작으로 한 영화 〈그을린 사랑〉은 한마디로 '레바논판 오이디푸스'라고 정의할 수 있다. 전체적인 이야기 구성이 오이디푸스 비극의 뼈대를 그대로 가져와 배경만 레바논으로 바꿔놨다고 봐도 무방하다. 그만큼 그리스 비극의 영향을 지대하게 받았다.

영화 〈그을린 사랑〉은 쌍둥이 남매 잔느와 시몽이 어머니 나왈의 유언을 듣는 장면으로 시작된다. 나왈은 잔느와 시몽에게 자신의 남편이자 아들, 그들에게는 아버지이자 형 또는 오빠에게 쓴 편지를 보내고 난 후 자신의 장례를 치르라고 유언을 남긴다. 잔느와 시몽은 어머니의 유언을 듣고 당황해한다. 왜냐하면 그들은 그때까지 자신들의 아버지는 이미 죽은 것으로 알았기 때문이다. 그들은 어머니에게 또 다른 자식이 있다는 사실조차 알지 못했다. 게다가 자신들의 아버지와 어머니의 또 다른 자식이 동일 인물이라는 사실은 꿈에서조차 상상할 수 없던 일이었다.

잔느는 과거에 어머니가 다녔던 학교를 찾아가 하나뿐인 단서인 사진으로 어머니를 추적한다. 그런데 오랜 시간이 지났지만 어머니를 기억하는 교수가 있었다. 그를 통해 잔느는 어머니가 학교 신문 기자였고 그녀가 갖고 있는 사진이 남부의 감옥에서 찍혔다는 사실을 알게 된다. 잔느는 어머니의 과거를 추적하기 위해 중동으로 떠나는데 그때부터 영화는 과거 나왈의 시점으로 바뀐다.

나왈은 무슬림 난민과 사랑에 빠진다. 하지만 나왈의 가족은 기독교 신자다. 나왈이 사랑하는 남자와 도피하려 하자 그녀의 오빠들은 그 남자를 총으로 쏴 죽인다. 그들은 나왈이 가족의 명예를 훼손했다며 그녀 또한 죽이려 한다. 가까스로 그녀는 할머니 덕분에 살아남는다. 그녀는 죽은 무슬림 난민의 아이를 임신하고 있었고, 또 할머니 덕분에 무사히 출산한다. 그녀의 아이는 태어나자마자 남부 기독교인 고아원으로 보내진다. 나왈은 아이와 헤어지기 전 아이의 발뒤꿈치에 점 세 개를 찍으며 "무슨 일이 있어도 널 영원히 사랑할 거야"라고 다짐한다.

대학에 진학한 나왈은 남부 고향을 떠나 삼촌의 집에서 지낸다. 그러던 중 기독교도와 이슬람교도 사이에 내전이 벌어져 학교에는 휴교령이 내려지고 삼촌의 가족들은 산속으로 들어가 숨는다. 하지만 나왈은 삼촌을 따라가지 않고 자신의 아이를 찾기 위해 고아원으로 간다. 하지만 고아원은 이미 공격을 당해 폐허가 되었고, 아이들은 이미 이슬람 테러 집단에 의해 데레사라는 지역으로 끌려갔다. 나왈은 포기하지 않고 아이를 찾기 위해 이슬람 버스를 얻어 탄다.

나왈이 탄 버스는 기독교 부대에 의해 공격을 받아 버스에 타고 있던 사람들은 거의 다 죽는다. 기독교 부대원들은 버스에 기름을 붓고 불을 붙인다. 나왈은 자신이 기독교인이라고 소리쳐 가까스로 목숨을 구한다. 하지만 같이 있던 아이와 아이 엄마는 기독교 부대원들에 의해 목숨을 잃는다. 혼자 살아남은 나왈은 기독교 민병대 지도자 아들의 가정교사로 위장해 그를 암살하고 감옥에 갇힌다. 나왈은 감옥에 갇혀 있던 십오 년 동안 고문을 당하면서도 노래를 부르며 저항한다.

나왈은 감옥에서 고문기술자에게 계속해서 강간을 당하고 그의 아이를 임신하게 된다. 잔느는 어머니 나왈이 임신한 아이가 자신의 오빠이자 시몽의 형이라는 사실을 알고 시몽에게 도움을 요청한다. 잔느의 요청을 받은 시몽은 어머니 유언의 공증인과 함께 레바논으로 간다. 잔느와 시몽은 감옥에서 과거 어머니의 출산을 도와주었던 산파를 어렵게 만난다. 그들은 산파로부터 어머니가 감옥에서 쌍둥이를 낳았다는 사실을 전해 듣는다. 잔느와 시몽이 나왈의 쌍둥이라는 것을 안 산파는 시몽을 사르완, 잔느를 자난이라고 부른다.

충격을 받은 잔느와 시몽은 태어나자마자 고아원에 버려진 어머니의 또 다른 아들을 찾는다. 그들은 그의 이름이 니하드라는 사실을 알게 된다. 그런데 니하드 또한 자신의 어머니를 찾고 있었다. 잔느와 시몽은 니하드가 어머니를 고문했던 고문기술자였다는 사실을 알고 큰 충격을 받는다. 그들은 니하드에게 어머니가 남긴 편지를 전달한다. 니하드는 그 편지를 읽고 더 큰 충격에 빠진다. 왜냐하면 자신이 나왈이 무슬림 난민 사이에서 낳은 아들이자 나왈을 강간해 쌍둥이를 임신시킨 인물이었기 때문이다.

사실 나왈은 이 충격적인 사실을 이미 알고 있었다. 그녀가 이 사실을 알게 된 것은 잔느와 함께 수영장에 갔던 어느 날이었다. 나왈은 수영을 하다가 고개를 들었는데 뒤꿈치에 세 개의 점이 있는 발을 보게 된다. 깜짝 놀란 나왈은 수영장에서 나와 그 남자, 즉 자신의 아들의 얼굴을 확인한다. 하지만 그녀는 자신의 아들이 자신을 강간하고 고문했던 고문기술자였다는 사실에 충격을 받아 아무 말도 하지 못한다. 잔느와 시몽은 어머니가 자신들에게 남긴 편지를 읽고, 니하드는 나왈의 비석에 꽃을 들고 찾아가며 영화는 끝난다.

앞서 전혀 모르고 봤을 때와 조금 알고 봤을 때 느낌이 다른 영화가 종종 있고, 그 예로 〈아라비아의 로렌스〉를 들었다. 〈그을린 사랑〉 역시 마찬가지다. 이 영화를 처음 보았을 때는 많은 사람들이 그랬던 것처럼 오이디푸스 신화를 해석의 준거로 삼았다. 영화와 신화의 유사점과 차이점에만 주목했다. 오이디푸스 왕은 신탁의 주인공이 자신이라는 전말을 깨닫고 파국에 치닫는다. 하지만 〈그을린 사랑〉에서 잔느와 시몽, 그리고 니하르는 서로 이부 남매인 동시에 부모와 자식 사이라는 충격적인 출생의 비밀을 알게 되었음에도 서로를 증오하지 않는다. 그들은 엄마와의 유대의 중요성을 깨닫고 그동안의 상처를 치유 받는다. 나왈 또한 니하르가 자신의 아들이자 자신을 고문한 고문 기술자라는 사실을 알면서도 그를 이미 용서했다.

조금 다른 이야기를 하려 한다. 영화평론가 안숭범은 영화 〈마더〉(봉준호, 2009)와 〈밀양〉(이창동, 2007)의 엄마들을 '가해와 피해의 미로에 갇힌 엄마들'로 규정했다. 영화 속 혜자와 신애의 모성을 '미로 속에 갇힌 출구 없는 모성'이라고 명명했다. 상황과 맥락은 전혀 다르지만 혜자와 신애, 그리고 나왈은 자신의 삶과 욕망을 포기하면서까지 모성을 지켜내려 했다. 하지만, 그런 모성이 반드시 윤리적일 수는 없다. 삶의 흔들림 없이 유지하는 게 불가능하기 때문이다. 맹목적인 모성을 숭고의 가치로 환원하는 관습적 사고는 기형적 관계망을 낳을 수도 있기 때문이다.

중동의 역사를 조금이나마 알고 〈그을린 사랑〉을 보면 이 영화는 전혀 다르게 보인다. 특히 레바논의 역사를 알고 나면 훨씬 더 그렇다. '아는 만큼 보인다'라는 말이 식상하게 느껴질 수 있지만 이 말을 대신할 더 좋은 다른 말이 없는 것 같다. 보통 나라와 나라 사이의 국경은 주로 산과 강을 중심으로 그어지기 때문에 대부분 구불구불하다. 하지만 중동의 지도를 보면 국경이 자로 그은 것처럼 반듯반듯하다. 왜냐하면 실제로 국경을 자를 대고 그었기 때문이다. 중동만 그런 게 아니라 아프리카 또한 마찬가지다. 〈아라비아의 로렌스〉가 단순히 대작 영화가 아니듯이 〈그을린 사랑〉 또한 단순히 오이디푸스 신화의 현대적 변용이 아니다. 이 영화들은 슬픈 역사를 증거한다. 더 슬프고 안타까운 것은 그들의 슬픈 역사가 여전히 진행 중이라는데 있다.

★ ★ ★ ★ ★ 2 0 1 1 ★ ★ ★ ★ ★

〈자전거를 탄 소년〉

: "지금 거신 번호는 없는 번호입니다"

2013년 2월이니 거의 십 년이 다 된 것 같다. 그때 당시 몸담고 있던 시네마테크에서 '조금 특별한 가족영화제-가화만사성'이라는 제목으로 색다른 가족영화제를 준비하고 있었다. 크게 하는 일은 없지만 명색이 대표라서 영화제 팸플릿의 소개글을 써야 했다. 찾아보니 이렇게 썼다. 조금 길지만 그대로 옮겨 본다. "과거의 가부장제 대가족 구조는 현대사회의 급속한 사회 구조의 변화로 핵가족화 및 분열, 해체, 이종의 생성 등 다채롭고 복잡한 양상으로 분화되었습니다. 그럼에도 불구하고 TV 드라마 등에서 보여주는 가족은 현대사회의 다층적이고 복잡한 가족의 양상을 담아내지 못하고 있습니다. 영화라는 매체는 한편으로는 관객들에게 즐거움과 감동을 주기도 하지만, 또 다른 한편으로는 우리가 살아가는 동 시대의 삶의 양태를 기록하고 일깨우는 교육적 기능도 수행하기에, 이번 영화제를 통해 변화된 가족의 양상을 이해하고 고찰하는 것은 의미 있는 작업이 될 것입니다. 이번 영화제에서는 '가족의 본질', '가족의 이면', '가족의 실태'로 꼭지를 나누어 전통적인 가족에서부터 시대적 흐름에 따라 변화해 가는 가족의 다채로운 양상을 살펴봄으로써 가족의 의미를 되새기는 장을 마련하고자 합니다."

'가족의 본질' 섹션에는 〈반딧불이 정원〉(데니스 리, 2008), 〈자전거 탄 소년〉(장 피에르 다르덴·뤽 다르덴, 2011), 〈파이판〉(제위민, 2010), 〈학생부군신위〉(박철수, 1996), '가족의 이면' 섹션에서는 〈두 개의 선〉(지민, 2011), 〈씨민과 나데르의 별거〉(아쉬가르 파라디, 2011), 〈걸어도 걸어도〉(고레에다 히로카즈, 2008), 〈계몽영화〉(박동훈, 2009), '가족의 실태' 섹션에서는 〈도쿄 소나타〉(구로사와 기요시, 2008), 〈컬러풀〉(하라 케이이치, 2010), 〈시스터〉(위르실라 메이에, 2012), 〈가족시네마〉(김성호 외, 2012) 등을 포함시켰다. 라인업은 장편 극영화에서부터 애니메이션, 독립영화, 다큐멘터리에 이르기까지 다양한 장르를 아우르고 있다. 한국 영화를 비롯해 이란 영화에 이르기까지 국적도 다양하다.

'가족의 본질' 섹션에 포함된 영화들은 가족의 외형과 본질인 '가족제도'와 '가족애'에 대해 근본적인 질문을 던지며 가족의 본질적 의미와 가치에 대해 고찰하게 한다. '가족의 이면' 섹션에 포함된 영화들은 시대나 상황에 따라 가족의 구조와 그 성원들이 어떻게 반응하는지를 잘 보여준다. 즉 영화 속 이야기가 단지 그들만의 이야기가 아니라 나 또는 우리의 이야기가 될 수도 있음을 시사한다. '가족의 실태' 섹션에 포함된 영화들은 현대사회 다채로운 가족의 양상을 날것 그대로 보여준다. 때로는 닮아 보이기도 하고 때로는 전혀 달라 보이는 가족들의 이야기를 통해 우리들의 가족 이야기를 하고 고민하는 계기를 제공한다.

사실 서로에 대한 헌신으로 엮인 가족구성원들은 사랑이라는 신비를 공유하고 있다는 유대감에 쉬이 결속한다. 예컨대 우리 중 대다수에게 가족은 나를 여기 있게 한 힘이다. 존재의 가장 따뜻한 배후이면서 나를 구성하고 있는 것들 상당수의 역사다. 이 같은 언명은 진실에 가깝지만 다른 한편 우리의 믿음을 기반으로 형성되고 유지된다.

당시 영화제 라인업에 포함된 영화들을 포함해 비슷한 주제를 담은 여러 영화들을 함께 보고 이야기하면서 영화제를 준비했던 기억이 떠오른다. 거의 십 년 전에 쓴 글인데도 불구하고 가족의 모습은 그때나 지금이나 크게 다르지 않아 보인다. 그때나 지금이나 가족은 늘 위태위태하고 불안불안하다. 앞으로도 그럴 것 같다는 생각이 든다. 그런데 문득 그런 생각이 들었다. 그때 그 영화 속 주인공들은 지금 어떻게 살아가고 있을까? 특히 〈자전거 탄 소년〉의 시릴이 무척 궁금하다.

벨기에 세렝의 어느 보육원에 맡겨진 열한 살 소년 시릴은 연락이 두절된 아버지가 자신을 찾으러 오기만을 기다리고 있다. 그는 보육원에서 도망쳐 아버지의 행방을 수소문한다. 하지만 그는 아버지가 자신을 버렸다는 사실을 알게 된다. 잃어버린 자신의 자전거도 사실은 돈이 궁해진 아버지가 팔아버렸다는 사실 또한 알게 된다. 한바탕 소동 끝에 그는 보육원 교사들에게 붙잡혀 돌아온다. 미용사 사만다는 시릴의 자전거를 우연히 발견해 그에게 되찾아준다. 그녀는 시릴의 위탁모가 되어 줄 뿐만 아니라 아버지가 어디에 있는지를 알아봐 준다.

시릴은 사만다의 도움으로 아버지가 있는 곳을 알게 되고 그를 찾아간다. 하지만 시릴의 아버지는 시릴에게 다시는 자신을 찾지 말라고 냉혹하게 대한다. 사만다는 낙담한 시릴을 더욱 정성껏 보살피지만 시릴은 오히려 이를 구속으로 느끼고 그녀에게 반항한다. 그는 평판이 좋지 않은 동네 아이 웨스와 어울리다가 그의 꾐에 빠져 서점 주인을 상대로 강도질까지 저지른다. 경찰에 붙잡힌 시릴은 사만다의 도움으로 피해자와 합의한다. 하지만 피해자인 서점 주인 아들은 시릴을 용서하지 않는다. 동네에서 마주친 서점 주인 아들은 시릴을 쫓아간다. 도망치던 시릴은 나무에서 떨어져 정신을 잃는다. 서점 주인과 그의 아들이 시릴의 생사를 놓고 전전긍긍하는 사이 시릴은 일어나 자전거를 타고 그 자리를 떠난다.

벨기에 출신의 형제 감독인 장 피에르 다르덴과 뤽 다르덴은 다큐멘터리로 영화 경력을 시작했다. 그들이 주목을 받게 된 것은 〈약속〉(1996)을 통해서였다. 이 영화는 불법체류자를 착취하고 여기에 어린 아들까지 동원하는 비정한 아버지를 소재로

하고 있다. 〈로제타〉(1999)에서는 실직한 뒤 절망적으로 일자리를 찾아 헤매는 한 소녀의 고된 현실을 다루고 있다. 〈아들〉(2002)은 자신의 아들을 살해한 소년을 견습생으로 받게 되면서 고뇌를 겪는 아버지를 보여준다. 〈더 차일드〉(2005)는 생계를 위해 부모로 마땅히 해야 할 책임을 저버린 어린 청소년들을 그리고 있다.

다르덴 형제는 사회의 어두운 그늘을 조명하고 소외된 이들에게 늘 관심을 가져왔다. 〈자전거 탄 소년〉은 감독 다르덴 형제가 2002년 영화 홍보를 위해 일본을 방문했다가 아버지가 자신을 찾으러 오기를 하염없이 기다리는 고아원 소년에 대한 이야기에서 영감을 받아 시나리오를 쓴 작품이다. 〈자전거 탄 소년〉에서는 가족이 행복의 근원이 아니라 고통의 근원이 될 수 있음을 역설한다. 하지만 영화의 마지막 장면에서 알 수 있듯이 가족이 구원의 희망이 될 수도 있음을 시사한다. 영화에서는 그 가족의 범위가 한층 넓어진다.

주지하듯 다르덴 형제 감독 영화의 특징은 지극히 사실주의적 시선과 단순한 플롯을 바탕으로 깊은 울림을 주는 데 있다. 〈자전거 탄 소년〉 역시 마찬가지다. 감독은 이 영화에서 그 단순한 플롯조차 자세히 설명하지 않고 보여주기만 한다. 그렇기 때문에 시릴의 어머니가 누구인지, 시릴의 아버지가 어떤 난관에 처해 있는지, 사만다가 어떤 동기로 시릴에게 마음을 열고 정성을 쏟는지 알 수가 없다. 단지 추측만 할 수 있을 뿐이다.

다르덴 형제는 〈자전거 탄 소년〉이 버려진 아이에 관한 이야기라기보다는 한 여인이 버려진 아이를 사랑으로 구하고 동심을 회복하는 이야기라고 말한 바 있다. 영화에서 자전거는 애착에서 단절로 변하는 아버지와 아들의 관계를 대변하는 동시에 자신의 상황을 극복하려는 의지의 상징으로 읽힌다. 사만다와 시릴이 함께 자전거를 타는 모습의 영화 포스터는 새로운 가족의 가능성을 시사한다. 물론 여기에서의 가족은 피로 맺어진 혈연 가족이 아닌 비혈연 가족이다.

앞서 이 글을 쓴 계기는 〈자전거 탄 소년〉의 시릴이 그 후에 '어떻게 살아갔을까?'라는 궁금증 때문이라고 말한 바 있다. 그때는 몰랐는데 다시 보면서 사만다와 시릴을 통해 연민과 사랑, 그리고 의지와 희망을 읽을 수 있었다. 영화제의 라인업에 소개된 영화 속 모든 가족에서 사만다와 시릴의 관계에서처럼 연민과 사랑, 그리고 의지와 희망을 느낄 수 있는 것은 아니지만 몇몇 영화에서는 그 가능성을 엿볼 수 있다. 대표적으로 고레에다의 영화 〈걸어도 걸어도〉를 예로 들 수 있다.

예전에 어느 책에서 〈걸어도 걸어도〉에 대해 다음과 쓴 적이 있다. "가족이기에 누구보다도 믿을 수 있고 마음속 깊은 이야기들을 나눌 수 있을 것 같지만, 점점 시간이 흐를수록 가족이기에 진짜 속마음을 털어놓지 못한다. 너무나 가까이 있어서 서로에게 더 다가가지 못한다. 아니 다가가지 않으려 한다. (……) 마음이 닿을 때까지 '계속 걸어가야' 할 대상, 그게 바로 가족이다." 이 생각은 지금도 유효하다.

그런데 여기에 하나 더 추가하고 싶다. 꼭 피로 맺어진 가족만
이 가족은 아니다. 마음을 나눌 수 있다면 충분히 가족이 될
수 있다. 고레에다의 영화에서처럼 말이다. 또 〈자전거 탄 소년〉
의 사만다와 시릴처럼 말이다. 사만다가 믿기 어려울 정도로
시릴에게 너무나 헌신적이어서 너무 동화적이라는 평가가 따르
기도 하지만 가족은 원래 동화에서처럼 정말 아낌없이 준다.
물론 정반대의 경우도 있다. 기타노 다케시 감독의 말처럼 가족
은 "보는 사람이 없다면 갖다 버리고 싶은 존재"이기도 하다.

Sequence #09 2012~2016

★ ★ ★ ★ ★ **2 0 1 2** ★ ★ ★ ★ ★

〈더 헌트〉

: "내 눈을 봐. 내 눈을 보라고! 내 눈에 뭐가 보여?"

일찍이 지그문트 프로이트는 『문명 속의 불만』(1930)에서 성서의 「레위기」 19장 18절에서 언급되는 이웃에 대한 명령, 즉 "네 이웃을 네 몸과 같이 사랑하라"는 계명에 대한 자신의 입장을 분명하게 밝힌 바 있다. 그는 이웃 사랑에 대한 성찰을 인간의 지속적인 공격성, 즉 원초적인 상호적대성으로 드러나는 근원적인 기질에 호소하여, 인간은 부여받은 동물적 자질들에 상당한 공격성이 포함된 피조물이기 때문에, 인간의 이웃은 그들에게 잠재적인 협력자나 성적 대상일 뿐만 아니라, 그들의 공격본능을 자극하는 존재라고 규정한다. 더 나아가 인간은 이웃을 상대로 자신의 공격 본능을 만족시키고, 아무 보상도 주지 않은 채 이웃의 노동력을 착취하고, 이웃의 동의도 받지 않은 채 성적으로 이용하고, 이웃의 재물을 강탈하고, 이웃을 경멸하고 이웃에 고통을 주고, 이웃을 고문하고 죽이고 싶은 유혹을 느낀다고 상정한다.

『문명 속의 불만』에서 프로이트는 시종일관 이웃을 '본질적으로 적대적이고 악한 존재'로 상정한다. 그렇다고 그의 주장이 '인간은 본질적으로 악하다'는 것을 규명하는 것은 아니다. 오히려 이웃이라는 주제는 본질적이며, 전쟁과 학살이라는 대재앙의 경험이라는 관점에서 '이웃'의 개념을 다시 고찰해보자는 게 본령이다. 이 책이 출간되던 1930년은 시대적으로 제1차 세계대전의 상흔이 완전히 가시지 않았을 뿐만 아니라 제2차 세계대전의 씨앗이 꿈틀거리고 있던 시기였다. 전쟁과 학살이라는 대재앙의 경험과 그에 대한 공포는 특히 1930년대 독일과 오스트리아에서 개인뿐만 아니라 이웃, 사회, 국가, 더 나아가 세계 전체를 지배했다.

1930년대 전쟁과 학살은 '상수'였지만 2010년대 전쟁과 학살은 거의 '변수'에 가깝다. 즉 다시 말하면 현재 전쟁과 학살은 상정 가능하지만 좀처럼 상정하지 않는 특이 변수 혹은 예외 변수로 간주된다. 하지만 시공간이 바뀌었다고 하더라도 '이웃'이라는 주제는 여전히 본질적이고 고찰이 필요하다. 1930년대 이웃에 대한 적개심과 증오는 일차원적이고, 직접적이고, 가시적이었다면, 2010년대 이웃에 대한 적개심과 증오, 더 나아가 혐오는 간접적이고, 복합적이고, 비가시적이다.

영화 〈더 헌트〉(토머스 빈터베르, 2012)는 이웃에 대한 적개심과 증오가 공동체를 어떻게 붕괴하고 한 개인을 어떻게 망가뜨리는지를 잘 예거한다. 이 영화는 치명적인 오해, 혹은 허위 정보로 인생이 나락으로 떨어지는 한 남자의 비극을 담고 있다. 루카스는 한 시골 동네에서 평범한 유치원 교사로 일하고 있다. 그는 친구들과 잘 지내고 유치원에서도 인기가 많다. 이혼한 뒤 아내와 양육권 분쟁을 하고 있지만 아들이 그를 선택했기 때문에 크게 걱정하지 않는다. 게다가 그는 유치원에서 새로운 여교사인 나디아와 사귀며 즐거운 인생을 꿈꾸고 있다.

한편 루카스의 친구 테오에게는 혈기 왕성한 아들 토스튼과 유치원생 딸 클라라가 있다. 루카스는 등원 길에 동행하고 그의 개 패니와 산책을 함께 하는 등 클라라를 잘 챙겨준다. 클라라는 그에게 호감을 느낀다. 어느 날 클라라는 루카스에게 자신이 만든 선물을 주면서 뽀뽀를 한다. 루카스는 당황하며 선물은 다른 남자애에게 주고 "뽀뽀는 엄마랑 아빠랑만 하고 다시는 하지 말라"며 잘 타이른다. 하지만 그의 말에 상처를 받은 클라라는 유치원 원장에게 "루카스 선생님 싫어요. 멍청하고 못생겼어요. 고추도 달렸고요. 선생님 고추는 앞으로 뻗어 있어요. 막대기처럼요"라고 말한다.

사실 이 말은 오빠 토스튼이 친구와 음란물을 보다가 클라라에게 보여주면서 했던 말이다. 유치원 원장은 클라라의 말을 루카스의 성 학대 증언으로 간주하고 클라라에게 상담을 받게 한다. 루카스에게는 진위 여부 파악을 위해 휴가를 명령한다. 루카스는 억울하지만 결백하기에 원장의 명령을 받아들인다.

하지만 원장은 클라라의 진술과 답변이 애매함에도 불구하고 루카스가 그녀를 성추행했다고 단정한다.

유치원 원장은 루카스의 성추행 혐의를 그의 전처에게 알렸고 아들 마커스까지 그 일을 알게 된다. 루카스는 자신의 결백함을 사람들에게 토로하지만 원장이 이미 경찰에 신고를 했기에 마을 사람들 그 누구도 그의 말을 믿지 않는다. 그를 믿어주는 사람은 연인 나디아뿐이다. 하지만 원장은 나디아를 따로 불러 그녀에게 루카스를 성추행범이라고 단언하며 그와 거리를 두라고 충고한다. 루카스의 성추행 혐의는 클라라의 부모이자 그의 친구인 테오 부부의 귀에도 들어간다. 루카스는 테오를 찾아가 자신의 결백을 밝히려 하지만, 테오는 오랜 친구의 말보다는 자신의 딸의 말을 믿으며 그를 문전박대한다.

클라라는 패니와 산책을 하고 싶다고 루카스의 집에 찾아온다. 루카스는 사실 관계를 클라라에게 묻지만 클라라는 아리송한 대답으로 일관한다. 결국 루카스는 클라라를 차분하게 타이르며 돌려보낸다. 이를 지켜보던 나디아는 루카스에게 해명을 요구하지만 루카스는 자신을 의심하는 거냐며 나디아까지 내쫓는다. 앞서 클라라는 엄마한테 자신이 다 지어낸 말이었다고 고백하지만 엄마는 애가 충격을 받아서 그러는 것으로 생각한다. 클라라 또한 주변인들의 말을 듣다가 정말로 자기가 루카스에게 나쁜 일을 당했다고 착각한다.

루카스는 마을 사람들로부터 경멸의 눈초리를 받으며 직장까지 잃는다. 마커스는 루카스를 찾아왔다가 마트에서 "너와 너의 아버지는 이 마트 이용금지다"라는 통보를 받고 충격을 받는다. 그는 자신의 눈앞에서 아버지 루카스가 경찰 조사를 위해 연행되는 것을 목격한다. 마커스는 테오의 집을 찾아가 아버지의 결백을 주장한다. 그는 클라라에게 소리를 지르며 왜 거짓말을 했냐며 침을 뱉으며 소란을 피우다가 두들겨 맞고 쫓겨난다. 그는 루카스의 친구이자 자신의 대부 브룬의 집으로 향한다.

브룬은 마커스에게 다음과 같은 이야기를 들려준다. "지금 두 가지의 결말이 있어. 하나는 구속수감되는 것이고, 다른 하나는 경찰들이 아무 증거도 찾지 못하는 거야. 클라라 사건 이후로 아이들이 하나같이 다 루카스의 범행을 증언하고 있어. 모두들 범행 장소를 그의 집에 있는 지하실, 소파, 인테리어, (……) 똑같이 증언하고 있어. 그런데 경찰이 집을 수색하며 한 가지를 알아냈지." 그러자 마커스는 "지하실이라뇨? 그런 거 없는데?"라고 반문한다. 즉 이는 아이들의 입에서 똑같은 거짓 진술이 나왔다는 것을 의미한다. 또한 이 진술은 어른에 이해 유도되었고 변조된 기억의 산물임을 의미한다.

결국 루카스는 무죄로 풀려난다. 그는 아들과 함께 저녁을 준비하는데 그때 갑자기 큼지막한 돌덩이가 날아와 그의 집 유리창을 박살낸다. 루카스는 쇠 파이프를 들고 나가는데 집 앞에는 검은 봉지 하나가 놓여 있고 그 안에는 패니의 사체가 들어 있다. 루카스는 마트에서 문전박대를 당하여 피투성이가 되도록 얻어맞고, 통조림으로 머리를 가격당한다. 그는 무죄 판결을 받았음에도 그의 고난은 끝나지 않는다. 테오 부부는 그런 루카스를 차 안에서 그저 지켜보기만 한다.

크리스마스가 되고 루카스는 교회로 향한다. 교회에서도 그에 대한 불신은 여전하다. 결국 그는 폭발하고 그와 눈이 마주친 테오를 주먹으로 후려갈기고 "내 눈을 봐. 뭐가 보여? 뭐가 보이냐고… 아무것도 없어… 아무것도 없다고. 날 내버려 둬, 날 좀 내버려 두라고!"라고 울부짖으며 교회를 떠난다. 테오는 클라라가 거짓말을 했음을 깨닫고 루카스에게 사과하려 한다. 하지만 그의 아내는 그의 사과를 만류한다.

시간이 흘러 일 년 뒤 마커스가 성인식을 치르는 날이다. 루카스는 나디아와 다시 만나고 그의 친구들과 마을 사람들은 그와 그의 아들을 반긴다. 클라라의 심리상담사와 마커스를 폭행하던 사람마저 그들을 반갑게 대한다. 루카스는 웃음으로 그들을 대하지만 그 누구도 루카스를 똑바로 쳐다보지 못한다. 클라라는 여전히 바닥의 금을 밟지 못한다. 루카스는 친구들과 함께 사냥을 떠난다. 사냥하던 중 누군가가 루카스 바로 옆에 있는 나무에 총을 쏜다. 깜짝 놀란 루카스는 쓰러져 총을 쏜 방향으로 고개를 돌린다. 석양을 등진 채 실루엣으로만 보이는 남성이 서서 말없이 바로 재장전을 한 후 루카스를 조용히 겨누다가 사라진다. 루카스는 무언가 깨달은 듯한 표정을 지으며 고개를 떨군다.

영화의 마지막 장면에서 누가 총을 쐈는지는 크게 중요하지 않다. 그보다는 루카스의 결백이 밝혀졌다고 하더라도 그 사건으로 인한 기억과 죄의식은 결코 지워지지 않는다는 것이 더 중요하다. 어쩌면 루카스가 없어져야 그들의 기억과 죄의식이 완전히 사라진다. 어떤 사람들은 여전히 루카스의 유죄를 확신하고 있다. 그의 무죄가 밝혀지는 순간 자신들이 그에게 저질렀던 폭력은 유죄가 되기 때문이다. 즉 자신들이 무죄가 되기 위해서는 루카스가 끝까지 유죄가 되어야 한다. 아니면 그가 없어져야 한다. 심리학에서는 이를 '확증편향' 또는 '현상유지편향'이라고 부른다.

영화 〈더 헌트〉는 이웃에 대한 적개심과 증오, 더 나아가 혐오가 어떤 결과를 가져올 수 있는지를 우울하게 예거한다. 조너던 라우시는 『지식의 헌법』(2021)에서 "강압적 동조가 현실 기반 공동체를 타락시키고 있다"고 지적한 바 있다. 이 영화는 '공동체가 믿는 정의가 과연 옳은가?'라는 질문을 던진다. 공동체가 믿는 정의는 처음에는 '정당한' 명분으로 시작된다. 즉 처음부터 마녀사냥을 의도하지 않는다. 하지만 어느 순간 정의는 사라지고 비이성과 광기만 남으면서 마녀사냥과 마녀재판이 된다. 마녀재판에서는 마녀로 지목된 당사자가 무죄를 밝혀야 한다. 설령 무죄로 밝혀진다고 하더라도 사람들은 죄가 있다고 믿는다. 그래야지 자신들의 비이성과 광기가 정당화되기 때문이다. 결과에 대해서 아무도 책임지지 않는다. 오히려 피해자에게 책임을 떠넘긴다. 예전에도 그랬고 지금도 그렇다. 어쩌면 앞으로도 그럴지 모른다. 그렇기 때문에 영화 〈더 헌트〉는 한편으로는 우울하고 다른 한편으로는 무섭다.

플라톤은 인간이란 옳다고 생각하는 방향을 추구하는 존재이므로 고의로 잘못을 저지르는 것은 불가능하다고 주장했다. 하지만 데이비드 흄은 도덕적 진술이란 언제나 조건부로 행해지며 인간이 특정 상황에서 어떤 선택을 할 때 반드시 이성에 따라 움직이는 것은 아니라고 주장했다. 그렇다면 루카스에게 총을 쏜 사람과 그의 친구들은 '무지'에 의해 움직인 걸까, 아니면 '선택적인 도덕률'에 따랐을까? 생각하면 생각할수록 이 영화는 더욱 혼란스럽다.

★ ★ ★ ★ ★ ★ **2013** ★ ★ ★ ★ ★ ★

〈가장 따뜻한 색, 블루〉

: "바라보는 것만으로도 좋아서 가질 생각조차 못했다"

영화 〈색, 계〉(이안, 2007)는 친일파의 핵심 인물인 정보부 대장 '이'와 그를 암살하기 위해 '막부인'으로 신분을 위장하고 접근하는 왕치아즈의 '강렬한' 사랑 이야기다. 이 영화는 개봉 전부터 영화 속 그들의 강렬한 사랑에 대한 소문으로 기대가 컸다. 소문대로 그들의 사랑은 파격적이고 강렬했다. 대부분 강렬한 사랑을 담은 영화들은 영화 자체보다 특징적인 장면이 더 기억에 남는다. 바꿔 말하면 강렬한 사랑이 블랙홀이 되어 영화의 모든 것을 빨아들인다. 예컨대 〈몽상가들〉(베르나르도 베르톨루치, 2003)의 경우 '프랑스의 68혁명'이라는 영화의 중요한 역사적 맥락은 온데간데없이 사라졌고, 남녀의 성기 노출, 근친상간, 쓰리 섬 등 외설 논란에 휩싸였다.

그런데 〈색, 계〉는 그렇지 않다. 강렬한 사랑도 기억에 남지만 등장인물의 미묘한 심리가 기억에 더 남는다. 시대의 고통,

〈가장 따뜻한 색, 블루〉: "바라보는 것만으로도 좋아서 가질 생각조차 못했다" 327

어긋난 애국심과 사랑의 관계 속에 주인공의 내적 갈등을 차곡
차곡 쌓아 올리고 있다. 순수하고 순진한 왕치아즈는 사랑을
믿었지만 이는 이념을 더 중요하게 생각했다. 어쩌면 그녀의
비극은 거기에서 비롯되었는지 모른다. 왕치아즈가 '사랑의 욕
망'(lust)에 충실했다면 이는 이를 '경계(caution)'했다. 영화를 보
고 난 뒤 이 영화의 영어 제목이 비로소 이해가 갔다. 그래서
이 영화는 보고 난 뒤 먹먹해진다. 다시 말하지만 이 영화는
흔하디 흔한 야한 영화가 아니다.

영화 〈가장 따뜻한 색, 블루〉(압델라티프 케시시, 2013)를 볼
때도 〈색, 계〉에서 느꼈던 그런 먹먹함이 전해졌다. 이 영화는
〈색, 계〉처럼 개봉 전부터 강렬한 사랑으로 관심이 컸다. 특히
동성 간의 강렬한 사랑이라는 이유 때문에 관심이 더 컸다. 강렬
한 레즈비언 섹스 신 때문에 이 영화는 미국에서 NC-17등급을
받았다. NC-17등급은 우리나라로 치면 제한상영가 등급으로
거의 사형 선고나 다름이 없다. 다른 나라에서도 사정은 비슷했
다. 국내에서도 개봉이 어려울 것으로 예상되었다. 하지만 무삭
제로 19금 판정을 받고 무사히 개봉했다.

〈가장 따뜻한 색, 블루〉의 감독 케시시는 튀니지 이민자들의
삶을 다룬 〈생선 쿠스쿠스〉(2007)와 사라 바트만의 일대기를 그
린 〈검은 비너스〉(2010)로 주목을 받았다. 〈가장 따뜻한 색, 블
루〉는 쥘리 마로의 원작 만화를 바탕으로 하고 있고 '레즈비언
에로티시즘 퀴어 영화'로 명명되었다. 하지만 이 영화는 〈인사

이드 르윈 데이비스〉(조엘 코언·에단 코언, 2013) 등 쟁쟁한 경쟁 작품을 제치고 칸 영화제에서 황금종려상을 수상했다. 이례적으로 감독 케시시, 배우 레아 세두와 아델 에그자르코풀로스가 황금종려상을 공동으로 수상했다.

〈가장 따뜻한 색, 블루〉는 제목부터 시작해 영화 외적으로 많은 논란에 휩싸였다. '파란색은 가장 따뜻하다', '파란색은 가장 따뜻한 색깔이다', '아델의 이야기 1부와 2부' 등 여러 제목으로 불리다가, 국내에서는 '가장 따뜻한 색, 블루'라는 제목으로 정식 개봉했다. 이 영화는 전 세계적으로 흥행에 성공했고 평단에서도 대체로 우호적이었다. 하지만 칸 영화제 도중 촬영 현장이 매우 가혹했다는 제작진들과 노조의 폭로가 이어졌고, 주연배우 레아 세두가 한 매체와의 인터뷰에서 그와 비슷하게 주장하면서 논란이 거셌다. 그에 대해 케시시 감독은 그들의 주장이 영화를 음해하려는 시도라고 맞섰다.

〈가장 따뜻한 색, 블루〉는 정식 개봉 전 부산국제영화제에서 〈아델의 이야기 1부와 2부〉라는 제목으로 소개되었다. 이 영화는 동성애를 소재로 주인공들이 성장해 가는 과정을 그리고 있다. 보다 구체적으로 말하면 제목에서 알 수 있듯이 아델의 성장 드라마다. 아델은 그 나이 때의 여느 소녀들과 크게 다르지 않은 평범한 여학생이다. 그녀는 빈칸들로 점철된 미래의 답을 찾고 있는 문학소녀다. 그녀는 피에르 드 마리보의 소설 『마리안의 일생』(1731~41)에 심취해 있다. 그녀는 자신에게 관심을 보이는 토마를 만난다. 그녀도 그의 관심이 싫지 않다. 그녀는 그와 연애를 하며 사랑을 나눈다. 하지만 그녀는 그와 사귀지만 뭔가 억지로 주변 환경에 자신을 꿰맞추는 것 같다고 느껴 그를 멀리한다.

그러던 어느 날 아델 앞에 어느 날 파란 머리의 대학생 엠마가 나타난다. 단지 횡단보도에서 우연히 스치며 지나친 인연이지만 그날 이후 아델과 엠마는 서로를 기억하게 된다. 엠마를 만난 뒤 아델은 혼란스러워하며 토마를 피해 다닌다. 그리고 그에게 이별을 통보한다. 토마와 헤어진 뒤 아델은 무료한 일상을 보낸다. 그녀는 친구와 함께 우연히 게이 바를 간다. 그녀는 그곳에서 누군가로부터 "사랑엔 성별이 없지. 누구든 찾아봐. 사랑하면 그만. 행복하면 다인 거지. 진실한 사랑이라면."이라는 말을 듣는다.

아델은 게이 바를 나와 레즈 바로 향한다. 그곳에서 그녀는 엠마를 만난다. 미지의 사랑을 꿈꾸는 아델과 현실의 사랑에 이끌리는 엠마는 누가 먼저랄 것도 없이 서로에게 이끌린다. 미술을 전공한 엠마는 아델을 모델로 그림을 그린다. 그녀는 학교 친구들과 오해로 멀어지게 되고 그 때문에 엠마와 더 가까워진다. 아델은 자신과 전혀 다른 삶을 살아온 엠마로 인해 이전에는 몰랐던 뜨거운 감정을 느끼게 되고, 평온하기만 했던 아델의 삶은 뒤흔들리기 시작한다. 아델과 엠마는 감정적으로 갈구하고 육체적으로 탐닉한다.

엠마는 가족들에게 아델을 소개한다. 개방적인 엠마의 부모는 그녀가 성소수자라는 사실을 편견 없이 받아들인다. 아델 또한 엠마를 부모에게 소개한다. 하지만 노동자 계급 출신인 그녀의 부모는 대단히 현실적인 인물이다. 엠마가 장래 꿈이 화가라고 하자 화가로는 생계를 이어 나가지 못할 것이라고 말한다. 어쩌면 아델의 현실적인 면도 부모의 영향에서 비롯되었는지 모른다.

시간이 흘러 엠마는 화가가 되고 아델은 유치원 교사가 된다. 둘은 여전히 행복한 커플이다. 아델은 어른스러운 엠마의 세계에 위축되고, 그녀의 친구들과 잘 섞이지 못하고, 점점 소외감을 느낀다. 그런 아델에게 엠마는 글을 써볼 것을 권하며 "좋아하는 것을 해야 한다"라고 충고한다. 하지만 노동자 계층 부모에게 실리적인 직업을 가져야 한다고 교육받아 온 아델은 엠마를 보조하는 데 만족한다. 그럴수록 그녀의 외로움은 더욱 커진다. 그녀는 외로움을 달래기 위해 파티에 참석했다가 동료 교사를 만난다. 이에 격분한 엠마는 아델에게 이별을 선고한다. 아델은 눈물로 호소하며 엠마를 붙잡지만 결국 둘은 헤어진다.

몇 년이 지난 후에도 아델은 엠마와의 이별의 아픔에서 헤어나지 못한다. 그녀는 여전히 엠마를 그리워하고 있다. 그녀는 엠마에게 연락해 다시 시작하자고 말한다. 엠마 또한 아델을 그리워한다. 하지만 엠마는 그들의 관계가 결코 돌이킬 수 없는 관계임을 알기에 아델을 받아들일 수 없다. 결정적으로 그녀 곁에는 새로운 연인이 있다. 아델은 파란색 원피스를 입고 엠마의 전시회를 찾아간다. 하지만 그녀는 새로운 연인과 함께 있는 엠마의 모습을 보고 쓸쓸히 자리를 떠난다.

블루는 아델의 첫사랑을 상징한다. 그렇기에 그녀는 첫사랑을 다시 시작하기 위해 파란색 원피스를 입고 엠마를 찾아간 것이다. 하지만 엠마는 이미 붉은색 화풍을 추구하고 있다. 즉 블루가 아델에게 현재라면 엠마에게는 과거일 뿐이다. 블루는 보통 절망, 우울 등을 상징한다. 에마와 영원한 이별을 하는 아델의 심경을 대변한다고 볼 수 있다. 하지만 동시에 블루는 자유, 내적 성장, 치유, 자립 등을 의미하기도 한다. 그렇기 때문에 아델의 뒷모습이 무겁지만은 않다.

많은 사람들이 〈가장 따뜻한 색, 블루〉에서 가장 기억에 남는 장면으로 10분이 넘는 동성애 정사 장면을 들지만, 개인적으로는 횡단보도에서 아델과 엠마가 처음으로 만나는 장면과 마지막 장면이 더 기억에 남는다. 이 두 장면은 아델의 사랑의 시작과 끝을 잘 보여준다. 그것도 다름 아닌 첫사랑이다. 이 영화는 자신의 삶을 반추해보는 동시에, 심장이 얼얼해지며 눈시울이 뜨거워지는 여운을 느끼게 한다. 첫사랑과 에로티시즘, 외설, 고통, 끔찍함, 처절함, 불편함 등은 어울리지 않는다. 더 심하게 말하면 첫사랑에 그런 자리는 없다.

★ ★ ★ ★ ★ **2 0 1 4** ★ ★ ★ ★ ★

〈폭스캐처〉

: "나한테 불만 있어?"

스포츠 영화는 대체로 비슷하다. 범박하게 말하면 주인공이 고난과 역경을 이겨내고 최고의 자리에 오르거나, 아니면 최고의 자리에 오르지는 못했지만 그에 못지않은 결과를 얻거나 둘 중의 하나다. 주인공은 스포츠를 통해 사랑, 가정, 행복 등을 얻고 관객은 그런 주인공에 동화되고 감동을 한다. 사실 그런 영화는 이루 말할 수 없을 정도로 많다. 우리나라 영화 중에는 〈우리 생애 최고의 순간〉(임순례, 2007), 〈국가대표〉(김용화, 2009) 등이 그랬고, 외국영화 중에서는 〈록키〉(존 G. 아빌드센, 1976), 〈메이저리그〉(데이빗 S. 워드, 1989) 등이 그랬다. 혹시나 해서 말하지만 스포츠 영화를 결코 폄훼하는 게 아니다. 개인적으로 스포츠 영화를 정말 좋아한다.

그런데 〈머니볼〉(베넷 밀러, 2011)은 그런 일반적인 스포츠 영화가 아니었다. 처음에는 야구 영화라고 생각하고 봤는데 볼수록 뭔가 이상하고 수상했다. 분명 야구 영화인데 야구 연습이나 경기 장면보다도 숫자가 더 많이 나온다. 야구를 통계학적·수학적으로 분석하는 방법론, 일명 '세이버메트릭스'가 영화 전면에 등장한다. 영화를 보는 내내 야구 선수가 플레이어가 아니라 장기판의 말과 비슷하다는 느낌이 들었다. 이 영화가 다른 스포츠 영화와 가장 결정적으로 차별되는 부분은 영화를 이끌어가는 인물이 야구 선수가 아니라 구단주와 통계 전문가라는 데 있다. 나중에 알았다. 그 구단주가 오클랜드 애슬레틱스의 구단주 빌리 빈이라는 사실을 말이다.

〈머니볼〉이 일반적인 야구 영화가 아닌 것처럼 〈폭스캐처〉(베넷 밀러, 2014) 또한 일반적인 레슬링 영화가 아니다. 영화 유튜버 '거의없다'는 『거의없다의 방구석 영화관』(2020)에서 영화 〈폭스캐처〉에 대해 다음과 같이 말했다. "마크 러팔로와 채닝 테이텀이 등장해서 박진감 넘치는 레슬링 장면을 연출하고, 고난을 이겨낸 인간 승리의 스포츠 드라마를 기대하고 이 영화를 본다면 100퍼센트 실망을 하고 쌍욕을 뱉어낼 것이다."

〈폭스캐처〉는 밀러의 〈카포티〉(2006)와 〈머니볼〉을 잇는 세 번째 작품이다. 이 영화는 1988년 서울 올림픽의 레슬링 종목에서 자신의 야망과 더불어 국가의 좋은 성과를 거두기 위해 1986년도에 레슬러들을 모집한 듀폰 가문의 후계자 존 듀폰과 슐츠 형제의 실화를 배경으로 하고 있다. 참고로 테이텀과 러팔로가 각각 마크 슐츠와 데이브 슐츠 형제로, 스티브 카렐이 존 듀폰으로 분한다.

마크는 1984년 LA 올림픽 레슬링 금메달리스트지만 자신과 마찬가지로 금메달리스트인 형 데이브에게도 열등감, 부러움, 질투 등을 느낀다. 그는 훈련장에 수시로 스폰서가 찾아오는 형과 달리 자신을 지지해줄 스폰서가 없는 것에 절망하면서도 묵묵히 훈련하고 있다. 사실 데이브는 마크에게 단순한 형이 아니라 아버지이자 친구이자 운동 파트너다. 그의 모든 삶은 형 데이브를 통해 이루어진다고 해도 과언이 아니다. 마크는 그런 형으로부터 벗어나려 한다. 바로 그때 그는 듀폰 가의 후계자인 존 듀폰으로부터 전화를 받는다. 존은 1988년 서울 올림픽에 출전할 레슬링 선수팀을 꾸리려 하는데 거기에 마크를 포함시키겠다고 전화를 한 것이다. 마크는 존의 전화를 받자마자 필라델피아로 향한다.

존은 장갑차를 장난감으로 살 만큼 엄청난 부자다. 하지만 그에게는 진정한 친구가 없다. 그는 인간관계의 어려움을 느끼는 미성숙한 자아를 지닌 '어른아이'다. 그는 자기 자신, 가문, 그리고 국가에 대한 열망과 부흥을 꿈꾸는 야심가다. 재능은 없지만 레슬링을 열정적으로 좋아해 레슬링 대회에 출전하기도 했다. 존은 마크에게 상상조차 하지 못할 전폭적인 지원을 약속하면서 형 데이브와 함께 자신이 만든 레슬링 팀 '폭스캐처'로 와서 훈련하기를 요청한다. 마크는 두 번 다시 오지 않을 좋은 기회라고 생각해 존의 제안을 받아들인다. 하지만 결혼해 안정적이고 행복한 삶을 살고 있던 데이브는 존의 제안을 거절한다.

다시 말하지만 존은 거액의 막대한 부를 가졌지만 어머니의 사랑과 인정에 집착하는 미성숙한 아이에 불과하다. 사실 그가 올림픽 금메달에 열을 올리는 이유는 국가와 가문의 영광을 이루는 것보다도 자신의 어머니에게 인정받기 위해서다. 그는 자신이 좋아하는 레슬링을 통해 인정받기를 원하지만 그의 어머니는 레슬링을 '천박한 운동'이라고 여긴다. 그녀는 자신이 돌보는 말들에만 신경을 쓰고 있다. 그러면 그럴수록 그는 어머니로부터 더욱 인정받기를 원하며 레슬링에 집착한다.

마크와 존은 함께 레슬링 훈련을 하면서 친해진다. 존은 마크에게 자신을 친구로 대하라고 말하며 코카인까지 권한다. 마크는 존과의 관계를 돈독하게 하기 위해 그가 권한 코카인을 뿌리치지 못한다. 그 결과 마크의 경기력은 점점 떨어진다. 존은 자신이 만든 레슬링 팀 폭스캐처가 열정적으로 훈련해주기를 원하지만 팀 분위기는 점차 어수선해지고 느슨해진다. 그는 훈련장에 취미로 사격 연습을 하던 총을 들고 나타나고 훈련장 천장에 총을 쏘며 훈련을 독려하기도 한다.

어느 날 저녁 존은 팀 훈련 상황을 살피러 나왔다가 훈련장에 불이 꺼져 있는 것을 보고 분노한다. 그는 숙소에서 레슬링 경기가 아닌 격투기를 보며 쉬고 있는 팀원들과 마크에게 찾아가 왜 훈련을 하지 않느냐고 힐난한다. 이에 마크는 오전 연습을 자신이 취소했고 대신 저녁에 두 배로 할 계획이었다고 답한다.

그러자 존은 마크의 뺨을 때리며 "배은망덕한 유인원 새끼"라고 폭언한다. 존은 자신의 레슬링 팀을 이끌어가기 위해서는 마크가 아니라 데이브가 필요하다고 생각하고 그와 그의 가족을 팀으로 불러들인다. 존은 자신이 직접 선수들을 훈련시키는 모습을 어머니에게 보여주려 하지만 냉담한 반응으로 상처를 받는다. 한편 마크는 존과 데이브 모두로부터 버림받았다고 생각해 그들을 외면하고 혼자 멀리 떨어져 개인 연습을 한다.

마크는 올림픽 예선 1차전에서 패배해 분노와 절망에 빠진다. 그는 멘탈이 붕괴되어 서럽게 울다가 음식을 닥치는 대로 먹는다. 데이브는 마크의 호텔방을 찾아가 "나는 네 형이고, 절대 네 인생이 이렇게 망가지게 하지 않겠다"고 다그치며 그의 훈련을 돕는다. 마크는 데이브의 도움으로 먹었던 것을 모두 게워내고, 몸무게를 줄이기 위해 남은 시간 동안 미친 듯이 운동한다. 이때 존이 찾아오고 데이브는 존을 어떻게든 달래 보내려고 한다. 마크는 존을 경멸하듯 노려본다. 결국 남은 경기에서 승리한 마크는 서울올림픽 출전권을 획득한다.

존은 마크의 경기 때마다 참석했는데 마지막 예선 경기에 참석하지 않았다. 이를 이상하게 여긴 데이브는 존을 찾아간다. 하지만 그는 존의 비서를 통해 그의 어머니가 방금 돌아가셨고 그날 아침 일찍 숙소를 떠났다는 사실을 알게 된다. 그토록 자신을 인정해주기만을 바랐던 어머니를 떠나보낸 존은 그녀가 키우던 말들을 모두 풀어준다. 그 후 자신의 비서, 카메라맨과 함께 갑작스럽게 훈련장에 나타난다. 데이브가 먼저 다가가 어머니의 애도를 표하며 위로하자 존은 레슬링 훈련에 열심히 임해 달라고 부탁한다. 그가 카메라맨을 대동한 이유는 폭스캐처 팀을 미국의 올림픽 레슬링 대표 팀으로 만드는 것과 듀폰 가에 대한 다큐멘터리를 제작하기 위해서다.

마크는 데이브에게 폭스캐처를 떠나자고 제안하지만 이번에는 데이브가 가족을 이유로 거절한다. 그는 듀폰 가의 다큐멘터리를 위해 카메라 앞에 선다. 하지만 존을 찬양하는 방향으로 인터뷰가 진행되자 그는 불편해한다. 그럼에도 불구하고 그는 시킨 대로 "존은 저에게 멘토 같은 존재입니다"라고 말한다. 그는 올림픽 이후 자신들의 거취 문제로 마크와 함께 존을 찾아간다. 그는 마크가 올림픽에서 메달을 따고 데이브가 계속 팀의 코치를 맡는 조건으로, 마크가 폭스캐처에서 나와도 계속 지원해줄 것을 약속받는다. 하지만 올림픽에 출전한 마크가 메달을 따지 못하자 존은 마크를 방출시킨다.

데이브는 계속 폭스캐처 팀의 코치로 남았지만 가족과 보내는 일요일마저 훈련하기를 원했던 존과 충돌한다. 존은 가문의 자랑이자 영광을 담은 폭스캐처 다큐멘터리의 최종본을 보던 중 모든 것을 잃은 듯한 표정으로 자택에 머물고 있던 데이브를 찾아가 총을 세 번이나 쏜다. 그를 말리려던 직원과 데이브의 아내 낸시는 경찰에 도움을 청하고 존은 체포당한다.

전술했듯이 〈폭스캐처〉는 일반적인 스포츠 영화가 아니다.

몇 년 후 종합 격투기 선수로 전향한 마크가 링 위로 올라오고 관객들이 USA를 외치며 마크를 응원하는 장면에서도 감동이 느껴지지 않는다. '거의없다'의 말을 다시 인용하자면 "〈폭스캐처〉는 대단히 정적이고 차가운 시선으로 진행되는 영화다. (……) 감독은 이 영화를 통해 사람의 마음속에 있는 '결핍'이 어떤 방식으로 작동하는가를 지켜보고 있다". 이 영화는 "채워지지 않는 공허함, 내가 갖지 못한 것, 그리고 그것에 대한 집착이 인간을 어떻게 망가뜨리는가에 대한 이야기다". 결국 이 영화의 키워드는 '욕망'과 '결핍'으로 수렴된다.

사실 욕망과 결핍은 존과 마크에만 해당되지 않는다. 데이브에게도 해당된다. 그가 정말 소중하게 여기는 것은 행복한 가정을 꾸리는 일과 동생의 선수 생활을 다시 살려내는 것뿐이다. 그는 결핍된 아버지를 욕망하기보다는 스스로 아버지가 되기를 욕망했다는 데 차이가 있을 뿐 큰 틀에서 보면 그들과 다르지 않다. 그래서 영화평론가 이동진은 이 영화를 두고 "가질 수 없는 것을 가지려는 자의 지옥"이라고 평했고, 박평식은 "결핍은 어떻게 팽창하는가"라는 질문을 던졌다. 욕망과 결핍은 비단 이 영화 속 인물들에게만 국한되지 않는다. 욕망과 결핍은 시간과 공간을 아우르는 보편성을 갖고 있다.

문학평론가이자 영화평론가인 강유정은 이렇게 말했다. "삶은 돈과 명예, 권력과 사랑을 탐하는 역동성이 아니라 원하지 않았던 것들을 길들이는 평범함 가운데 견고해진다. 하루하루의 일상을 살아가는 것, 지루한 반복에서 삶의 박동을 느끼는 것. 이는 결코 쉬운 일이 아니다. 그런 진리를 깨달아가는 삶. 이 가운데서 삶은 [비극이 아닌] 무엇으로 마무리될 것이다." 그녀의 말마따나 "비극의 반대말은 희곡이 아니라 일상이다". 존은 그 일상을 견고히 하지 못해 결국 비극으로 삶을 끝내고 말았다.

〈트럼보〉

: "악당도 영웅도 없어요. 희생자만이 있을 뿐이죠"

'할리우드 텐'이라는 용어가 있다. 얼핏 1980년대 미국의 '브랫 팩'이나 1990년대 우리나라에서 유행하던 '홍콩 4대천왕'을 연상할 수도 있지만 이와 전혀 다르다. 할리우드 텐은 1940년대 미국 할리우드의 블랙리스트 명단을 가리킨다. 더 정확히 말하면 1930년대와 1940년대 초반에 일어난 일련의 사건들, 즉 대공황과 제2차 세계대전을 전후로 공산주의에 동조하거나 실제로 공산주의 활동을 한 당시 일군의 젊은 예술인들을 가리킨다. 이때는 소비에트의 이오시프 스탈린의 가혹한 통치가 서구사회에 널리 알려지기 훨씬 전이다. 당시 미국의 많은 젊은이들이 공산주의를 추종했다. 그들은 대부분 예술과 연예산업 분야의 젊은 이상주의자들이었다. 당시 미국 공산당은 젊은이들에게 인기가 있었다. 모스크바의 반대파 숙청 재판과 1939년 독-소 불가침조약 체결 등이 미국 공산당의 인기를 떨어뜨리기도 했지만, 전쟁 기간에는 미국과 소련의 동맹관계가 새로운 활력을 불어넣기도 했다. 전쟁 중 당원의 숫자는 5만 명에 달하기도 했다.

하지만 제2차 세계대전 후 분위기가 갑자기 바뀌었다. 공산주의는 미국에서 공포와 혐오의 대상이 된다. 전후 처리 과정에서 소련이 유럽의 동부와 중부를 힘으로 장악하고, 1946년 의회 선거 결과 상원과 하원 모두 공화당이 다수를 차지함으로써 보수적인 경향은 더욱 강화되었다. 1947년 할리우드 영화계에 종사하는 일부 사람들은 하원의 '반미활동조사위원회'에서 증언하도록 소환되었다. 명분은 공산주의자 또는 그 후원자들이 공산주의 선전을 위해 영화계에 침투했을지도 모르니 조사해야 한다는 것이었다.

소환된 43명의 사람들 중 19명이 증거 제출을 거부했고, 그중 11명이 위원회에 소환되었다. 나중에 위원회에서 증언한 베르톨트 브레히트를 제외한 나머지 10명은 수정헌법 제1조, 즉 '언론 출판의 자유'를 근거로 증언을 거부했다. 그들이 답변을 거부한 핵심적인 질문은 "당신은 공산당원인 사람을 현재 알고 있거나 또는 과거에 알고 있었나요?"였다. 즉 그들은 '당신이 알고 있는 과거 또는 현재의 공산당원의 명단을 제출하라'는 명령을 거부한 것이다. 증언을 거부한 10명은 모두 의회 모독죄로 기소되었다. 바로 그들이 '할리우드 텐'이었다. 그들은 앨바 베시, 허버트 비버먼, 레스터 콜, 에드워드 드미트릭, 링 라드너 Jr.,

존 하워드 로슨, 앨버트 맬츠, 새뮤얼 오니츠, 에이드리언 스콧, 돌턴 트럼보로 대부분 극작가였다.

할리우드 텐의 증언 거부 이후로 할리우드 영화계에 반 전복적 선의를 표명하라는 정치적 압력이 높아졌다. 증언이 계속되는 중에 미국 영화협회 회장 에릭 존스턴은 "알려지거나 스스로 밝힌 어떤 공산주의자도 고용하지 않을 것이며, 이유는 그들이 파괴적인 세력이어서 주변에 있는 것이 싫기 때문"이라고 공표했다. 훗날 대통령이 되는 배우 로널드 레이건과 제작자 월트 디즈니는 "영화산업에서 공산주의의 위협은 심각한 수준"이라고 증언했다. 반면 감독 존 휴스턴, 배우 험프리 보가트, 로렌 버콜 등은 정부가 할리우드를 부당하게 탄압한다고 항의했다.

할리우드 텐은 이듬해 연방법원에서 6개월에서 1년의 징역형을 선고받고 교도소에 수감된다. 교도소에 있는 동안 드미트릭은 자신이 공산주의자임을 인정하고 다른 26명의 명단을 제출했다. 드미트릭을 제외한 나머지 대부분은 할리우드에서 다시는 고용되지 않았다. 하지만 일부는 가명으로 대본을 썼는데 그중 하나가 바로 트럼보다. 그는 여러 가명으로 시나리오를 썼고 두 번의 오스카상을 수상한다.

영화 〈트럼보〉(제이 로치, 2015)는 바로 그 트럼보에 관한 이야기다. 할리우드의 황금기인 1943년 트럼보는 최고의 몸값을 받는 천재 시나리오 작가로 명성이 높았다. 당시 미국은 민주주의와 공산주의가 대립하던 시절이었다. 트럼보는 시나리오 작가로 일하면서도 세트장 건설 인부들의 편에 섰다. 유명한 칼럼니스트 헤다는 자신과 정치적인 성향이 맞지 않는다는 이유로 트럼보와 그와 뜻을 함께하는 할리우드 인사들을 블랙리스트 명단에 오르게 한다. 전술했듯이 그는 하원의 '반미활동조사위원회'에서 증언하도록 소환되지만 증거 제출은 물론 증언도 거부했다. 대신 자신이 하고 싶은 말을 다 한다.

결국 트럼보는 의회 모독죄로 기소되어 1년형을 선고받고 교도소에 수감된다. 그는 하루아침에 부와 명예를 잃었지만 그래도 자신을 믿어주는 가족들 덕분에 힘든 시절을 버틴다. 그에게는 사랑하는 아내와 두 딸이 있다. 그는 감옥에서 자신과 뜻을 함께했던 배우 에드워드 G가 동료 명단을 대는 것을 TV로 지켜본다. 그는 블랙리스트에 오른 후 힘든 나날을 보내고 있었고 그래서 어쩔 수 없이 진술을 한 것이다. 출소 후 트럼보는 이사를 해야만 했다. 큰딸 니콜라가 이삿짐센터 직원들에게 음료를 돌리고 있는데 옆집 남자가 트럼보 가족을 기분 나쁘게 쳐다본다. 누군가 그의 집 수영장에 온갖 쓰레기와 동물 사체 등을 갖다 버린다. 힘들어하는 그를 아내 클레오가 위로한다.

블랙리스트에 오른 트럼보는 자신의 이름으로 글을 쓸 수 없기에 가명으로 글을 쓰기 시작한다. 그는 완성한 시나리오를 오랜 친구 이안에게 건넨다. 그는 그 시나리오를 이안의 이름으로 영화사에 보내려 한다. 이안은 망설이지만 트럼보는 단호하다. 결국 이안은 트럼보의 뜻을 꺾지 못하고 받아들인다. 대신 그는 제목을 '공주와 하인'이 아니라 '로마의 휴일'로 바꿔 영화사에 전달한다. 영화 〈로마의 휴일〉은 아카데미 각본상을 수상하는데 수상자는 트럼보가 아니라 이안이다.

이후 트럼보는 B급 영화를 제작하는 킹브라더스를 찾아가 그곳을 자신의 극작 활동의 근거지로 삼는다. 그는 자신과 함께 블랙리스트에 올랐던 작가들을 킹브라더스로 데리고 온다. 그가 킹브라더스에서 일한다는 소문이 돌자 헤다 일행은 트럼보를 해고하라고 킹브라더스의 대표 프랭크를 협박한다. 하지만 그는 협박에 굴하지 않고 오히려 그들을 내쫓는다. 트럼보는 그 덕분에 극작 활동을 이어 나간다. 〈스파르타쿠스〉를 촬영하던 커크 더글러스가 그에게 시나리오 수정을 부탁하자 이를 혼쾌히 수정해준다. 그는 단지 글을 쓰는 사람일 뿐이다.

어느 날 술집에서 트럼보는 우연히 헤다를 만난다. 그녀는 트럼보로부터 정보를 빼내려 한다. 그녀는 예술을 자신의 정치적인 성향으로 재단하는 것으로 유명하다. 자신과 정치적인 성향이 맞지 않으면 아무리 훌륭하더라도 예술이 아니다. 하지만 트럼보는 개의치 않는다. 그에게 예술은 단지 예술일 뿐이다. 트럼보가 시나리오를 쓴 〈브레이브 원〉이라는 영화가 개봉한다. 이 영화는 B급 영화사가 제작한 영화라고 폄훼되었다. 게다가 트럼보가 시나리오를 썼다는 소문도 돌았다. 하지만 사람들은 기립박수를 보냈고 케네디 대통령조차 이 영화를 보고 칭찬했다. 결국 이 영화는 아카데미상을 수상한다. 수상자는 로버트

리치였지만, 이는 트럼보가 쓴 열한 개의 가명 중 하나였다.

나중에 트럼보는 자신이 이 영화의 시나리오를 썼다고 인정했다. 자신의 이름으로 글을 쓸 수 있게 되자 더 이상 감출 필요가 없어졌다. 그는 자신의 이름이 아닌 다른 사람의 이름으로 아카데미상을 두 번이나 받았지만 그에게 아카데미상은 중요하지 않다. 그에게 A급 제작사든 B급 제작사든 중요하지 않다. 그에게 중요한 것은 글을 쓰는 것뿐이다. 그는 글을 쓰기 위해서 어쩔 수 없이 가명을 쓰거나 다른 사람의 이름을 빌렸다. 프랑스의 소설가 로맹 가리가 에밀 아자르라는 가명으로 공쿠르상을 받은 적이 있지만 트럼보와는 경우가 다르다.

영화 〈트럼보〉를 보면서 많은 생각이 교차했다. 극작가 아서 밀러와 감독 엘리아 카잔도 떠올랐고, 전술한 레이건과 디즈니도 떠올랐다. 하지만 그들을 동류항으로 묶을 수는 없을 것 같다. 밀러와 카잔은 행동의 옳고 그름을 떠나 자신의 정치적 입장이 확고했고 작품을 통해 이를 견지했다. 하지만 레이건과 디즈니의 경우에는 다소 혼란스럽다. 특히 레이건의 경우는 더더욱 그렇다. 정치인으로서 대통령으로서 레이건에 대한 평가는 정치적 입장에 따라 사람마다 다를 수 있다. 하지만 1940년대 배우조합 회장으로서 매카시즘에 동조하고 동료 예술가들을 탄압하는 데 앞장선 그의 행보에 대해서는 납득하기 어렵다.

평론가 강유정의 말로 글을 맺는다. "역사의 기록은 공정하지 않다. 예전에도 그랬고 지금도 그렇고 앞으로도 그럴 것이다.

한 가지 관점이 정답이라고 주장하는 목소리에는 이면이나 다양성에 대한 공포가 자리 잡고 있다. 통제가 답이라고 보는 이들에게 역사는 승자의 몫이다. 승자는 단수다. 그러나 다양한 목소리를 담는다는 것 자체가 권력에 대한 모독이며 월권이다. 하지만 문학은 역사와 다르다. 예술의 한 장르로서 문학 말이다. 예술에서만큼은 역사가 기록하지 않은 혹은 역사가 거부하는 다양한 상상력을 담을 수 있다. 그게 바로 예술의 정의며 문학의 도리다."

〈패터슨〉

: "시를 번역하는 것은 우비를 입고 샤워를 하는 것과 같다"

영화 〈패터슨〉(짐 자무시, 2016)은 『패터슨』(1946~1958)이라는 제목의 시집을 출간한 미국의 도시 패터슨 출신의 시인 윌리엄 카를로스 윌리엄스를 동경하는 주인공 패터슨의 일상을 조명한 영화다. 패터슨은 버스 기사이자 시인이다. 이 영화는 시를 통해 사물 그 자체를 조명하고자 했던 윌리엄스의 시도를 영화의 방식으로 새롭게 구현하고 있다. 질 들뢰즈는 시에서의 이미지와 영화에서의 이미지 개념을 다른 것으로 파악한다. 그에 따르면 영화 이미지는 무엇보다도 움직이는 이미지이기 때문에, 운동성과 시간성을 수반한다.

누군가는 〈패터슨〉을 시인 윌리엄 카를로스 윌리엄스의 시집 『패터슨』에 담긴 미학적 관점과 조응하는 영화로 규정한다. 이는 〈패터슨〉이 추구하고 있는 물질의 객관성, 혹은 그 실재에 대한 탐구라는 관점에서는 옳은 평가이지만, 물질의 지속이라는 관점에서 본다면 꼭 그렇지만은 않다. 〈패터슨〉은 기존의 언어 양식을 영화라는 운동적인 매체를 통해 다른 방식으로 구현하고 있기 때문에 지속이라는 관점에서는 윌리엄스 시론에 대한 이율배반적인 영화이기도 하다.

〈패터슨〉은 주인공 패터슨의 비슷한 일상의 일주일을 다루고 있다. 버스 기사인 그는 같은 이름의 도시 패터슨에 살았던 시인 윌리엄스의 시를 좋아하고 지하실에 마련된 서재에서 윌리엄스의 시를 읽는다. 그는 하루 종일 23번 버스를 운전하면서 틈틈이 시를 쓰고, 퇴근해서는 아내와 저녁을 먹는다. 식사를 마친 뒤에는 아내의 요청에 따라 반려견 마빈을 산책시키고, 동네 바에 들러 주인과 담소를 나누며 맥주를 마시다가 집으로 돌아온다.

〈패터슨〉은 패터슨의 똑같은 일상이 반복되는 것처럼 보인다. 하지만 조금씩 차이가 있다. 그 반복의 차이가 곧 이 영화의 주제다. 다시 말하지만 그의 사소한 일상은 비슷한 것 같지만 조금씩 다르다. 일상적 행위의 반복처럼 보이는 일상에서 미세한 차이를 발견하는 것이 곧 문제를 해결하는 것이다. 그 미세한 차이에서 의미가 발생한다. '헤테로토피아'는 일상 공간이면서도 구성원들이 꿈꾸는 비현실적인 유토피아를 가리킨다. 헤테로토피아는 일상에 실재하는 공간이면서 동시에 일상성에 매몰되지 않는 개인적인 공간이다. 헤테로토피아적 사고는 곧 창의적 사고다.

패터슨은 버스를 운전할 때 승객들이 하는 이야기에 주의를 기울인다. 그는 버스 안에서 만나는 다양한 인간 군상을 관찰하고 사색한다. 영화는 버스 안을 떠도는 말들과 그것을 경청하는 패터슨의 모습을 자세하게 보여줌으로써 영화를 보는 이들로 하여금 이런 자극들이 언젠가 그의 시가 되어 나올 것이라고 기대하게 한다. 버스 기사인 패터슨은 승객을 선택할 수 없다. 그렇기 때문에 그는 승객의 말에 귀를 기울인다. 그는 버스 승객의 모든 이야기에 귀를 열고 그들과 혹은 그들의 삶과 접촉한다. 그는 버스 운행을 통해 평소에 주목받지 않는 사람과 사물을 주목하며 도시와 연결한다.

패터슨에게 시 쓰기는 위대한 작품을 제작하는 고독한 작업이 아니라 일상에서 접촉하는 사물과 타인의 이야기가 자기 안에 스며들어 의도치 않게 응답하는 활동이다. 다시 말하면 그의 쓰기는 들려오는 모든 소리를 누락시키지 않는 성실한 청자로서의 반응이다. 그가 시를 쓰면서 갖게 된 민감한 감각은 다양한 목소리에 더 주의를 기울이고 경청하게 함으로써 타자들의 서사와의 접속을 더욱 용이하게 한다. 그 경청에 응답하는 활동과 그것을 음미하는 시 쓰기를 통해 그는 자신의 삶에서 자기 서사의 변화 가능성을 극대화한다. 그는 관념적인 것이 아닌 일상에서 마주치는 사물에서 시의 이미지를 얻어낸다.

패터슨과 그의 아내 로라는 여러 면에서 차이점을 보인다. 패터슨이 자신이 쓴 시를 다른 사람에게 보여주려 하지 않는데 반해, 로라는 끊임없이 자기 자신을 드러낸다. 감정 표현에 있어서도 마찬가지다. 그는 자신의 감정을 솔직하게 털어놓지 않는 데 반해, 그녀는 감정을 솔직하게 드러낸다. 패터슨과 로라는 '정지'와 '역동'이라는 점에 있어 큰 차이가 있다. 하지만 그들은 자신의 삶의 방식을 스스로 선택했고, 상대방에게 변화를 요구하지 않는다는 점에 있어서 유사하다. 그들은 있는 그대로의 모습을 사랑할 줄 아는 사람들이다.

자무시 감독은 패터슨의 시 쓰기를 통해 '시를 왜 쓰는가?'라는 질문을 던진다. 어쩌면 이 질문은 '패터슨에게 시 쓰기는 어떤 의미일까?'라는 질문으로 환원될 수도 있다. 패터슨이 시를 쓰는 본질적인 이유는 이름을 알리기 위해서가 아니다. 즉 그는 공명심이나 인정 욕구 때문에 시를 쓰는 게 아니다. 그렇다고 자기 치유를 위해서 시를 쓰는 것도 아니다. 물론 그는 시를 통해 어느 정도 자신을 치유하지만, 치유가 시를 쓰는 근원적인 이유는 아니다. 원래 문학치료에서 쓰는 행위는 작품의 완성도나 탁월성과 무관하게 쓰는 자의 삶에 영향을 미치는지에 대한 관심으로부터 시작한다.

패터슨은 자신이 쓴 시를 완성품의 형태로 세상에 내보내는 일에 열의를 보이지 않는다. 그는 시를 쓰지만 위대한 시인이 되려는 열망이 없다. 또 시를 통해 유명해지겠다는 열망도 없다. 그에게 '시 쓰기'는 세상과 대화하는 방식이자 도구이다. 시와 일상, 그에게는 예술과 일상이 분리된 것이 아니라 예술이 곧 일상이고, 일상이 곧 예술이다. 패터슨에게 시는 고독의 산물이라기보다는 사람과 장소, 그리고 시간과의 대화의 결과물이다. 그렇기 때문에 그와 그의 아내 로라가 외출한 사이 마빈이 그의 시집을 물어뜯어 망가뜨렸을 때에도 그의 반응은 무심하다. 로라가 안타까워하자 그는 "시는 물 위에 쓴 낱말일 뿐이야"라고 말한다. 그에게 시를 쓴다는 것은 시간의 흐름과 함께하는 행위이며, 작품의 보존이나 시집의 출간은 시 쓰기의 행위로서의 본질을 온전하게 드러내지 못한다.

패터슨에게 시는 내적으로 완결된 세계이자 시인의 삶을 압축한 소우주다. 그는 모든 사람들이 시인이 될 수 있고, 모든 것들이 시의 소재가 될 수 있다고 믿는다. 그가 래퍼에게 세탁소가 랩을 만드는 작업실이냐고 묻자 래퍼는 "느낌이 오는 곳이라면 어디든"이라고 답한다. 래퍼에게 느낌이 오는 곳이라면 어느 곳이든지 랩을 만들 수 있는 장소가 될 수 있는 것처럼 시인 또한 마찬가지다. 패터슨은 시간이 날 때마다 시를 생각하고 시를 쓴다.

패터슨은 패터슨을 대표하는 퍼세익강의 폭포 앞에서 매일 점심을 먹고 시를 쓴다. 패터슨은 한때 번창했던 공업도시였고, 섬유와 방적은 도시의 주요 산업이었다. 퍼세익강은 방적 산업에 필수적인 산업용수를 제공했다. 하지만 산업이 쇠퇴하면서 퍼세익강을 찾는 사람은 거의 없다. 퍼세익강은 영화에서 패터슨이 자주 가는 바의 '명예의 전당(wall of fame)'에 가깝다. 패터슨은 반려견 마빈이 자신의 시집을 망가뜨린 후에도 폭포를 찾고 그곳에서 한 일본인을 만난다. 일본인은 위대한 시인들이 각자의 삶속에서 전혀 시인과 어울리지 않는 생업에 매달렸고, 그럼에도 불구하고 훌륭한 시를 남긴 사례들을 언급한다. 패터슨이 시를 좋아하냐고 묻자 그는 "시로 숨을 쉰다"고 답한다. 그는 "예술적 태도를 가지고 살아가는 사람은 어디에서나 시를 쓴다"는 알쏭달쏭한 이야기를 한다. 헤어지면서 패터슨에게 '빈노트'를 선물하며 "때로는 텅 빈 페이지가 더 많은 가능성을 선사하죠"라는 말도 남긴다. 일본인이 패터슨에게 남긴 말은 일상 속의 새로움, 익숙한 것의 낯섦, 그 깨달음과 예술적 각성의 순간을 함께 나누자는 제안으로 읽힐 수 있다. 일상을 다른 눈으로 바라보면 다르게 보이고, 평소에 보지 못했던 부분도 볼 수 있다는 금언으로도 읽힐 수 있다.

일상에서 예술이 탄생한다는 것은 창작이 일상적 삶의 테두리 밖에 있는 것이 아니라, 일상적인 지각 자체에서 발생한다는 것을 의미한다. 영화 속에서 래퍼가 부르는 노래의 한 소절인 "관념이 아닌 사물로"가 잘 예거하듯이 일상 속의 예술은 관념이 아니라 실재에 대한 탐구를 목표로 한다. 〈패터슨〉이 보여주는 시인의 공적 자리는 그가 일상이 그리는 순환적 궤도에 덮쳐오는 사건들과 목소리에 감각을 열어둔 채 모든 존재들의 청자로서 존재함으로써 공적 공간의 복수성을 실현하는 자리다.

〈패터슨〉은 이러한 점에서 윌리엄스의 시적 이미지가 만들어내는 순간의 심상에 주목하는 것이 아니라, 이러한 순간의 심상을 만들어내는 세계의 운동–이미지 전체에 주목하고 있다. 〈패터슨〉은 기존의 언어 양식을 영화라는 운동적인 매체를 통해 다른 방식으로 구현하고 있기 때문에 지속이라는 관점에서는 윌리엄스 시론에 대한 이율배반적인 영화이기도 한 것이다. 〈패터슨〉은 시로 가득 찬 영화이며 그 자체로 한 편의 시가 되는 영화다. 이 영화는 공공의 삶 속에서 시가 존재하는 방식에 대해 질문한다. 이 영화는 '시 쓰기'에 관한 영화로서 시 쓰기에 대한 성찰과 시의 존재 의미를 새롭게 조명한다.

일찍이 플라톤은 시가 공공의 질서를 유지하는 데 도움이 되거나 공공의 삶에 기여한 모범적인 인물들에 대한 문학적 형상화를 통해 교육적 기능을 수행할 때만 존재의 의미가 있다고 보았다. 간단히 말해서 플라톤은 시의 기능성을 주장했다. 반면 테오도어 아도르노는 시의 무기능성을 주장했다. 그는 시의 치료 기능에 대해 회의적이었다. 아리스토텔레스는 감정의 '카타르시스' 기능을 강조했다. 문학 텍스트를 읽고 쓰면서 자기 서사를 구성하는 문학치료의 활동은 오히려 사회적으로 강요된 정상성으로 인해 상처 입은 사람들이 자신의 고유한 삶의 이야기를 찾아가는 과정을 포함한다.

〈패터슨〉은 단순히 윌리엄스 시에 대한 오마주가 아니다. 시의 창작이라는 대상의 분절 작용을 영화라는 운동–이미지 안에서 새롭게 구성한다. 이 영화는 사물의 지속을 직관하는 인물의 운동을 지극히 영화적인 형식미 안에서 시각화함으로써 새로운 의미를 창출한다. 윌리엄스의 시가 사물의 순간 상태에 대한 시적 의미에서의 심상을 보여준다면, 자무시의 〈패터슨〉은 이러한 심상이 만들어지는 감각-운동적 도식에 의한 과정 자체를 운동-이미지를 통해 표현한다. 〈패터슨〉에서의 시는 언어가 아닌 운동-이미지로 구현된 사물, 즉 이미지의 총체다. 영화는 시 창작 과정은 이미지를 구축하는 과정, 즉 운동-이미지와 시간-이미지를 배치하는 방식과 같다는 것을 보여준다. 다시 말해 세계가 구성된 방식, 나아가 우리가 세계를 인식하는 방식 자체가 영화가 이미지를 갖는 방식과 같다는 것을 보여준다.

Sequence #10 2017~2021

〈러빙 빈센트〉

: "늙어서 평화롭게 죽는다는 것은 별까지 걸어간다는 것이겠지"

주지하듯 빈센트 반 고흐는 서양미술사에서 가장 유명한 화가 중 한 명이다. 그는 스물일곱이라는 비교적 늦은 나이에 독학으로 그림을 그리기 시작했고 주로 남프랑스에서 작품 활동을 했다. 초창기에는 하층민의 생활과 풍경을 어두운 색조로 그리다가 자신만의 색의 대조, 강렬한 붓 터치와 색감을 완성했다. 당대에는 인정받지 못했지만 죽은 뒤 야수파, 초기 추상화, 표현주의에 큰 영향을 끼쳤다. 그는 '비극적인 짧은 생을 마치고 인정받은 화가' 혹은 '자기 귀를 잘라 창녀에게 준 미치광이 화가' 정도로만 알려졌지만, 8년 동안에 800여 편에 달하는 작품을 남길 정도로 '성실하고 예민한 예술가'였다. 하지만 그의 작품의 진가를 알아보는 사람은 거의 없어서 살아있을 때는 단 한 작품만 팔렸다. 그는 늘 경제적으로 궁핍했고 그것 때문에 주변 사람들과 불화를 겪었다. 아니면 반대로 주변 사람들과 불화를 겪어 경제적으로 궁핍했는지도 모른다. 그는 포기할 수 없는 것을 포기할 수밖에 없는 상황에 처해 불행했는지도 모른다.

영화 〈러빙 빈센트〉(도로타 코비엘라·휴 웰치맨, 2017)는 고흐의 죽음을 둘러싸고 그의 죽음의 원인을 추적하는 일종의 추리극이다. 하지만 미리 말하건대 이 작품은 추리극의 형식이지만 고흐의 죽음의 원인이 명확히 밝혀지지 않기 때문에 누군가의 말처럼 "추리물보다는 고흐의 일생을 담은 헌정사에 가까운 작품이다". 이 작품이 더 큰 주목을 받은 이유는 따로 있다. 이 작품은 세계 최초로 손으로 그린 유화 장편 애니메이션이다. 즉 100명 이상의 화가들이 동원되어 10년간에 걸쳐 고흐의 화풍을 그대로 재현해냈다. 〈별이 빛나는 밤〉(1889), 〈가셰 박사의 초상〉(1890), 〈우편배달부 루랭〉(1888), 〈까마귀가 있는 밀밭〉 등 고흐의 명화가 영화를 가득 채우고 있다.

〈러빙 빈센트〉는 고흐가 죽은 지 1년이 지난 시점에서 시작한다. 집배원 루랭은 그의 아들 아르망에게 고흐가 마지막으로 남겼던 편지를 동생인 테오에게 직접 전해달라고 부탁한다. 아르망은 자신의 귀를 자른 고흐를 목격한 적이 있기에 그를 미치광이로 여겼다. 그는 고흐를 옹호하는 부친이 함께 구설수에 오르는 것을 달갑게 여기지 않았기 때문에 늘 투덜댄다. 하지만 그는 "만일 네가 죽으면서 나에게 편지를 남겼다면, 내가 그것을 받고 싶지 않겠느냐"는 아버지의 말에 설득되어 파리로 떠난다.

아르망은 고흐의 친구이자 후원자였던 화방 주인 탕기 영감을 만난다. 탕기 영감은 아르망에게 테오가 고흐 사후 피폐해졌고 지병인 매독으로 6개월 전에 세상을 떠났다고 전한다. 탕기 영감은 고흐의 죽음은 가족 콤플렉스와 화가로서 실패한 불행한 삶 때문이었을 것이라고 말한다. 탕기 영감은 가셰 박사가 고흐가 오베르에 머물렀을 때 친분이 있었으며 테오의 부인 요한나의 주소도 알고 있을 것이라며 그의 연락처를 알려준다. 그는 매우 차분한 태도로 고흐가 8년 만에 화가로 인정받기 시작했는데 왜 자살했는지 모르겠다며 그의 죽음을 안타까워한다.

　아르망은 가셰 박사를 만나기 위해 오베르로 향한다. 하지만 가셰 박사가 출타 중이어서 만나지 못한다. 대신 그는 고흐가 임종을 맞았다는 라부 여인숙을 찾아간다. 그곳에서 그는 부모를 대신해 카운터를 보고 있던 아들린 라부를 만나 고흐에 대한 일화를 듣는다. 그는 그녀와 동네 뱃사공으로부터 고흐가 동네 청년 르네로부터 괴롭힘을 당했다는 사실을 알게 된다. 또한 고흐가 생전에 친밀하게 지냈던 가셰 박사의 딸 마르게리트와 이야기를 나누면서 무언가 석연치 않은 점을 느끼기 시작한다.

　아르망은 부검의 마제리 박사가 고흐의 부검을 담당한 가셰 박사의 부검 결과에 이의를 제기했다는 것을 알게 되어 그를 찾아간다. 마제리는 고흐의 복부 총상이 자살 시도의 결과로서는 극히 부적합하다며, 고흐의 죽음이 자살이 아닌 타살일 수 있다는 견해를 제시한다. 아르망은 고흐가 총을 쏘았다는 밀밭이 여인숙과 지나치게 멀다는 것, 자살하려는 사람이 총을 쏜 뒤 굳이 여인숙으로 찾아올 이유도 없다는 것, 그리고 우연히 마을에서 만난 노인이 헛간에서 총소리를 들었다고 증언한 것을 토대로 고흐가 자살한 게 아니라 살해당했다고 확신한다.

아르망은 고흐의 죽음을 조사하면서 그에 대해 강한 동정심을 갖게 된다. 그는 생전에 그를 지켜주지 못했다는 죄책감에 시달리고 급기야 술에 취해 동네 청년들과 싸움을 벌인다. 다음 날 경찰서에서 깨어난 아르망은 여인숙에 돌아가 아들린으로부터 자신이 직장에서 해고되었다는 소식을 듣게 된다. 그는 고흐가 사용한 총의 출처를 두고 그녀와 언쟁을 벌이다가 결국 여인숙에서 쫓겨나고 만다.

아르망은 마르게리트를 다시 찾아가 그녀로부터 가셰 박사와 고흐의 관계에 대해 듣는다. 그녀는 한때 자신이 고흐와 가까운 관계였음을 인정한다. 하지만 부친인 가셰 박사가 그녀가 고흐의 예술을 방해한다는 이유로 고흐와 만나지 못하게 했으며 그로 인해 두 사람이 말다툼을 벌였다고 고백한다. 아르망이 동네 한량인 르네가 여관에서 산 총으로 고흐를 죽였을 수 있다며 타살 가능성을 제기하자, 그녀는 "그가 죽은 이상 이제 와서 그 원인은 아무 의미도 없고, 자신이 할 수 있는 일은 그의 무덤에 꽃을 바치는 것뿐"이라고 말한다. 대신 그녀는 아르망에게 "그의 죽음에 대해 그렇게 궁금해 하면서도 그의 삶에 대해서는 얼마나 아느냐"고 반문한다.

가정부 루이스가 외출했던 가셰 박사가 돌아왔다고 아르망에게 알려주면서 드디어 가셰 박사와의 독대가 이루어진다. 아르망은 차분함을 유지하던 고흐가 어떻게 갑자기 6주 만에 자살에 이를 수 있냐고 그의 죽음에 대해 의문을 제기한다. 그러자 가셰 박사는 우울증 환자는 하루에도 기분이 몇 번씩 바뀔 수 있다고 말하며 아르망의 의문을 일축한다. 이전의 경험으로 고흐에게 강하게 몰입해 있던 아르망은 화난 어조로 가셰 박사가 마르게리트를 고흐와 못 만나게 한 것이 고흐의 죽음과 상관 있는 것이 아니냐고 따져 묻는다. 이에 가셰 박사는 고흐의 죽음에 대한 자신의 책임을 부정하지 않는다.

사실 가셰 박사는 예술에 대한 열정은 있으나 고흐만큼의 재능은 없어 그를 늘 질투했다. 고흐가 예술에 대한 자신의 미온적인 태도를 두고 비난하자 그는 홧김에 테오의 병에 대해 고흐에게 말해버렸다. 테오는 매독 3기로 절대적인 안정이 필요하지만, 무일푼의 고흐를 위해 자신의 몸을 혹사하고 있다. 가셰 박사는 고흐에게 미술에 대한 그의 열정이 그럴 만큼의 가치가 있느냐고 폭언을 퍼붓는다. 이 말을 들은 고흐는 도망치듯 병원을 뛰쳐나갔고 6주 뒤 자살을 시도했다. 가셰 박사가 그의 총상을 치료하지 않은 것 역시 테오에게 짐이 되고 싶지 않다는 고흐의 요구에 따른 것이었고, 줄곧 이에 대한 죄책감을 느끼고 있었다고 고백한다. 가셰 박사는 테오의 부인인 요한나가 편지를 묶어 출판할 계획을 세우고 있다며 아르망이 가져온 편지를 요한나에게 전해주겠다고 약속한다. 아르망은 자신이 가져온 편지를 가셰 박사에게 전하고 집으로 돌아온다.

아를로 돌아온 아르망은 부둣가에서 아버지 루랭과 재회한다. 조지프는 요한나가 보내온 편지를 전해주고, 아르망은 요한나가 감사를 표하며 함께 동봉한 고흐 편지의 사본을 조지프에게 읽어준다. "아무에게도 인정받지 못한 바닥 중의 바닥 인생이지만, 언젠간 자신이 마음에 무엇을 품고 있는지 모두에게 보여줄 것"이라는 편지 속 고흐의 다짐과 함께 영화는 론강의 별이 빛나는 밤하늘, 그리고 자신의 자화상을 그리는 고흐의 모습을 비춘다.

주지하듯 고흐는 삶만큼이나 죽음 또한 비극적이다. 〈까마귀가 있는 밀밭〉(1890)은 빈센트 반 고흐의 유작은 아니지만 그가 그림 속 밀밭에서 총을 쐈을 거라고 짐작되면서 많은 사람들이 이 그림을 고흐의 유작으로 생각한다. 고흐는 세상을 떠나기 전 프랑스의 오베르 쉬르 우아즈에서 약 70일 정도 머물렀다. 〈까마귀가 있는 밀밭〉은 그가 머물렀던 오베르의 바로 그 밀밭을 그린 그림이다. 그의 죽음은 자살에 따른 것이라고 결론이 내려졌지만 여전히 그의 죽음을 자살로 인정하지 않는 사람들도 있다. 그들은 예술가들은 원래 자신의 작품을 확인하고자 하는 습성이 있는데, 이 그림을 그린 고흐가 밀밭을 다시 찾아갔다가 고장 난 총이 오발되어 총에 맞은 것이라고 주장한다. 실제로 고흐는 총을 맞은 장소가 아니라 총을 맞은 상태에서 여관으로 걸어가 며칠 후 동생 테오의 곁에서 죽었다. 자살을 결심한 사람의 행동은 결코 아니라고 볼 수도 있다.

고흐의 〈까마귀가 있는 밀밭〉을 보며 특히 안타까워하고 고흐의 죽음을 미스터리하게 여기는 이유는 따로 있다. 고흐가 "살아있는 것 자체가 나에게 고통이다. 이제 고향에서 가서 쉬고 싶다"고 말을 했기 때문이다. 그가 말하는 고향은 따뜻한 가족의 품일 수도 있지만 기독교 집안의 아들로서 천국을 표현한 것일 수도 있다. 잘 알려진 것처럼 그는 성직자가 되려 했다. 자살은 기독교에서는 용납되지 않는다. 그래서 고흐를 좋아하는 사람들은 그의 한때의 소망을 기억하며 그의 죽음을 자살이 아니라 사고사로 생각한다. 아니 그를 위해서 그렇게 결론지어주고 싶어 한다. 이는 실패와 불행으로 점철된 그의 삶을 복권하려는 선한 의도로 해석될 수 있다.

〈까마귀가 있는 밀밭〉은 고흐가 밀밭을 주제로 그린 여러 그림 중 가장 유명하다. 고흐의 죽음을 암시하고 있다는 해석 때문이기도 하고 그림 자체의 강렬함 때문이기도 하다. 그림은 가로로 긴 형태로 그려져 마치 파노라마 사진처럼 보는 사람을 압도한다. 어둡게 내려앉은 하늘과 낮게 날고 있는 까마귀 떼, 갈림길과 끊어진 길이 암울하고 고립된 느낌이 들게 하면서도 굵고 거침없는 붓 터치와 밀밭의 황금빛에서는 역동적인 힘이 느껴진다.

흔히 까마귀를 불길한 징조로 여기는데, 고흐는 동생 테오에게 보낸 편지에서 까마귀를 봄을 알리는 새로 표현한 적이 있다.

그래서 이 그림에서도 그가 까마귀를 희망의 상징으로 그린 것이라는 해석도 가능하다. 세 갈래 길 중 가운데 길은 지평선으로 이어지는 것으로 보이기도 하여 그 또한 새로운 세상으로 향하는 희망을 의미한다고 해석하기도 한다. 전체적으로 강렬한 불안이 느껴진다. 고흐가 이 그림을 그리고 얼마 지나지 않아 세상을 떠나는 바람에 더욱 암울하게 느껴지는 것도 사실이다. 이 그림에 대한 해석이 분분한 것처럼, 이 그림에는 고흐의 희망과 절망이 모두 담겨 있다. 당연한 말이겠지만 어느 쪽인지는 보는 사람의 생각과 감정에 따라 다를 수 있다.

〈써니: 강한 마음, 강한 사랑〉

: "그때는 왜 그렇게 즐거웠던 걸까?"

케이블TV 채널에서 영화를 틀어주면 멍하니 계속 보게 되는 영화들이 있는데 〈써니〉(강형철, 2011)도 그중 하나다. 감독의 전작인 〈과속 스캔들〉(2008) 역시 그렇다. 〈써니〉에서는 7공주 '써니'의 멤버였던 주인공 나미가 어른이 되어 옛 친구들을 찾아 나서는 현재의 이야기와 어릴 적 나미가 7공주 써니의 멤버였을 때의 과거의 이야기가 병치된다. 이 영화는 〈과속 스캔들〉만큼이나 흥행 면에서 성공했다. 흥행뿐만 아니라 비평 면에서도 대체로 우호적이다. 관객들의 평가는 물론 전문가들의 평가도 좋다.

물론 모든 사람들을 만족시키는 영화가 없듯이 〈써니〉에 대한 비판이 있는 게 사실이다. 예컨대 영화 마지막 장면에서 하춘화가 남긴 재산으로 나미를 제외한 7공주들의 경제적 문제가 해결되는데, 혹자는 이를 두고 '황금만능주의'라고 비판한다. 하지만 '과거의 추억을 공유했던 친구들을 긴 공백을 거쳐 다시 만났는데, 그들이 현실적인 이유나 경제적인 이유로 어렵다면 그것을 해결해주는 것이 과연 황금만능주의라고 볼 수 있느냐 하는 반대 의견도 만만치 않다. 이에 대한 해석은 각자의 몫이다.

〈써니〉의 과거가 실제 역사와 다르다는 비판도 있다. 즉 과거 이야기의 시간적 배경이 1986년인데 영화의 분위기, 노래, 소품 등이 시대와 맞지 않는다는 주장이다. 〈화려한 휴가〉(김지훈, 2007)나 〈1987〉(장준환, 2017)처럼 특정한 역사적 사건이나 역사적 인물을 중심 소재로 하는 영화라면 철저한 역사적 고증이 필요하고 또 중요하다. 하지만 〈써니〉의 경우는 1986년이 되었든 1987년이 되었든 크게 문제가 되지 않는다. 1985년이어도 상관없다. 〈써니〉에서 1986년은 〈1987〉의 1987년처럼 특별한 역사적 맥락을 지니지 않는다. 현재의 나미를 과거로 소환하는 과거의 불특정한 시기일 뿐이다.

영화 〈써니〉의 주제는 '우정'이다. 영화 포스터의 문구처럼 '가장 찬란한 시절 우리는 하나였다'고 생각했던 친구들이 각자 나름의 이유로 흩어지고 우연한 계기로 다시 만나게 된다. 하지만 아무리 학창 시절에 친했어도 지금 자신의 처지가 곤궁하면 낯부끄러워서라도 만나기 힘들다. 영화나 현실이나 마찬가지다. 보험설계사인 장미는 실적 부진으로 퇴출 위기에 놓여 있다. 금옥과 복희도 장미와 크게 다르지 않다. 전업주부인 금옥은 자신의 꿈을 펼쳐보지도 못한 채 시어머니로부터 구박만 받고 있고, 알코올 중독에 빠진 복희는 딸도 빼앗기고 술집에서 일을 하고 있다. 복희는 나미로부터 춘화의 사정을 들은 후 안타까워하면서도 "내가 이 꼴로 춘화를 어떻게 만나니"라고 말하며 자신의 처지를 부끄러워한다. 춘화는 어려움에 처한 옛 친구들이 위기에서 벗어날 수 있도록 돕는다.

춘화는 "어린 시절 맹세한 친구를 돕고, 여태 만나지 못했던 만큼 만나서 어울려라"고 마지막 말을 남긴다. 춘화의 장례식 후 나미를 통해 써니 멤버의 후일담이 전해진다. 장미는 춘화 덕분에 생애 첫 보험왕이 되고, 금옥은 경영 사장직에 오르고, 복희는 딸과 같이 살면서 딸의 이름을 딴 미용실을 차리게 된다. 수지는 어릴 적 꿈인 서점을 운영하고, 진희는 써니 멤버들의 도움으로 바람난 남편을 응징한다. 나미는 서먹했던 딸과 친해져 딸이 결혼하는 것까지 지켜본다.

각자의 삶은 스스로 헤쳐 나가야 한다. 하지만 누군가가 도와주면 그 어려움을 조금 쉽게 헤쳐 나갈 수 있다. 〈써니〉에서는 그 도움이 바로 춘화다. 다시 말하지만 춘화의 행동을 돈으로 모든 문제를 해결할 수 있다고 믿는 황금만능주의보다는 순수한 우정에서 비롯된 것으로 해석하는 게 서사적으로 훨씬 더 자연스럽고 윤리적으로도 적절하다.

〈써니〉는 〈수상한 그녀〉(황동혁, 2014)가 그랬듯이 홍콩, 중국, 인도네시아, 일본 등 여러 나라에서 현지화를 통해 리메이크되었다. 현재와 과거가 병치되는 이야기의 큰 틀은 비슷하다. 물론 등장인물의 숫자와 역할의 크기에 있어서는 다소 차이가 있다.

영화의 제목 또한 마찬가지다. 노래 제목을 그대로 가져온 경우가 많다. 일본의 경우 부제로 '강한 마음, 강한 사랑'이 추가되기는 했지만 '써니'라는 제목까지 그대로 차용한다. 찾아보니 '강한 마음, 강한 사랑'은 1990년대에 오자와 켄지가 부른 노래 제목이라고 한다. 그런데 흥미로운 점은 각각 과거 시점이 다르다는 사실이다. 전술했듯이 원작의 〈써니〉의 경우 1986년이다. 하지만 인도네시아의 경우는 1995년이고 중국의 경우는 1998년이다. 일본의 경우 1995년으로 특정하고 있지만 실제로는 영화 포스터 'From 1990s to 2018'에서 알 수 있듯이 1990년대 전체다.

다시 말하지만 〈써니: 강한 마음, 강한 사랑〉(오오네 히토시, 2018)은 1990년대 전체를 아우른다. 특히 1990년대 일본 여고생 문화와 대중문화 현상을 반영하고 있다. 루즈 삭스, 아무로 나미에, 갸루 패션, 랄프 로렌 카디건 등 1990년대를 상징하는 문화와 패션 아이콘들이 영화 곳곳에 등장한다. 영화의 구조와 내용면에서 보았을 때 〈써니: 강한 마음, 강한 사랑〉은 원작 〈써니〉와 큰 차이가 없다.

아베 나미는 남편과 고교생 딸과 함께 사는 40세의 전업주부다. 그녀는 일상생활에 공허함을 느끼고 있었다. 한편 독신의 39세의 사장 이토 세리카는 암 투병 중이다. 병원에서는 그녀에게 남은 기간이 한 달밖에 남지 않았다고 말한다. 나미는 그런 세리카를 병원에서 우연히 만난다. 22년 만에 재회한 세리카는 나미에게 친구들을 마지막으로 만나고 싶다고 말한다. 나미는

'어떤 사건'으로 소식이 끊긴 옛 친구들을 한 명씩 찾아 나서고, 세리카에게 그 친구들을 만나게 해준다.

등장인물의 성격화 측면에서도 〈써니: 강한 마음, 강한 사랑〉은 〈써니〉와 크게 다르지 않다. 나미는 나미, 세리카는 춘화, 신은 '못난이' 장미, 유코는 '욕쟁이' 진희, 신은 '4차원' 복희, 우메는 장미, 나나는 '얼음공주' 수지다. 〈써니〉에서는 일곱 명이었지만 〈써니: 강한 마음, 강한 사랑〉에서는 '왈가닥' 금옥이 빠져 총 여섯 명이다. 세부적인 장면에서도 조금씩 다른 부분도 있지만 지엽적인 것일 뿐 중요하지 않기에, 두 영화는 크게 다르지 않다고 말할 수 있다. 그래도 굳이 찾자면 〈써니〉가 통상적으로 '드라마'로 분류되는 데 반해, 〈써니: 강한 마음, 강한 사랑〉의 경우 '뮤지컬'로 분류된다는 점을 들 수 있다.

그런데 개인적으로 궁금한 것은 따로 있었다. '왜 〈써니〉의 과거 시기와 〈써니: 강한 마음, 강한 사랑〉의 과거 시기가 달랐을까' 하는 점이었다. 〈써니〉는 흥행 덕분에 극장판과는 별도로 감독판을 개봉했다. 케이블 TV에서 방영하는 〈써니〉는 감독판이다. 감독판은 청소년 관람 불가 판정을 받을 정도로 많은 욕들이 추가되었다. 특히 나미의 오빠의 비중도 크게 늘어났다. 그는 젊은 시절 NL계 운동권이었다. 그는 남산에 끌려갔다가 동료들을 밀고하고 집에 돌아와 울부짖는다. 아마도 그는 공무원인 아버지 덕분에 자신이 풀려난 것을 부끄러워하는 것으로 보인다. 하지만 현재 그는 외국인 노동자를 착취하는 악덕업주가 되어 재판을 받고 있다. 그의 이름이 '임종기'라는 사실 또한 그냥 우연으로 넘어가지 않는다.

반면 〈써니: 강한 마음, 강한 사랑〉에서 나미의 오빠는 과거에는 〈신세기 에반게리온〉(1995)에 빠져 있는 히키코모리 오타쿠다. 그는 밖에 나가서 취직하라는 아버지의 잔소리를 "어차피 세상은 1999년에 아마겟돈 전쟁이 나서 멸망한다"고 말하며 귓등으로 듣는다. 그는 아이돌 여성 그룹 모닝구 무스메에 빠져 생산적인 경제 활동을 전혀 하지 않는다. 그는 과거에도 현재에도 경제적 활동을 전혀 하지 않는 '잉여'로서 프리타족을 넘어 니트족에 가깝다.

최소한 프리타족은 정규 직업은 없어도 시간에 구애받지 '않고 자유롭게 일을 하면서' 자신의 생계비를 번다. 하지만 니트족은 '교육과 고용 훈련을 받지 못했기 때문에' 일을 할 수 있는 능력도 없고 일을 하려는 의지조차 없다. 나미의 오빠는 현재 일본에서 큰 사회 문제가 되고 있는 니트족의 전형이다. 고베 대지진, 원조 교제, 속옷 판매 등 일본 사회의 민낯과 암울하고 불길한 요소들이 눈에 띄고 빠르게 스쳐 지나간다. 과거와 현재의 배우들이 모두 나와서 함께 춤을 추는 쿠키 영상이 이를 상쇄하려 하지만 오히려 그것 때문에 더욱 도드라진다.

〈결혼 이야기〉

: "완벽한 사랑, 완벽한 관계는 없다"

아주 오래 전에 〈장미의 전쟁〉(대니 디비토, 1989)이라는 영화를 본 적이 있다. 제목만 보면 이 영화는 영국의 중세 역사를 다루고 있을 것 같은데 내용은 그와 전혀 관련이 없다. 이 영화는 올리버 로즈와 바버라 로즈라는 한 부부의 결혼 이야기, 엄밀히 말하면 결혼한 부부의 '싸움 이야기'다. 그런데 그들의 부부싸움은 충격 그 자체로 상상을 초월하고 예상을 훨씬 뛰어넘는다. 올리버와 바버라는 첫눈에 반해 결혼하고 아이까지 낳는다. 하지만 경제적·물질적 안정을 이루고 나자 그들은 사소한 것에서부터 큰일에 이르기까지 의견충돌을 빚기 시작한다. 그들 사이에 대화는 줄어들고 불신의 틈은 점점 벌어진다.

올리버와 바버라는 집의 소유권을 놓고 양보 없는 싸움을 시작한다. 친구 개빈의 중재로 이혼을 하지만 같은 집에서 살기로 합의한다. 즉 그들은 일종의 휴전 협정을 맺는다. 하지만 아이들이 대학 때문에 집을 떠나고, 가정부도 집을 떠나고 둘만 남게 되자 그들의 전쟁은 다시 시작된다. 그들은 이제 본격적인 생사의 전쟁을 벌인다. 그들은 말 그대로 '육박전'을 펼치고 그로 인해 최후를 맞이한다. 이 영화에 대한 리뷰는 대체로 '배우들이 몸을 사리지 않았다'는 표현이 주를 이룬다. 사실 이 표현은 거의 관용어구처럼 쓰인다. 하지만 이 영화에서 이 표현은 관용어구가 아니라 실제적 재현이다. 올리버와 바버라를 연기한 마이클 더글러스와 캐서린 터너는 정말 몸을 사리지 않는다. 누군가는 이 영화를 두고 "부부싸움이 구현할 수 있는 최대치"라고 평했다.

예전에 〈장미의 전쟁〉을 볼 때는 충격적 결말 때문에 조금 놀라기도 했지만 영화 자체가 코미디이기 때문에 그래도 웃어넘길 수 있었다. 그런데 〈결혼 이야기〉(노아 바움백, 2019)를 보면서는 마냥 웃을 수가 없었다. 적절한 비유가 될지 모르겠지만 〈장미의 전쟁〉에서 올리버와 바버라의 싸움은 마상 창시합과 비슷하다. 오늘날 '토너먼트'라 불리는 중세의 마상 창시합에서는 말을 탄 상태에서 창을 들고 상대방에게 돌진해야 한다. 피하면 지는 것이기 때문에 상대방의 창을 피할 수가 없다. 그 시합은 한쪽이 이기고 다른 한쪽이 질 때까지 계속 이어진다. 그런데 상대방의 창을 온몸으로 받아내야 하기 때문에 이겨도 피해가 크다.

반면 〈결혼 이야기〉에서 찰리와 니콜의 싸움은 마치 펜싱 경기와 비슷하다. 그들은 날카롭고 예리한 칼끝으로 상대방을 찌른다. 잘 찔러야 갑옷을 뚫을 수 있지 잘못 찌르면 칼만 부러지고 만다. 많이 찌르는 게 중요하지 않다. 그보다는 폐부를 찌를 수 있는 정확한 한 방이 필요하고 중요하다. 그렇기 때문에 칼끝을 더 예리하게 만들고 빈틈을 노린다. 예리한 칼끝이란 곧 상대방의 감정을 어지럽히고 무너뜨릴 수 있는 말이다. 이제 그들의 싸움은 '몸의 싸움'이 아니라 '말의 싸움'이다.

찰리와 니콜은 이혼 조정 중에 있다. 그들은 이혼 상담의 일환으로 서로의 장점을 적은 편지를 들고 있지만 읽지 않겠다고 싸운다. 찰리는 뉴욕에서 활동하는 잘나가는 연극 연출가이고 니콜은 LA에서 주목받던 배우였지만 현재는 남편 찰리를 따라 뉴욕으로 이주하며 스크린 활동을 잠시 접은 상태다. 하지만 그녀는 찰리의 연극에 출연해 주목을 받고 TV 드라마 주연 배우로 캐스팅되어 LA로 돌아갈 예정이다. 그들은 한 연극 리허설 직후 파티에 참석하는데, 사람들은 그들의 결별과 니콜의 새 배역에 대해 이야기를 하고 있다. 그들은 집에 돌아와서도 형식적인 대화를 제외하고는 거의 말을 하지 않는다. 그들의 결혼은 끝을 향해 가고 있다.

몇 주 후 니콜은 아들 헨리와 함께 LA의 친정에 머물고 있다. 그녀는 어머니 산드라에게 이혼 조정 중이라고 말했지만 산드라는 니콜의 이혼을 만류한다. 그녀는 드라마 촬영장에서 한 스태프로부터 이혼 전문 변호사 노라 팬쇼를 추천받는다. 원래 니콜은 소송 없이 최대한 간단히 해결하려고 했다고 노라를 만나서 울면서 자신의 속내를 털어놓는다. 그녀는 찰리가 외도를 하고 있고 진심으로 자신을 인정하지 않기 때문에 이혼을 원한다고 말한다. 니콜은 노라의 도움으로 이혼 소송 준비를 한다.

니콜은 언니를 통해 찰리가 LA에 도착하는 날에 맞춰 이혼 소장을 전달한다. 찰리는 이혼을 전혀 예상하지 못했기 때문에 당황해한다. 니콜에게 일단 뉴욕으로 돌아와 다시 논의하자고 말해보지만, 돌아온 답변은 '변호사를 구해야 한다'는 말뿐이었다. 그는 헨리의 양육권도 잃을 위기에 처한다. 결국 찰리도 이혼 전문 변호사 제이 마로타를 찾는다. 하지만 그로부터 재판에서도 불리할 것이라는 말을 듣고 정신이 혼미해진다.

한 달 뒤 뉴욕으로 돌아와 연극 준비를 하던 찰리는 니콜의 변호사 노라의 전화를 받는다. 찰리는 소장을 받은 후 30일 이내에 답변서를 제출해야 하는데 아직 변호사도 구하지 못한 상태다. 노라는 답변서를 제출하지 않을 시에는 이혼과 관련된 모든 소유권을 니콜 측에서 요구할 수 있게 된다고 한다. 심지어 양육권은 니콜이 100퍼센트 가져가고 양육비는 찰리가 최고 부담을 할 수도 있다고 한다. 찰리는 니콜이 그럴 리 없다며 부정하지만, 노라는 니콜과 자신이 이미 합의를 한 상태라고 대답한다. 찰리는 니콜을 만나 회유해보지만 니콜은 변호사들에게 맡기자며 소극적인 태도를 보인다. 엎친 데 덮친 격으로 헨리 또한 찰리에게서 마음이 떠난 상태다.

찰리는 LA에서 장모의 도움으로 간신히 변호사 버트를 구한다. 하지만 그가 재판에서 제대로 변론하지 못하고 니콜의 제안을 받아들이라고 권유한다. 결국 찰리는 그를 해고하고 예전에 상담했던 변호사 제이와 다시 손을 잡고 법정에 선다. 버트가 해고되자 노라와 버트가 기존에 합의했던 사항은 모두 물거품이 되고, 재판은 난타전으로 번지게 된다. 특히 노라의 저격을 듣고만 있던 버트와 달리 제이는 상당히 강경한 입장을 취한다. 그는 노라의 요구사항을 모두 묵사발로 만들고 자신의 요구사항을 내세우며 법정을 어지럽게 만든다.

노라가 찰리의 맥아더 상금의 절반을 요구하자, 제이는 니콜의 드라마 수입의 절반을 원한다고 한다. 또 노라가 찰리의 외도 사실을 잡고 늘어지자, 제이는 니콜이 찰리의 이메일을 해킹한 것을 문제 삼는다. 게다가 제이는 니콜이 술을 달고 산다는 억지 주장까지 늘어놓는다. 결국 재판은 양쪽의 합의에 전혀 진전이 없는 채로 끝난다. 법원에서는 양쪽 집에 감정사를 보내 헨리가 엄마와 아빠와 어떤 모습을 보이는지 관찰하게 한 뒤 작성한 보고서를 바탕으로 판결하겠다고 결론을 내린다.

법정 다툼 후 니콜은 찰리를 찾아와 대화로 해결하자고 제안한다. 하지만 그들의 대화는 결국 감정싸움으로 번진다. 니콜은 자신은 뉴욕에서 행복하지 않았다고 말하고 찰리는 그녀의 말을 비아냥거린다. 니콜은 찰리의 아버지 얘기를 꺼내며 일부러 민감한 구석을 찌르고, 찰리 역시 니콜을 그녀의 부모님이 가진 모든 단점의 결정체라고 부르며 똑같이 저격한다. 니콜은 "당신은 이기적인 데 너무 익숙해져서, 이제 당신이 이기적인지도 모르고 있어! 진짜 재수 없다고!"라고 말한다. 그러자 찰리는 "난 매일 눈뜰 때마다 당신이 죽길 바라! 헨리가 괜찮다는 보장만 있으면, 알겠어?! 당신이 병에 걸린 채, 차에 치여 죽었으면 좋겠다고!"라고 응수한다. 홧김에 마음에 없는 폭언을 쏟아낸 찰리는 곧장 자신의 말을 후회하고 울음을 터뜨리며 무릎을 꿇고 오열한다. 니콜도 조용히 눈물을 흘리며 오열하는 찰리를 위로한다.

찰리는 감정사를 맞이하기 위해 집을 나름대로 꾸미며 헨리와 최대한 자연스러운 모습을 연출하려고 한다. 니콜은 노라의 사무실에서 감정사와의 인터뷰를 연습한다. 노라는 그녀에게 "너무 솔직하면 안 된다"고 충고한다. 그녀는 성모 마리아의 이야기를 예시로 들며 양육권 소송에서 어머니가 더 유리하다고 말해준다. 감정사는 찰리의 집에 와서 헨리와 찰리를 관찰한다. 찰리의 계획은 실패로 끝나고 실수로 자해까지 하고 만다. 며칠 뒤에 니콜의 집에서 열린 파티에서 니콜은 가족들과 함께 노래를 부르며 친지들과 즐거운 시간을 갖는다. 결국 찰리는 양육권을 포기하고, 니콜은 찰리의 맥아더 상금에 대한 요구를 철회한다. 큰 문제없이, 조금 더 정확히 말하면 니콜에 유리하게 이혼 조정이 끝났다. 니콜이 불편해하자 노라는 이를 대수롭지 않게 여기며 니콜에게 승리를 즐기라고 한다. 뉴욕에 돌아온 찰리는 이혼 서류에 서명을 하고 신세 한탄을 하며 동료들과 술을 마신다.

일 년 후 찰리는 다시 LA를 찾는다. 찰리의 연극은 브로드웨이에서 성황리에 공연되고 있고, 니콜도 배우는 물론 감독으로도 성공해 에미상 후보에까지 올랐다. 찰리는 니콜의 새 남자친구 카터와도 인사를 나눈다. 그는 니콜에게 UCLA의 전임직을 맡아 일 년 동안 LA에 머무르게 되었다는 소식을 전한다. 니콜은 잘됐다고 말하지만 표정은 복잡하기만 하다.

할로윈 파티를 준비하는 동안 찰리는 헨리가 무언가를 읽고 있는 걸 듣고 같이 보는데, 다름 아닌 니콜이 이혼 조정 과정에 쓴 '내가 사랑한 찰리'라는 편지다. 찰리는 니콜이 자신과 '2초 만에 사랑에 빠졌다'는 문장을 보고 눈물을 삼킨다. 밖에서 조용히 지켜보던 니콜도 착잡한 심정으로 아들 헨리와 찰리를 바라본다. 파티가 끝난 후 니콜은 잠든 헨리를 찰리에게 건넨다. 그녀는 뒤돌아서는 찰리를 부르며 그의 풀린 신발 끈을 묶어준다.

〈장미의 전쟁〉으로 시작해 주로 〈결혼 이야기〉에 대해 이야기했다. 그런데 글을 마무리 지으면서는 문득 비슷한 내용과 주제를 가진 또 다른 영화 〈레볼루셔너리 로드〉(샘 멘데스, 2009)가 떠올랐다. 세 영화는 의도치 않게 공통점이 있다. 〈레볼루셔너리 로드〉의 프랭크와 에이프릴 또한 〈장미의 전쟁〉의 올리버와 바버라, 〈결혼 이야기〉의 찰리와 니콜처럼 첫눈에 반했고, 결혼해서 행복한 가정을 이루었다. 그들은 교외 지역인 '레볼루셔너리 로드'에 아름다운 보금자리를 꾸몄다. 그들에게 레볼루셔너리 로드는 곧 안정과 행복이었다. 하지만 그들의 안정과 행복은 결국 권태와 불안이 되고 만다. 권태와 불안은 현실과 이상 사이에서의 선택을 강요한다. 프랭크가 현실을 택하면서 그들의 삶과 결혼 생활은 비극으로 치닫는다.

〈레볼루셔너리 로드〉에서 에이프릴이 프랭크를 못 참은 이유는 그의 '출세에 대한 욕심' 때문이었다. 〈장미의 전쟁〉에서 바버라가 올리버를 못 참은 이유는 그의 '속물근성' 때문이었다. 〈결혼 이야기〉에서 니콜이 못 참은 이유는 '이기심' 때문이었다. 즉 출세욕, 속물근성, 명예욕이 그들의 결혼을 깨뜨렸다.

반대로 〈레볼루셔너리 로드〉에서 에이프릴이 프랭크에 반한 이유는 '다정함' 때문이었다. 〈장미의 전쟁〉에서 바버라가 올리버에게 반한 이유는 '야심만만함' 때문이었다. 〈결혼 이야기〉에서 니콜이 찰리에게 반한 이유는 '자신감'이었다. 즉 다정함, 야심만만함, 도전정신이 그들을 결혼으로 이끌었다.

시간이 지나면서 다정함은 출세욕으로, 야심만만함은 속물근성으로, 도전정신은 이기심으로 변했다. 실제 그랬을 수도 있고 아니면 상대방이 그렇게 느꼈을 수도 있다. 누군가는 이 영화들이 결혼에 대한 환상을 깼다고 비판할 수도 있다. 하지만 개인적인 생각에는 이 영화들은 결혼은 현실이고, 그렇기 때문에 절대 호락호락하지 않다는 것을 일깨운다. 마지막으로 한 마디 덧붙이면 이렇다. '일상은 지루하다' 그리고 '욕망은 음험하다'. 지루한 일상과 음험한 욕망을 견디는 게 바로 삶이다.

〈트라이얼 오브 더 시카고 7〉

: "조금만 기다려줘요, 친구 생각한 죄로 재판받는 게 처음이라 그래요"

미국의 사상가 오스 기니스는 1960년대를 "미국의 거대한 변동기"라고 규정했다. 미국인들에게 1776년도 미국의 독립 이래 미국 역사에 큰 영향을 미친 가장 중요한 10년을 꼽으라면 대체로 미국의 내전, 즉 '남북전쟁'과 두 차례의 세계대전, 공황기 등을 떠올린다. 하지만 그는 1960년대, 즉 소위 '반(反)체제문화'라고 불렸던 이 시기가 더 영향력 있으며 중요한 역사적 시기라고 말한다. 그에 따르면 이 시기는 "미국 역사와 문화를 향해 깊고도 잔인한 칼날을 세웠던 시대"다. 오늘날 미국에서 발생하는 좋은 모습과 나쁜 모습들의 근원은 실제로 1960년대로 거슬러 올라간다.

미국 역사에서 가장 중요한 시기인 1960년대에서도 특히 1964년은 '역사의 변곡점'이라고 불리는 중요한 해다. 존 F. 케네디 대통령의 암살 이후 대통령이 된 린든 B. 존슨은 대통령 선거에서 압승한다. 그는 '위대한 사회' 프로그램으로 미국 사회에 '자유주의의 절정'을 가져온다. 시민권과 분리 철폐, 보건과 복지 확대, 모든 수준의 교육 원조, 예술과 인문 장려, 환경운동, 가난을 퇴치하기 위한 일련의 프로그램을 포함한다. 그렇기 때문에 많은 미국인들이 1960년대를 이상화하고 좋은 시절로 생각한다. 그런데 그들이 말하는 좋은 시절은 정확히 말해 1964년을 전후로 한 아주 짧은 시기다. 바로 이때 미국에서 현대사회의 표준이 정립되었고 인권의 개념이 구체화되었고 대중화되었다.

반면 어떤 이들은 1960년대에 유토피아 이상주의, 베트남 전쟁 당시의 폭력과 치욕, 과도한 성적 혁명, 자아도취 시대가 초래한 우둔함, 문화 전쟁의 부상, 포스트모더니즘의 허무주의 등 오늘날을 어둡게 만든 여러 가지 형태와 변화들이 있었다며 부정적으로 파악한다. 그 중심에는 베트남 전쟁이 있다. 베트남 전쟁으로 미국 사회는 혼란 속으로 빠져든다. 여론도 처음에는 대체로 전쟁에 우호적이었다. 실제로 전쟁 초에는 반전운동을 벌인 사람들은 '과격 좌파'로 몰리기도 했다. 베트남 전쟁은 언론에서 거론할 정도로 전례가 없는 것이며, 처음으로 TV에 비친 전쟁이기도 했다. 하지만 1968년 남베트남 민족해방전선이 테트 공세를 시작한 시점에서 미국 여론은 전쟁파와 반대파로 분열된다. 베트남 전쟁은 전쟁이 끝난 후에도 계속 미국인을 분열시켜 '문화 전쟁'으로 이끄는 요인이 되었다.

미국의 1960년대에서 1964년은 가장 중요한 해로 기억된다.

하지만 1968년 또한 1964년 못지않게 중요한 해다. 바로 이 해에 민권운동, 베트남전 반전운동 등 개혁의 상징적인 인물들이던 마틴 루서 킹 목사와 로버트 케네디 의원이 암살되었다. 존슨 대통령의 베트남 전쟁 지속 정책으로 인해 젊은이들의 분노가 극에 달해 있었던 1968년 8월 시카고에서는 제35차 민주당 전당 대회가 개최된다. 의제는 1968년 미국 대통령 선거에 출마할 민주당의 대통령 후보로 베트남 전쟁 종전이 아니라 지속을 공약한 휴버트 험프리의 선출이다. 이에 분노한 청년 운동가들은 시카고로 달려가 전당대회장 앞에서 반전 시위를 계획한다. 평화롭게 시작했던 반전 시위는 경찰 및 주 방위군과 대치하는 폭력 시위로 변한다. 결국 7명의 시위 주동자 '시카고 7'은 기소되어 악명 높은 재판을 받게 된다. 영화 〈트라이얼 오브 더 시카고 7〉(아론 소킨, 2020)은 바로 이 사건을 다루고 있다.

1969년 1월 리처드 슐츠 검사는 자신의 상사 톰 포랜 검사장과 함께 존 미첼 신임 법무부 장관을 면담한다. 미첼 장관이 일리노이주 시카고에서 근무하는 두 사람을 워싱턴 DC까지 호출한 이유는 1968년 8월 시카고에서 벌어진 시위의 주동자 여덟 명을 내란죄로 기소하라고 명령하기 위해서였다. 슐츠 검사는 시위 주동자들에게 내란죄를 적용할 근거가 없다는 의견을 피력하지만 미첼 장관은 이를 묵살하고 기소를 강행하라고 종용한다.

결국 시위 주동자들은 내란죄로 기소된다. 재판장 밖에는 취

재진과 시위대가 군집해 있다. 피고인 여덟 명 가운데 일곱 명은 윌리엄 컨슬러 변호사가, 나머지 한 명인 바비 실 흑표당 의장은 찰스 게리 변호사가 변호를 맡는다. 하지만 게리 변호사가 공판 전날 담낭 수술을 받느라 병원에 입원해 재판에 참석할 수 없게 되자 실은 재판 연기를 신청한다. 하지만 줄리어스 호프먼 판사가 이를 거부함에 따라 실은 변호인 없이 재판에 임하게 된다.

실은 변호인 없이 재판을 받는 것은 자신의 헌법적 권리가 침해된 것이라며 항의한다. 그때마다 호프먼 판사는 이를 묵살하고 재판을 계속 진행하려 한다. 그는 컨슬러 변호사에게 실의 변호까지 맡으라고 명령한다. 그는 재판 내내 갑자기 피고인의 이름이 헷갈린다며 딴소리를 하고, 변호사의 이름도 잘못 부르고, 툭하면 고함을 지르는 등 무례한 행동을 한다. 그가 "피고 애비 호프먼과 본인은 아무런 혈연관계가 없다"고 강조하자 호프먼은 "오, 아버지 제발!"이라고 그를 조롱한다. 심지어 그는 법복을 입고 출석해 방청석을 웃음바다로 만들며 호프먼 판사의 심기를 거스른다.

휴정 중 톰 헤이든과 컨슬러 변호사는 호프먼에게 무죄 선고를 받고 싶으면 판사를 자극하지 말라고 충고한다. 이에 대해 호프먼은 이 재판은 어차피 정치 재판으로 무죄 판결을 받기 위해 노력하는 것은 아무 의미가 없다고 주장한다. 오히려 자신들의 정치적 메시지를 알리고 문화 혁명의 발판으로 삼는 것이 더 중요하다고 주장한다. 제리 루빈과 데이빗 델린저도 호프먼의 의견에 동조한다. 헤이든은 호프먼에게 문화 혁명이니 하는 것은 진짜 혁명을 가로막을 뿐이라고 반론한다. 컨슬러 변호사는 호프먼에게 정치 재판이란 존재하지 않으니 재판장에서 조용히 하라고 충고한다. 헤이든과 호프먼의 충돌은 재판 내내 이어진다. 호프먼은 공판 틈날 때마다 기자회견을 열거나 스탠드업 코미디를 하며 대중들에게 자신들의 이야기를 전달하려고 노력한다. 반면 헤이든은 재판에서 이길 방법을 찾는 데 몰두한다.

하지만 재판 내내 피고인 측은 편향적인 판사와 검찰 측의 집요한 방해로 골머리를 앓는다. 피고인들에 우호적인 태도를 보인 배심원들은 각종 공작으로 배심원단에서 제외된다. 심지어 중요 증인이 채택되지 않는다. 사실 램지 클라크 전 법무부 장관은 1968년 8월 시카고에서 일어난 소요 사태의 책임은 시위대가 아니라 경찰 측에 있기 때문에 시위대를 기소하지 않았다고 밝혔다. 하지만 정권이 바뀌면서 그는 국가기밀을 누설해서는 안 된다는 의무를 구실로 배심원단 앞에서 증언할 기회조차 얻지 못한다. 배심원단은 그가 그런 증언을 했다는 사실조차 알지 못한다.

실은 자신의 변호인에 대한 권리가 침해되었고, 자신의 동료이자 저명한 흑인 인권운동가인 프레드 햄프턴 흑표당 일리노이 지부장이 경찰에 의해 살해되었다고 주장한다. 하지만 그는 법정모독죄로 기소되어 바로 그 자리에서 짐승처럼 사슬에 묶이고 재갈까지 채워진다. 슐츠 검사는 실의 모습이 배심원단이 피고인들에 대한 동정심을 갖게 할 것을 우려해 그를 아예 재판에서 제외해달라고 판사에게 요구한다. 재판은 '시카고 8'의 재판에서 '시카고 7'의 재판으로 바뀐다.

그러던 어느 날 검찰 측에 "시카고 전체에 피가 흐르게 하자"라고 헤이든이 군중들에게 소리친 녹음테이프가 증거로 접수된다. 컨슬러 변호사는 헤이든이 판사와 배심원들에게 호감을 얻을 수 있을 것으로 판단하고 그를 증인석에 세우려 했다. 하지만 그는 녹음테이프를 듣고 크게 놀라며 헤이든을 꾸짖는다. 헤이든은 경찰이 레니 데이비스를 폭행하는 걸 보고 이를 언론에 알려야 한다는 취지로 외친 말이었다고 해명한다.

헤이든과 컨슬러 변호사의 대화를 듣고 있던 호프먼은 헤이든이 언제나 애매한 단어 선택으로 오해받기 쉽다고 말한다. 자신이 생각한 것보다 높은 호프먼의 지적 수준과 그보다 낮은 자신의 감정 통제 능력을 느낀 헤이든은 변호사에게 자기 대신 호프먼을 증인석에 서게 하자고 말한다. 이후 공판에서 증인석에 선 호프먼은 자신에게 내란죄를 인정하라는 듯이 압박하는 슐츠 검사에게 "특정한 생각을 가졌다는 이유로 재판에 선 게 처음이다"라고 받아치는 등 멋진 모습을 보여준다.

마지막 공판이 시작되었고 판사는 피고인들에게 최후 변론을 지시한다. 그는 재판 과정에서 피고인들 중에 헤이든이 유일하게 존중과 반성을 보였으며 누구든지 최후 변론에서 반성하고 또 짧게 끝낸다면 형량을 선고할 때 반영하겠다고 말한다. 하지만 헤이든은 자기 차례가 오자 재판이 시작된 이후 베트남 전쟁에서 전사한 미군 장병 4,752명의 명단을 낭독한다. 그는 이 재판이 자신들이 외치는 베트남 전쟁 반대라는 정치적 메시지를 탄압하고 국민의 관심을 돌리기 위한 정치 재판이라는 것을 상기시킨다. 헤이든은 판사의 제지에도 불구하고 명단을 계속 읽고 방청객이 박수를 치면서 영화는 끝난다. 기소된 일곱 명 중 헤이든을 포함해 다섯 명이 5년 형을 선고받지만 연방대법원에서 파기 환송되었고 실은 살인 혐의를 벗게 되었다는 역사적 사실이 자막을 통해 전달된다.

〈트라이얼 오브 더 시카고 7〉을 보면서 재판을 받는 사람은 총 여덟 명인데 왜 영화 제목은 '7'인지 궁금했다. 실제로 실은 처음부터 자신은 시위대와 관련이 없고 단지 연설하기 위해 잠깐 들렀을 뿐이라고 주장했다. 하지만 인종차별주의자인 호프먼 판사가 그의 주장을 듣지 않았기 때문에 시위대와 같이 기소되었다. 나중에 실이 별개의 사건 피고인으로 제외되면서 '시카고 7'이 된 것이다.

기소된 일곱 명은 시위를 주도했지만 서로 다른 생각을 갖고 있었다. 그들은 소속도, 시위에 대한 명분과 목적도, 행동 방식도 다르다. 행동 방식에 있어 정의를 위해서는 폭력도 마다하지 않겠다는 인물도 있지만, 끝까지 비폭력을 고수하는 인물도 있다. 헤이든과 호프먼이 예거하듯이 등장인물 간의 갈등과 대립은 영화의 갈등을 유발하는 단초가 되기도 하지만 이 영화의 본령이기도 하다.

〈트라이얼 오브 더 시카고 7〉은 '반전 시위를 정치적으로 이용하려는 기득권과 누명을 벗고 평화를 담론화하려는 혁명가들의 사투'로 요약될 수도 있다. 하지만 이 영화는 단순히 기득권을 비판하거나 혁명가들을 우상화하지 않는다. 정의의 숭고함과 용기를 역설하지 않는다. 단지 인간은 누구든지 편견, 독선, 이기심, 아집 등 숨기고 싶은 민낯이 있다는 사실을 있는 그대로 보여준다.

이 영화를 보며 문득 영화 〈불한당: 나쁜 놈들의 세상〉(변성현, 2016)의 그 유명한 대사 "사람을 믿지 마라! 상황을 믿어야 한다"가 떠올랐다. 물론 맥락은 다르지만 상황에 따라 누구든지 실처럼 예기치 않게, 억울하게 누명을 쓸 수 있다. 그리고 누구에게나 편견, 독선, 이기심, 아집 등 숨기고 싶은 민낯이 있다. 다시 말하면 이 영화는 검찰이 정치적 목적을 갖고 기소했을 때, 또 사법부가 이 세력에 동조했을 때 어떤 일이 일어나는지를 선명하게 보여준다. 흑인 차별, 권위주의, 공산주의 혐오 등은 미국의 가치가 어떻게 만들어지는지 잘 예거한다.

〈파워 오브 도그〉

: "혼자가 아니라는 게 너무 좋아서 그래!"

예전에 어느 책에서 '아니마'와 '아니무스'라는 용어를 읽은 적이 있다. 인터넷으로 검색해보니 아니마와 아니무스는 카를 구스타프 융에 의해 고안된 용어로 '무의식의 구조를 구성하는 심상'으로 설명되어 있다. 주지하듯 융은 사람에게는 서로의 차이에도 불구하고 반복적이고 지속적으로 보여주는 사고 및 행동의 패턴이 있다는 것을 발견했고 이를 '원형'이라고 명명했다. 그는 원형을 '아니마', '아니무스', '그림자', '자아' 등으로 구분했다. 이 가운데 아니마와 아니무스는 사회적 관계 속에서 보여주는 가면인 자아와 달리 '진정한 자아'를 가리킨다. 창조력 혹은 파괴력의 원천으로, 이것 때문에 한 개인은 보통 사람들과 다른 특이하거나 비상한 면모를 가진 사람으로 보이기도 한다. 다시 말하지만 아니마와 아니무스는 타인과 차이를 형성하는 내면의 깊숙한 심상이다.

아니마는 남성의 무의식의 한 부분을 구성하고 있는 여성적 심상으로 사회화와 교육에 의해 남성 안에 억압되어 정신의 깊은 곳에 발달되지 않고 잠재해 있다. 융은 정신적으로 발전하고 자아의 균형을 이루기 위해 남성이 자신의 아니마를 알아차리고 그것을 발달시키며 포용해야 한다고 주장했다. 그에 따르면 자신의 아니마를 발달시킨 남성은 부드럽고, 인내심이 강하고, 타인에 대한 이해와 배려심이 크다. 반대로 아니마를 지속적으로 억압했을 때는 허영, 변덕, 그리고 타인의 감정을 상하게 하는 행동을 보인다.

로이 콘이라는 인물이 있다. 그는 토니 쿠시너의 희곡 『미국의 천사들』(1992)에도 등장하는 실존 인물이다. 〈로이 콘: 악마의 변호사〉(2018)라는 그에 관한 다큐멘터리도 있다. 그는 도널드 트럼프 전 미국 대통령이 멘토로 삼을 정도로 '사악한 전략'과 '악마의 조언'의 대명사다. '악마의 변호사'라고 불릴 정도로 전형적인 악의 길을 걸었다. 그는 20대 청년기에는 매카시즘 광풍에 편승해 공산주의자 과잉 색출에 열을 올렸고, 냉전 시기 소련에 대한 공포가 확산되는 등 살벌한 분위기에서 본인 특유의 냉혹하고 계산적인 성향을 마음껏 발휘해 승승장구했다. 자신이 동성애자였지만 이를 숨기고 진보주의자들을 동성애자로 몰아 정치적으로 탄압했다. 콘은 아니마를 지속적으로 억압했을 때 한 인물이 얼마나 파괴될 수 있는지 잘 예거한다.

영화 〈파워 오브 도그〉(제인 캠피온, 2021)를 보면서 아니마라는 단어와 함께 콘이라는 인물이 떠올랐다. 영화의 주인공 필은 『미국의 천사들』의 콘 못지않게 아니 어쩌면 그보다 자신의 아니마를 억압한 극단적인 예이다. 참고로 영화 〈파워 오브 도그〉는 미국 작가 토머스 새비지의 동명의 소설을 각색한 영화다. 1967년도에 처음 출간된 이 작품은 작가가 어린 시절 양아버지 집안에서 겪은 자전적 경험을 바탕으로 쓴 장편소설이다. 출간 당시 평론가들로부터는 찬사를 받았으나 상업적인 성공은 거두지 못했다.

〈파워 오브 도그〉의 시공간적 배경은 1925년 미국 서부의 몬태나주다. 필과 조지 버뱅크 형제는 카우보이로 큰 목장을 운영하고 있다. 우연히 길에서 탄저균으로 죽은 소를 발견한 뒤 기분이 좋아진 형 필은 동생 조지에게 목장을 경영한 지 25주년을 기념하기 위해 산에서 엘크를 잡아 브롱코 헨리로부터 배운 방식대로 구워 먹으며 자축하자고 제안하지만 조지는 마음이 내키지 않다. 결국 그들은 근처 로즈 고든이 경영하는 식당에서 식사하게 된다. 로즈는 아들 피터와 함께 여관과 식당을 운영하고 있다. 필은 식당에 꽂혀 있는 꽃을 보며 누가 만들었는지 궁금해 하다가 그녀의 아들 피터가 만들었다는 사실을 알게 된다. 마초적인 필은 피터가 만든 종이꽃에 불을 붙이며 피터를 "암사내"라고 부르며 혐오하고 조롱한다.

또한 필은 조지를 시종일관 "뚱보"라고 경멸조로 부른다. 그는 조지에게 자신들이 성공한 것은 오로지 브롱크 헨리 덕분이라고 항상 주지시킨다. 동료 카우보이들에게도 "우리 로물루스, 레무스 형제와 우릴 길러준 늑대를 위하여"라고 건배를 제의한다. 자신과 조지를 로물루스와 레무스라고 지칭하는 데서 알 수 있듯이 필은 마초적이고 가부장적인 인물이고 여성성을 절대 용납하지 않는다. 필의 위압적이고 폭력적인 남성성은 주변 사람들에게 공포와 경외를 동시에 불러일으킨다.

마초적인 필과 달리 조지는 심성이 따뜻하다. 필과 동료들이 로즈와 피터 모자를 조롱하고 괴롭히자 그들을 위로하고 일을 돕는다. 조지가 로즈에게 반하고 마침내 그녀와 결혼하려 하자 필은 로즈가 돈 때문에 조지와 결혼한다고 생각해 그들의 결혼을 반대한다. 결혼한 후에는 로즈를 온갖 방법으로 교묘하게 괴롭힌다.

조지는 로즈를 위해 부모님과 주지사를 초대해 저녁 파티를 연다. 조지는 평소 씻지 않는 필에게 목욕하고 파티에 참석할 것을 부탁하지만 필은 아예 파티에 나타나지도 않는다. 조지는 로즈가 손님들 앞에서 피아노를 연주하기를 원하지만 그녀는 긴장 탓에 피아노 연주를 제대로 하지 못한다. 씻지도 않은 필은 파티에 난입해 로즈를 조롱한다. 로즈는 스트레스를 받기 시작하며 끊었던 술을 다시 마시기 시작한다.

피터가 여름 동안 휴가를 보내기 위해 목장에 왔을 때 로즈는 이미 알코올 중독자가 된 상태다. 그녀는 이 사실을 조지에게 숨기지만 필은 이 사실을 알고 그녀와 피터를 집요하게 괴롭힌다. 필과 그의 동료들은 피터를 조롱하고 피터는 방에 틀어박혀서 잡아 온 토끼를 해부한다. 한편 외딴곳에서 필은 브롱코 헨리의 손수건을 가지고 자위행위를 한다. 피터는 몰래 필의 개인물품 창고에 들어가서 브롱코 헨리의 이름이 나체 남성으로 묘사된 잡지들을 찾아낸다. 그는 연못에서 목욕하는 필을 몰래 보았고 필은 피터를 발견하자 화를 내며 그를 쫓아낸다.

하지만 필은 피터가 산에서 개 형상의 그림자를 금방 찾아내자 브롱코 헨리의 모습을 발견하고 마음을 연다. 그는 피터에게 생가죽으로 밧줄을 만드는 법과 말 타는 법을 가르쳐 준다. 피터는 혼자 말을 타고 나가다가 병든 소의 사체를 우연히 발견하고 메스로 소가죽을 잘라낸다. 필과 피터는 말뚝 박기를 함께하다가 실수로 토끼를 죽이고 필은 손에 상처를 입는다. 그들은 자살한 피터의 아버지 로니에 대해 이야기를 나눈다. 피터는 아버지가 자신이 "쌀쌀맞고 독해서" 걱정했다고 하자 필은 "뭘 모르셨군"이라고 답한다.

영화에 직접 등장하지 않지만 로니는 원작 소설에서 아들 피터에게 다음과 같이 말한다. "넌 상냥한 사람이 되어야 해. 상냥한 사람이. 넌 어쩌면 남들한테 큰 피해를 입히는 사람이 될지도 몰라. 왜냐하면 넌 강하니까. 너 상냥함이 뭔지 아니, 피터?" 영화에서는 로니의 이 말이 생략되었지만 여러모로 상징적이다. 친아버지인 로니조차 피터의 속마음을 알지 못했지만 필은 직관적으로 이를 알아차렸다. 어쩌면 바로 이 순간 피터는 필에 대한 복수를 실행에 옮기기로 결정했는지 모른다.

필이 자신에게 필요도 없는 소가죽들을 불태우고 있다는 것을 알게 된 로즈는 그를 괴롭히기 위해 가죽을 인디언 상인들에게 공짜로 내어준다. 필은 자신의 소가죽이 없어진 것을 알고 조지에게 화를 낸다. 그러자 피터는 자신이 죽은 소에서 잘라낸 소가죽을 그에게 건넨다. 필은 피터가 준 소가죽으로 밧줄을 만들며 브롱코 헨리 이야기를 들려준다. 그에 따르면 브롱코 헨리는 "친구 이상이었고" 그의 목숨을 구해준 생명의 은인이었다. 피터가 "알몸으로 있었냐?"라고 묻자 필은 대답하지 않는다.

다음 날 아침 필은 아파서 침대에 누워 있다. 조지는 필을 병원에 데리고 가려 하지만 필은 완성된 밧줄을 피터에게 줘야 한다고 말한다. 결국 완성된 밧줄은 피터에게 건네어지지 않고 땅바닥에 버려진다. 그런데 갑자기 장면이 조지가 필의 장례식을 위해 관을 고르는 장면으로 넘어간다. 장례식에서 의사는 조지에게 필이 탄저균으로 죽었을 가능성이 높다고 말하지만 조지는 필이 세균에 노출된 적이 없다며 그의 죽음을 의아해한다.

피터는 필의 장례식에 참석하지 않고 『시편』의 22장 20절을 읽는다. "칼에 맞아 죽지 않게 이 목숨 건져 주시고 저희 하나뿐인 소중한 것, 개의 아가리에서 빼내 주소서." 그는 장갑을 낀 채 필이 만든 가죽 밧줄을 한동안 바라보다 침대 밑에 놓아둔다. 그는 복도를 걸어가다가 창가에 멈춰 서서 양아버지 조지와 이제 술에서 깨어난 어머니 로즈가 집으로 돌아와 포옹하는 것을 지켜본다. 그는 돌아서서 미묘한 웃음을 짓고 영화는 그렇게 끝난다.

전술했듯이 〈파워 오브 도그〉에서 필은 자신의 아니마를 억압하여 허영심과 변덕을 드러내고 상대방의 감정을 상하게 했다. 그는 예일대 출신의 엘리트인데다가 카리스마로 동료 카우보이들을 휘어잡고 자신보다 약해 보이는 인물들에게는 가혹하고 무자비하다. 로즈와 피터를 능욕했고 식당에서 노래를 부르며 즐기는 다른 손님들을 윽박지른다. 하지만 그는 섬세한 솜씨로 종이꽃을 만드는 피터만큼이나 섬세하고 여성적인 면을 갖고 있다. 어쩌면 겉으로 보이는 강인하고 남성적인 모습은 자신의 아니마를 감추기 위한 가장이었는지도 모른다. 그는 동성애자이기도 하다. 브롱코 헨리를 존경을 넘어 사랑했다. 또한 조지를 "뚱보"로 부르며 조롱하면서도 밤마다 그와 같은 침대에서 잔다. 그가 곁에 오래 안 보이거나 타인에게 관심을 보이며 자신에게 소홀해지면 불안해한다.

필은 『미국의 천사들』의 콘이 그랬던 것처럼 자신의 아니마를 완벽하게 통제할 수 있을 거라고 믿었다. 그는 질주하는 개의 형상을 닮은 산을 통해 사람들을 판단한다. 산에서 개의 모습을 보지 못하는 사람들은 지성과 통찰력이 부족하다고 결론짓는다. 필은 겉으로 드러나는 형상뿐만 아니라 본질을 꿰뚫을 정도로 예리한 감성의 소유자이지만 결국 '개의 먹잇감'이 되고 만다.

영화 〈파워 오브 도그〉는 내레이션으로 시작된다. "아빠가 돌아가신 후 난 엄마가 행복하기만 바랐다. 엄마를 돕지 않으면 난 사내도 아니지. 엄마를 구할 수밖에." 그때는 누구의 내레이션인지 알 수 없었지만 영화가 끝난 후 이 말의 주체가 피터라는 것을 알 수 있다. 그의 내레이션을 통해 영화 속 그의 모든 행동에 비로소 납득이 간다. 필은 상처가 난 손으로 피터가 건넨 죽은 소의 가죽을 만졌고 그 때문에 죽었다.

필은 피터에게서 브롱크 헨리의 모습을 발견했다. 하지만 그는 자신이 사랑에 빠질 수 있다는 것을 깨닫지 못했다. 어쩌면 그런 오만함으로 가득 찬 필을 피터가 응징했다고 볼 수 있다. 사실 그는 살아있는 토끼를 아무렇지 않게 해부하는 모습에서도 알 수 있듯이 겉보기에는 여려 보이지만 의외로 냉철하고 강인한 인물이다. 그는 인간의 본성에 잠재된 어둠, 즉 '개의 힘'을 통해 자신이 생각한 악을 응징했다. 필은 자신의 아니마를 감추기 위해 적개심을 드러냈고, 피터는 죽은 친아버지의 유언을 지키기 위해, 즉 사랑하는 어머니를 지키기 위해 마침내 복수를 완성했다.

〈파워 오브 도그〉의 서사는 필의 '적개심' 대 피터의 '복수'로 단순하게 도식화될 수 있지만 아니마를 거부하고 억압한 필 대 아니마를 받아들이고 발달시킨 피터로 치환될 수도 있다. 서두에서 말했듯이 아니마는 타인과 차이를 형성하는 내면의 깊숙한 심상이고 운명을 결정할 수도 있다. 필과 피터의 예처럼 말이다.